楠木建の頭の中

仕事と生活についての雑記

楠木 建
経営学者

日本経済新聞出版

はじめに

頭の中に生まれた考えを言語化し、それを商品として提供するのが僕の仕事です。商品パッケージとしては大学院での講義、メディアでの取材、講演やセミナー、企業でのアドバイザリーなどさまざまな形があるのですが、主戦場は書きものです。

僕の書くものには大きく分けて3つの分野があります。本業の「戦略論」と副業の「書評」と「それ以外」。本書はこれまでに書き溜めた「それ以外」を一冊にまとめたものです。

書くという仕事を30年以上も続けていると、「それ以外」の分野でもいまだに書籍化されていない在庫が相当に溜まっています。新聞や雑誌、オンラインメディアに寄稿した文章の中から選んだものをこの本に収録しました。

考えて書くという行為がとにかくスキ。注文を受けてメディアに寄稿するのに加えて、2019年に有料の個人ブログ「楠木建の頭の中」を始めました。日々の考えごとを文章にし、特定少数の購読者に向けた発信を続けています。これまでは一般に公開されていなかった個人ブログの記事も本書には数多く収録されています。

2021年1月から、紙の雑誌でも「楠木建の頭の中」と題したエッセイを書き始めました。スカイマークの機内誌『空の足跡』での連載です。そのほとんどを本書に収めました。本書で用いている数字やデータは原則的に執筆当時のものです。

話題が多岐に亘るので、「生活編」「仕事編」「社会編」の3部構成にしました。とはいえ、日々の雑記です。くだらない話も多々あります。それでも本書に収めたすべての文章には一つの共通点があります。自分が面白いと思ったこと（だけ）を書いているということです。これが書く仕事をする上での僕の金科玉条にして原理原則です。

自分で面白ければ人にも伝えたくなります。人に伝えるためには頭の中にある思考を言語化しなければなりません。ここに僕の最大の書く動機があります。自分が面白いと思ったことを他者と共有し、その人にも面白いと思ってもらう。僕にとってこれほど嬉しいことはありません。

本書が世に出るきっかけは日本経済新聞出版の永野裕章さんからのお誘いでした。永野さんからのお声かけがなければ、このような手前勝手な本をつくることはできませんでした。深くお礼を申し上げます。なお、本書は永野さんに編集していただいた書評集『経営読書記録』（表・裏）と同様に、分冊です。競争戦略についてこれまで書いてきた論説は、同時に刊行された『楠木建の頭の中　戦略と経営についての論考』にまとめています。こちらも併せてお読みくださいますと幸いです。

この本に限って言えば、どこから読み始めても、どういう順番で読んでくださっても結構です。暇つぶしのお供として本書を活用してくだされば本望です。その時々の考えを思いのままに書いた雑記ではありますが、というか雑記であるだけに、どれをとっても僕がこれまで頭の中で練り上げてきた価値基準が通底しています。そこを汲み取ってくださいますといよいよ嬉しい。そして、僕なりの考えが読者の日々の生活、仕事や世の中への構えにとって何がしの足しになれば、著者として望外の喜びです。

令和六年秋
楠木建

楠木建の頭の中　仕事と生活についての雑記　目次

第2部 仕事編 141

第3部 社会編 257

第1部

生活編

楠木建の頭の中
仕事と生活についての雑記

そんなにイイか？

足るを知る――人間の生活にとって最重要の原理原則です。ただし難点があります。裏を返せば、「足らないと知ることができない」。しかもどの水準で「足る」となるのか。それは当人の認知です。しこたまカネを稼いだ後で「やっぱり人生カネじゃないな……」とか、さんざん放蕩を重ねた後で「もうイイや……」という人がいます。「そりゃそうだろ！」とツッコみたくなります。

実際にそこまで足らなくても、もう少し手前の段階で「足るを知る」に越したことはない。さて、どうしたものか――長年考えてきた末に発見した僕のおすすめの方法をご紹介します。実践はヒジョーに簡単。他人を見ていて、「いいなあ……」とか「羨ましいなあ……」と思ったときは、すかさず脳内で「そんなにイイか？」と自問する。だいたいの場合、「そうでもないな……」という答えが返ってきます。これにて一件落着。

高級住宅地に豪邸を建てて住んでいる人や最先端を行く高層マンションのペントハウスに住んでいる人がいる。「そんなにイイか？」――すると「そうでもないな……」となる。そんなところに住むお金がないのはもちろんですが、仮に住むことができたとしても、（僕の場合は）ちっとも嬉しくないどころか、けっこう厄介な事態に直面するであろうことは容易に想像できます。

ポイントは当事者意識を持つこと。自分がジッサイにそういうことになったらどういうことになるのかをなるべく具体的に想像してみる。広すぎるので落ち着かない。掃除や維持に手間がかかる。不必要なモノが増える。何かにつけて動線が長くなるので不便――カネを払ってでも勘弁してほしいという気になります。麻布台ヒルズの住宅棟（東京都心に最近できた超高級集合住宅）に住んでいる人のほとんどは不幸です（そんなことないかな？）。

莫大な財産を受け継ぎ、金利や配当収入で優雅に暮らしている人がいる。「そんなにイイか？」「そうでもないな……」――そういう人にとってカネがなくなることは恐怖でしょうから、財産の維持に気を使って生きていかなくてはならない。気の毒です。

そもそもカネの制約が取れてしまうと何かを手に入れたときの喜びがなくなってしまう。これは相当に不幸です。若い頃マクドナルドのフライドポテトが大スキで（今でもスキ）、いつかはLサイズを3つ買ってお腹いっぱいになるまで食べたいと思っていたものです。で、あるときに美味しい仕事をゲットし、すかさずマックに直行してフライドポテトLを3つ注文しました。「俺も成功したな……」――喜びがからだ中を駆け巡ったのは言うまでもありません。資産家はこういうプライスレスな経験を味わうことができません。

投資銀行やITの成長企業でキラキラしたポストに就き、バリバリ働き、高収入を得て、昼間から豪華なレストランでシャンペンを抜いている人がいる。「そんなにイイか？」「そうでもないな……」――仕事は猛烈に忙しい。いつも緊張と競争を強いられる。自分の評価が気になって仕方がない。そんなのはまっぴらごめんです。

マクラーレンとかランボルギーニとかのスーパーカーを飛ばしてブイブイ言わせている人がいる。「そんなにイイか？」「そうでもないな……」――都内の狭い道を運転するのが大変。音がうるさいので周りに気を遣う。燃費が悪いので頻繁に給油しなければならない。だいたい駐車スペースを探すのが一苦労。不便極まりない。

若い頃、ものすごい美人のガールフレンドがいる知り合いを見ると、羨ましく思ったものです。こんな美女と一緒にいたらどんなに幸せだろう――すかさず「そんなにイイか？」と考えてみる。ものすごい美人はだいたい甘やかされている。男性からの利益供与を当然のことと思っている。自分の思い通りにならないことが不当だと思い込む傾向がある（偏見かな？）。良好な関係を維持するのは苦労が絶えないことでしょう。「そうでもないな……」

――足るを知るという成り行きです。

ということで、「そんなにイイか？」という自問はだいたいにおいて「そうでもないな……」という自答となります。

ただし、です。ごくたまに「そんなにイイか？」→「確かにイイ！」と思えることがあります。そのときはカネや時間や注意やエネルギーを集中投下し、万難を排して取りにいくに若くはなし――それでもかなり高い確率で「そうでもなかったな……」ということになるのですが。

２０２４年６月

イワイワ団

子どもの頃の話です。脳内で「イワイワ団」という秘密結社みたいなものをつくって遊んでいました。最初は脳内限定の空想遊びでしたが、次第に現実世界へとはみ出していきます。まずは弟を誘い、団員2号を獲得。さらには家にいた犬や金魚も団員に認定。さらにはおもちゃの人形やぬいぐるみなど、無生物もどんどんイワイワ団に引き入れていきました。

とくに実体のある活動はなかったのですが、イワイワという語感がスキで、ロゴマークをつくったり、団員証のカードをこしらえたり、団歌を作詞・作曲したりしていました（今でも歌える。当然ですけど）。

中学に入るといよいよ団員獲得活動は活発になります（とはいえ、依然として現実世界でのリアルな活動は皆無）。やぶからぼうに「イワイワ団、入る?」と学校の友だちに声をかけます。「うん、入る」――特に説明しないのに入ってくれるユルさが中学生のイイところ。団員証をつくっては発行するのが忙しくなりました。

そのうちに空想規模がどんどん大きくなってきて、ついに国として独立することになりました（脳内で）。僕は空想に関しては細部に凝るタイプです。脳内だからやりたい放題。独立国になるにあたって、国歌（イワイワ団の団歌をそのまま流用）や国旗（もちろん意匠はイワイワ団のロゴ）、通貨から憲法、行政組織まで全部考えました。

中学校の社会科で憲法を習うと、即座に空想に応用します。イワイワ国の通貨とドルとの交換レートも決めました。日本円はすでに変動相場制に突入していましたが、イワイワ国は固定相場制を採用していました。為替が変動

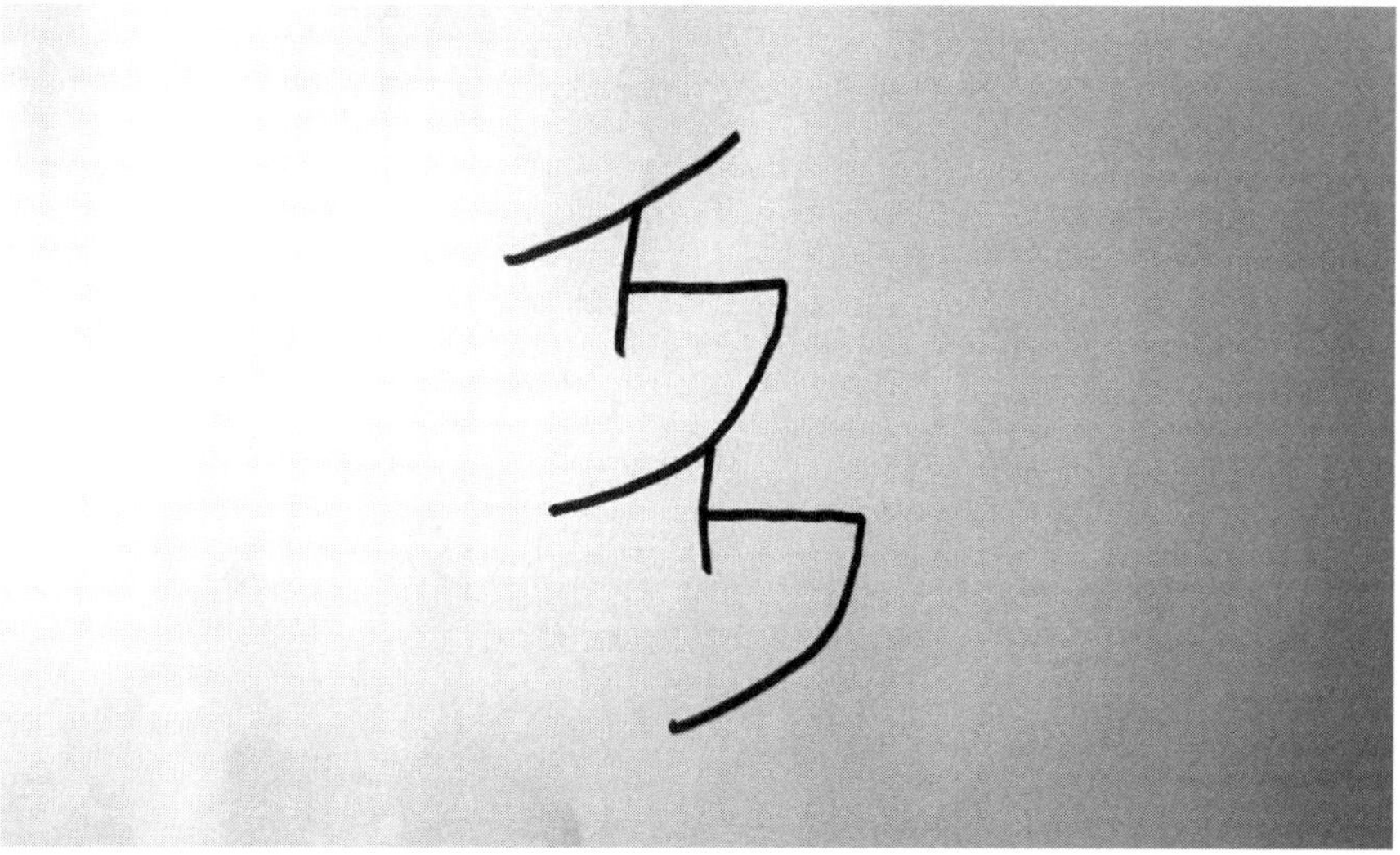

するというロジックが中学生のころはどうにもよく分からなかったからです。

そうこうしているうちに話が複雑になりすぎて、脳内メモリーには収まりきらなくなってきました。そこで、専用のノートを一冊用意して、ここにいちいち書いておく。イワイワ国の地図もつくりました。『エルマーのぼうけん』の口絵についていた地図のようなものです。

行政組織もさまざまな省庁を設置して、大臣には僕の友だちのイワイワ団員を配置する。このころになるとだんだん知恵がついてきて、「こういう憲法だと、いずれ行き詰まる。憲法改正の必要ありか?」とか、「イワイワの行政組織はこういう問題に対してはひどく脆弱だな。なんとかしなくては」といった悩みがでてくる。途中で思い切って硬性憲法だったのを軟性に切り替えたりして、国会も大紛糾。イワイワ国民（全員が僕）も賛否両論で、文字通り脳内革命が起きそうでした。

中学生ぐらいまで、僕は一人で自室にこもってこういうことばかりしていました。傍から見ると不気味です。それでも、今振り返ってみるとこの手の脳内活動が思考力の基盤を形成してくれたような気がします（関係ないかな?）。

20年ほど前の40歳のころ、僕はＣＣＪＣ（日本コカ・コーラ）

の手伝いをしておりました。中学の同級生でA君というとにかく面白い人がいました。卒業後に会ったことはなかったのですが、彼がCCJCに勤めていることは風の便りに聞いていました。で、CCJCの仕事相手の方に「こちらの会社にA君っていますよね。中学時代に彼と同じクラスだったんですよ」という話をしたら、その方がA君に僕のことを後日話してくれたらしい。

その次にCCJCに仕事に行ったときのことです。仕事相手氏が「今度会ったら伝えてくれ、とAから伝言を受けたんですけど、『イワイワ団はどうなった?』っていう一言だけで、意味不明なんですが……」――これは僕の人生でもかなり嬉しかった出来事のひとつです。

寝る前にベッドの中で空想をするという習慣は物心ついてからずっと続いています。最初は5歳のころでした。あまりにも子どもなので、ストーリーはこれ以上ないほどシンプル。なぜか厳寒の地にいる。そこに基地がある。テントなので中も寒くて仕方がない。ところが、基地のベッドには魔法の布団がある。その中に入るとヒジョーに暖かい。「寒い寒い」と言いながら魔法の布団に入る（脳内で）。すると、めちゃめちゃ寒かったのが一気に温まる（脳内で）。で、そのまま寝てしまう（ジッサイに眠る）――これだけ。このシークエンスを気に入って「雪ごっこ」と名づけました。

イワイワ団が脳内解散した後も、雪ごっこはヘビーローテーションで続きました。娘が5歳になった頃、「これ最高にイイからやってみれば」と雪ごっこをしきりに勧めたのですが、「うーん、やめとくわ……」という冷淡な反応でした。実は、還暦を迎える今でも「雪ごっこ」をしばしばやっています（オレ、ヘンなのかな?）。とくに冬場には週に3回はやります。55年間の超ロングラン――森繁久彌の『屋根の上のヴァイオリン弾き』、森光子の『放浪記』を軽く凌駕します。もはや脳内ライフワークと言っても過言ではない。

おそらく雪ごっこは死ぬまでやるのではないでしょうか。雪ごっこで眠りにつき、そのまま死ねれば最高です。

２０２４年10月

還暦フェスティバル

ジムでトレーニングを終えた後、ときどき体重計に乗ります。特段の努力をしていないので、体重は85キロ前後と高位安定を続けてきました。ところが、しばらく前に何気なく体重計に乗ったところ、82・1という数字が出てきました。ナイスですね。

嬉しくなって毎回ジムで体重計に乗るようになりました。すると81・5→80・7→79・9と、わずか1か月で夢の70キロ台再突入。ナイスですね。ナイスすぎるといっても過言ではありません。

いくつか思い当たることがありました。第1に、そのころいくつかのキツい仕事を抱えていて、普段よりも脳を使っていた。脳の活動の消費カロリーは案外と大きいらしい。これでやせたのではないか。だとしたらナイスですね。

第2に、研究室に残していた本や物品を搬出するという肉体労働をしていた。加えて、大学院の集中講義を毎日やっていた。講義は立ち仕事なので、いつもより体を使っていた。これでやせたのではないか。だとしたらナイスですね。

第3に、「甘味液体化作戦」。体重の高位安定の元凶は夜に甘いもの（アイスやどら焼き）を食べる習慣にあると自覚していました。ところがなかなか止められない。そこで、ある作戦を考えました。固形のスイーツよりも液体のほうがマシなのではないか。今年に入って、固形を我慢して、その分カルピスやレモンスカッシュ（この2品目が大スキ）で甘味欲求を満たすようにしていました。これでやせたのではないか。だとしたらナイスすぎます。

ところが、驚くべきことに、その後1か月のうちに、78・6→77・0→76・4→75・9と体重減少が進行しました。75・9！　30代の体重です。夢の75キロ台ですが、こうなるとナイスとも言っていられません。しかも、これまで経験したことのない便秘に苦しむようになりました。

あれ、おかしいな――カルピスを飲みながら考えました。何か悪い病気になっているのではないか。不安になった僕は、レモンスカッシュを飲みながら小林先生（かかりつけのお医者さま）に電話をしました。症状を伝えてアポイントメントを取りました。

先生の第一声は「間違いなく糖尿病です」――最大の原因は「甘味液体化作戦」が引き起こした悪循環にありました。固形甘味に代えて、カルピスとレモンスカッシュで甘味を楽しむという浅知恵を気に入っていた僕は、アマゾンで大量のカルピスウォーターとレモンスカッシュを発注、冷蔵庫に常備してはクイクイと飲んでいました。これが血糖値を引き上げる。当然ですけど。で、のどが渇く。当たり前ですけど。で、カルピスとレモンスカッシュにターボがかかる。で、さらに血糖値上昇――糖尿病まっしぐらの悪循環です。まずは検査で現状把握ということで、血液検査をしてクリニックをあとにしました。

数日後、先生から電話がかかってきました。「以前と比べて数値が異様に上がっています。いますぐに大学病院に行ってください」――そのときなぜか僕はマクドナルドでチキンタツタとフライドポテト（もちろんLに変更）に爽健美茶（糖尿病に配慮した選択）のセットを食べていたのですが、電話を受けて食事を即座に停止。生まれて初めてフライドポテトを残しました。

大学病院でさまざまな検査を受けますと、果たして糖尿病でした。それからというもの、糖尿病治療作戦の遂行に明け暮れています。

とにかく歩く。自宅から2キロほど離れたところにジムがありまして、糖尿発覚以降は歩いていくようにしています。アップダウンがわりとあるので、よい運動になります。ジムでの筋トレの後にマシンを使って早足のウォーキングを汗がびっしり出るまでやる。で、歩いて帰宅。合計で8キロほど歩くことになります。

ジム以外でもなるべく歩いて移動する。事情が許せば、地下鉄5駅分ぐらいなら交通手段は徒歩を選択。御茶ノ水にある病院に行くときも、往路は地下鉄で行くのですが、復路は日比谷まで地下鉄の駅で5駅分歩くようにしています。体重減少のおかげで（現在は74キロで安定）、歩いていても身体が軽い。ナイスです。で、甘味を断つ。固体・液体にかかわらず、甘味摂取は完全に停止。ゲンキンなもので、病気の自覚を得るやいなや、あらゆるお菓子や甘い飲み物がまったく欲しくなくなりました。我慢しているのではありません。脳が拒絶するようになりました。ナイスです。

食生活を変えてすぐに気づいたのですが、前と比べて野菜や果物の美味しさがよくわかるようになりました。ジムから帰る途中にオレンジジュースの自動販売機があります。４００円と高価なのですが、上部に備蓄されているオレンジが順番に4個降りてきて、それを搾ってジュースにするという代物。これが美味しい。ものすごく美味しい。やわらかなのど越しと穏やかな甘みがたまりません。ジム帰りの愉しみとして利用しています。糖尿病にならなければ、この種のじんわりとした美味しさを知ることはできなかったでしょう。

朝起きてすぐに「針仕事」をするようになりました。すなわちインシュリンの注射であります。毎朝自分で腹部にブスッとやります。最近の注射器はものすごくよくできている。2日で慣れました。30秒もかかりません。

もう一つの針仕事は血糖値の測定です。指先に専用の針を刺し（これまた使い捨ての針で巧妙にできている）、血を出して使い捨ての小さなセンサーに吸収させ測定します。測定器は病院からのレンタルです。毎朝の測定値を記録していきます。日曜日だけは4回（朝・昼・夕方・夜）も針を刺して測定します。

これがまったく苦になりません。データの推移が面白いからです。僕は「ワクワク感が……」とかいう人がキライで、自分でもあまりワクワクすることがないのですが、今朝の血糖値はいくつかな……出血した指先をセンサーに近づけると「これが世にいうワクワク感かな?」という気になります。

僕はこの年まで特定の目的を達成するために継続的に何かを実行するということがありませんでした。還暦の年になって、遅ればせながら目的に向かって努力するという経験を味わえるようになりました。ありがたいことです。

ツイているな、オレ！――いまとなっては糖尿病をポジティブに受け止めています。「ピンチはチャンス」と言いますが、生活様式が固定化する初老ともなるとピンチのときぐらいしかチャンスはありません。「ピンチがチャンス」です。

人間はホントによくできています。還暦の歳に入るやいなや、義父は死ぬわ、歯は取れるわ（これがものすごく痛かった）、孫は生まれるわ、糖尿病にはなるわ、還暦イベントのオンパレード。還暦フェスティバル開催中です。

２０２４年９月

記憶に残る人

経済コラムニストの大江英樹さんが２０２４年の元日の未明にお亡くなりになりました。享年71。若すぎる死でした。

奥さまの大江加代さんから届いた訃報を驚きをもって受け止めました。白血病を発症し、しばらく入院なさったあと、ご自宅でリハビリを続けていらっしゃるという連絡をいただいていました。すっかり回復に向かっているものと思い込んでいました。僕が塩昆布をスキだということをご存じで、「美味しいのがあるから」と、お送りいただいたりもしました。お礼のお手紙を差し上げてからほどなく、すーっとお亡くなりになってしまいました。

ご著書で大江さんのことは以前から存じ上げていたのですが、直接知り合ったのはそれほど前のことではありません。ご夫妻で僕たちのバンド、Bluedogsが出演した代官山のチャリティ・ライブにお越しくださったのが最初の出会いでした。大江さんはなんともいえずチャーミングで、人間の成熟というものを体現した方でした。達観しているのに若々しい。恬淡としているのに前向き。言動一致にして自然体。

経済分野の論客ですから、当然のことながら合理的な人でした。しかし、出来合いの合理性ではなく、ご自身で時間をかけて確立した「理」に合わせて考え、行動なさる方でした。つまりは言葉の正確な意味での教養人です。

大江さんならではの「理」が多くの読者を惹きつけたのだと思います。

最後にお目にかかったのはクレイジーケンバンドのライブでした。僕がこのバンドをスキだということをご存じで、お誘いいただきました。会場はビルボード東京。ライブが始まる前に食事をしながらゆっくりと話す機会を得ました。大江さんが経済コラムニストのポジションを獲得するまでの試行錯誤のお話を伺いました。

大江さんも僕も文筆業です。この仕事は誰も無名の状態から始まるので、最初は仕事として折り合いをつけるのに苦労します。とくに大江さんは定年まで証券会社にお勤めになり、60を過ぎてからの転身でした。大江さんの最初の本は自費出版だったとのこと。そこから小規模なセミナーや講演を重ね、徐々に読者を増やしていきました。

このときは大江さんの著作『90歳までに使い切る　お金の賢い減らし方』が出た後でした。とても良い本で、僕も書評を書きました。出版直後からよく売れ、版を重ねていました。「60歳過ぎに小さなライブハウスから始めて、10年経ったらビルボード東京に出ているようなものですね」と申し上げたら、大江さんは「ま、そういうことかもしれません」と笑っていらっしゃいました。

この本の中で大江さんは、「お金を増やしたい」という呪縛から離れ、お金の本来の意義——自分にとって価値あるものを手に入れる手段でしかない——に立ち戻って、お金の減らし方・使い方を論じています。

そこで強調しているのは、「死から逆算して考える」ことの重要性です。人間は死を意識したときに、はじめて人生で本当に大切なものに気づかされる。人生で最後に残る大切なものは何か——大江さんの結論は記憶です。お亡くなりになる直前までお書きになっていた雑誌連載の未完成稿にある絶筆となった言葉も「結局、人生の最後に残るのはお金ではなく、思い出しかないんだな」でした。

僕は大江さんよりも10歳以上若いのですが、この歳になるとつくづくこの結論に共感します。人間にとって最大にして最高の資産は記憶。お金は記憶という資産を手に入れ、少しずつ積み重ねていくための手段に過ぎない。だとしたら、自分のスキなことや自分にとって大切な人々とのつながりのためにお金を使い、記憶資産を豊かにするに若くはなし。

日本人の多くは死ぬときにいちばん多くのお金を持っています。あまりにもったいない。無駄と無意味は異なる。他人からすれば無駄に見えるようなことでも、自分にとって意味があればイイ。自分をごまかさずに、いかにお金を減らすかを考えたほうがずっと楽しい人生になる――最初から最後までお金の話をしているようで、『お金の賢い減らし方』は優れた人生論にして社会論になっています。そこに大江さんの一連の著作の価値があります。

ビルボード東京のライブが終わり、お別れするとき、「次は僕が食事にご招待します」と約束しました。予定された日の直前になって「体調を悪くしたので延期してほしい」という連絡が届きました。大江さんが白血病に冒されていることを知ったのは、それからしばらく後のことです。借りを返すことができないまま、大江さんは天国へと召されました。これからも書きたいこと・話したいことは多々おありになったでしょう。まったくもって残念なことです。

それでも、大江さんはこの上なく豊かな記憶を積み重ねた人でした。そして、周囲の人に豊かな記憶を与え続けた人でした。多くの人の記憶の中で、大江英樹さんは生き続けています。

２０２４年５月

独りご飯（外食編）

うちのママとは趣味が合いません。彼女はテニスやらクラシックのコンサートやら句会やらにしきりに出かけていくのですが、僕はそういうことには興味関心がございません。そこで、別行動となります。白洲次郎は「夫婦円満の秘訣は?」と問われて、「一緒にいないことだよ」と即答したそうです。その通り!

ということで、ママの不在時の夜ご飯の話です。だいたいの場合、スキなものをスキなだけスキなように家で作って食べるのですが、その日の動線に合わせて仕事の帰りに外で食べることもたまにあります。

独り外食の基本はカウンター席でさっと食べられること。論理的な帰結として、ラーメンが王道です。その日の仕事現場が渋谷もしくは新宿だった場合は、迷わず「桂花」というラーメン店に行きます（池袋にもあるらしいのだが、僕の普段の行動エリアに入っていない。最近になって僕の立ち回り先の虎ノ門にも支店ができたそうですが、まだ行ったことはない）。

僕が保守的なだけかもしれませんが、食べ物の好みは刷り込みが大きいように思います。若いころに食べて美味しいと思ったものが僕の嗜好を支配しています。桂花は熊本ラーメンのお店です。学生の頃、ここで食べてあまりの美味しさに仰天し（とんこつラーメン自体が40年前の東京では珍しかった）、以来すっかりトリコになりました。食べるのは毎回必ず太肉麺。こってりしたスープと硬めの麺の上に太肉（ターロー）という特製のタレを使って煮た角煮状の豚肉が乗っている逸品です。一人前に太肉が2個入っているのですが、あまりの美味しさに2個だと物足りず、最近はトッピングで1個を追加しています（↑オレも出世したなあ！）。

仕事が終わるとジムに行くことが多い。ジムから家に帰る途中に「麻布ラーメン」というお店（「アザラー」と呼んでいる）がありまして、ここもよく利用します。看板に「屋台の味」と出ている通り、昔ながらのラーメン。行列のできる人気店というわけではありませんが、いつ行ってもきっちりお客さんが入っている。

世の中にはびっくりするほど美味しいラーメンの人気店というのがあるそうですが、名店を調べては食べ歩くという行為を一切しない僕に言わせれば、そういう美味しさはじきに飽きてしまうのではないか。飽きずに食べ続けられる――これが本当に美味しいということでありましょう。アザラーはそういうお店です。

家の近所の日赤通り商店街には「布袋家」という昔ながらのお蕎麦屋さんがあります。食べるのはお蕎麦でなくカツ丼。迷わずカツ丼の「上」を注文（↑オレも成功したなあ！）。お蕎麦屋さんのカツ丼（の「上」）の独りご飯は日常の祝祭と言ってイイほど満足度が高い。

ただし、です。以上の独り外食拠点はその日の動線に合ったときに利用するもので、わざわざ出かけていくというわけではありません。不思議なのは、家族や友人と行く分には最高にイイお店であっても、独りご飯で行くとそうでもないということ。贔屓にしている和食店があって、友人との会食でしばしば利用していました。美味しい料理がいろいろとありまして、どうしても食べたくなったので独りご飯のときに行ってみました。ところが何となくヘンな感じで、独りご飯を楽しめませんでした。独りご飯に適したお店の雰囲気というものがあります。

で、最近になって、「わざわざ出かけて行きたくなる独り外食のお店」がついに見つかりました。「串カツ田中」であります。前々から気になっていたのですが、試してみる機会がありませんでした。ある日、僕の所属しているバンド、Bluedogsが使っているリハーサルスタジオのすぐ近くに店舗があることを発見。うちのバンドは練習が終わるとさっさと解散するのが常なのですが、メンバーに集会を提案し、串カツ田中初体験となりました。結論は、安い、うまい、早い。串カツの種類も多く、僕の大スキな紅ショウガやジャガイモもある。しかも揚げたてがさっと出てくる。

串カツが大スキなのですが、家ではなかなか作ることができません。串カツ田中にはカウンター席もあるし、空腹時の独り外食にイイのでは――次にママが出払った機会にさっそく実行してみました。予想以上に最高でした。カウンターでさっと食べるのであれば、お鮨屋さんも独り外食にイイのでは、という声が聞こえてきますが、ジッサイはそうでもありません。お鮨はあまりに美味しくて、独りご飯だと持て余してしまいます。誰かと食べて喜びを共有する。で、ますます美味しさに拍車がかかる。ここにお鮨を始めとする非日常ご馳走系外食の価値があります。

独りご飯はご馳走であってはなりません。独りご飯ならではの「日常の美味しさ」というものがあります。そのど真ん中を突いてくる串カツ田中。これから四半期に一度は行くことでしょう。

2024年3月

独りご飯（自宅編）

引き続き、家人の不在時の独りご飯の話を続けます。今回は自宅編です。いちばん安直なのが、出来合いのお惣菜。このカテゴリーの王者は何といっても焼鳥です。安くて美味しく低脂肪。名店で食べる焼き鳥はもちろんたまらなく美味しいのですが、自宅での独りご飯用はスーパーの焼鳥屋の１本150円ぐらいのものに限ります。スキなものをスキなだけ食べられるのが自宅独りご飯の妙味。16本は欲しい。種類はもも肉だけ。

問題はタレと塩のミックスです。試行錯誤をした末にタレ10本、塩６本が最適バランスだという結論に至りました。

焼鳥16本をしっかと抱えて家に帰るやいなや、オーブントースターでちりちりになるまで焼く。で、善光寺の七味を大量に振りかけて、一気に食べる。ご飯のおかずではありません。焼鳥以外には何も食べない。調理時間５分、食事時間5分、後片づけ15秒。安い、早い、旨すぎる。

２つ目のカテゴリーは冷凍食品。日本の冷凍食品のレベルの高さは世界の中でダントツ。品質に鋭敏に反応する消費者がいて、競争の中で切磋琢磨する企業努力がある。両者の相互作用が優れた価値を生み出し、消費者の生活を便利で豊かにする。これぞ理想の商売。基幹産業たる自動車はＥＶ化や自動運転といった変化に直面していますが、この際そんなことはどうでもイイ。日本には冷凍食品があります。

わが家の冷凍庫の中には、ギョーザ、シューマイ、チャーハン、チキンライスなどが独りご飯用に常備してあります。最近とくに重用しているのが冷凍うどんの「丹念仕込み」（テーブルマーク謹製）。冷凍うどん界の東の正横綱に値する逸品です。コシが強く、食感はあくまでも滑らか。驚くほど美味しい。３食１パックで売っていますが、1食分だけだと物足りない。いつも1回に2食分を使っています。なんなら3食いっぺんに食べてもイイぐらい。

それほどまでに美味しい。

第3カテゴリーは自分の手料理です。とはいっても独りご飯ですから、手の込んだものは作りません。スパゲティが基本です。

ミラノにあるボッコーニ大学で教えていた若い頃、さすがに本場だけあって、その辺のフツーの店で食べるフツーのスパゲティがヒジョーに美味しいことに感動しました。日本に戻ってきて自分なりにいろいろ工夫をして「ミラノのフツーの店のフツーのスパゲティ」の水準に近づけようと努力してきました。

トマトソースのスパゲッティでいえば、ごくシンプルで美味しいのがアラビアータ。使うパスタはスーパーで普通に売っているもので十分。かつては1・9ミリと太めのものが好みでしたが、いまは1・6ミリに落ち着いています。オレも成熟したなあ（違うかな?・）。ソースもトマトピューレでOK。

まずはフライパンにオリーブオイルとみじん切りにした大蒜（多めにお願いします）と輪切りにした鷹の爪を入れ、弱火でゆっくりと熱する。ここがポイントです。ゆっくり時間をかけることによって、大蒜の風味と鷹の爪の辛みがオイルに染み出します。で、トマトピューレを投入。お好みの量の塩で味をつける。パスタの茹で時間は表示よりもマイナス2分でぎりぎりのアルデンテを追求。パスタを鍋から引き揚げてトマトソースのフライパンに投入し、ゆで汁を少々加えて絡める。最後にもう一度オリーブオイルを振りかけて出来上がり。何も入っていないシンプルなアラビアータがしみじみと美味しい。何かイイことがあった日は、短冊形のパンチェッタ（薄切りのベーコンはダメ）を入れましょう。

オイルベースのスパゲティの定番が、老舗レストラン「キャンティ」マナーのバジリコです。僕の両親は戦前生まれですが、若いころは東京でわりとヒップな生活をしていました。子供のころの外食のご馳走と言えばキャンティのスパゲティバジリコ。ミッド昭和の当時、家で食べるスパゲティはナポリタンかミートソースの2種限定。僕の中ではスパゲティというのはあくまでも「赤い食べ物」でした。ところがキャンティで出てきたバジリコは基本色が白。衝撃でした。食べてみてさらにびっくり。こんなに美味しい食べ物が世の中にあるのか――。

刻んだ大蒜をゆっくり炒めるのは同じなのですが、オリーブオイルでなくサラダ油を使います（キャンティの人に聞いた）。そこに茹でたスパゲティを入れ、大葉の刻んだのを大量投入。バジルは高いので大葉で代用します。これでもか、というほど大量に入れるのがポイントです。バターも少々加えて、パスタに絡めて出来上がり。あまりに美味しいので、いくらでも食べられます。数年前まではパスタの量を200グラムに設定していましたが、最近は150グラムに落ち着きました。この辺、大人の分別です（違うかな？）。

で、即座に食べる。何も考えずにガツガツ食べる。ひたすら食べる。独りで食べる。黙って食べる。食事時間5分。これが理想の自宅独りご飯です。

2024年4月

一寸先は闇

仕事と趣味は異なります。趣味は自分のためにやること。自分が楽しく嬉しければそれでイイ。一方の仕事は自分以外の誰かのためにやるもの。お客さまの何らかの役に立ってはじめて仕事として世の中と折り合いがつきます。

僕は子どものころから自分の考えを言語化して書くことが異様にスキで、現在の仕事にたどり着きました。スキでやっていることではありますが、書いたものを読んだ方が、そこにわずかばかりでも価値を認めて時間なりお金を使っていただかなければ仕事になりません。いまお読みくださっているこの本にしても、くだらないことばかり書き連ねておりますが（今回の話も実にくだらないことなのでご安心ください）、僕にとっては一つの仕事であることに変わりはありません。

趣味の方に話を移しますと、根が非活動的な僕が唯一続けている能動的な趣味がロックバンド、Bluedogsです。

結成36年。Led ZeppelinやAC/DC、Grand Funk Railroad、KISS、Iron Maiden──ティーンエイジャーのころに聴いていたロック・クラシックス（リアルタイムで聴いていた当時は「クラシック」ではなかった）を演奏し続けています。23歳のときに弟とBluedogsを始めたときは、よもや還暦直前の今になっても"Communication Breakdown"（Zeppelinの名曲）を演奏して興奮しまくっているとは想像もできませんでした。

Bluedogsはアマチュアリズムの王道を往くバンドです。すなわち、自分たちが気持ちよくなるため（だけ）にやる。大音量でのロック演奏ほど気持ちイイことは他にございません。厄介なのは、ライブにお越しくださるオーディエンスが多ければ多いほど気持ちイイということ。ライブの前になると知り合いの方々に告知をしまくりやがるのですが（このためだけにFacebookのアカウントをイヤイヤ維持している）、一部の奇特な方を除けば誰も来てくれません。理由ははっきりしています。わざわざ時間とお金を使って観に行く価値がないからです。なぜか。これまた理由は明々白々、お客さまのためではなく、自分たちのためにやっている趣味だからです。

その分、自分が気持ちよくなるためには手数を惜しみません。その一つが髪型です。僕は30代前半から完成されたハゲでして、頭髪には不自由しています。やっている曲がハードロックですので、ハゲアタマでステージに出るとそこはかとなく物寂しい。以前はキャップをかぶってステージに出ていました。

ところが、あるきっかけでアデランスという会社の手伝いをすることになり、フルカスタマイズのウィッグができることを知りました。で、躊躇なくZeppelin仕様のウィッグ（ロバート・プラントとジミー・ペイジを足して2で割らないような代物）を発注。このところずっとこれを装着してライブに出ています。

ロン毛でステージに立つと、興奮が3割増しになります。リズムにノッて頭を前後左右に振ると、普段ない髪がユサユサして気持ちイイ。普段は弾けないようなフレーズでもロン毛にすると指が動く（僕の担当はベース）のが不思議です。

気持ちよくなるためには選曲も重要です。先日の代官山のライブハウスに出たときは、1曲目にGuns N' Rosesの“Night Train”を持ってきました。ベースを弾いていてホントに気持ちイイ。大喜びで飛び跳ねて弾いていたら、ステージから客席へと転げ落ちてしまいました。ひたすら気持ちよくなっていたので、そこにステージの縁があるのに気づきませんでした。文字通り、一寸先は闇。ベースを抱えたまま何のためらいもなく落下したので、受け身を取ることもできません。

理由はロン毛の前髪が顔にかかり、足元が見えなかったことにあります。普段は必要以上に視界良好なものですから、前髪の視界不良を甘く見ていました。われとわれのハゲアタマを恨みつつ、何とか這い上がって、演奏を続けました。

ライブ中はアドレナリンが出ていたので何ともなかったのですが、ステージを下りてからズキズキと痛み出しました。帰宅してズボンを脱ぐと脛が血だらけ。打撲のケガで済んだのが不幸中の幸いでした。ケがなくてよかった！

ま、ロン毛の視界不良は直接的というか表面的な理由でありまして、本当のところは老化です。身体的な感覚が鈍磨している。10年前ならこんなことにはならなかったはず。この度の転倒事件は「60にもなるのに、長髪はいい加減にしておけ！」という神様のお告げと受け止めました。次回のライブからは普段通りのハゲアタマに戻す（ただしキャップはかぶる）という苦渋の決断に至りました（追記：ハゲにキャップはノリが悪くなるので、結局ロン毛を復活させた）。

70年代ロックがおスキな皆さまにおかれましては、ぜひ一度Bluedogsのライブにお越しください。楽しめるかどうかはお約束できませんが、僕が楽しんでいるところは確実にご覧いただけます。

２０２４年２月

永楽館歌舞伎と豊岡カバン

兵庫県豊岡市にある「出石永楽館」。明治時代から続く近畿最古の芝居小屋です。往時は歌舞伎や新派劇が上演され、大衆文化の中心として栄えました。１９６４年にいったん閉館しましたが、その後、地元の人々による粘り強い活動により大改修がなされ、44年の時を経て復活。柿落《こけら》公演は上方歌舞伎のスター、６代目片岡愛之助一座による大歌舞伎。以来、愛之助を座頭とする年に一回の「永楽館歌舞伎」として定着しています。

初めて永楽館歌舞伎を観たのは４年前のこと。大きな劇場で観る歌舞伎もイイのですが、永楽館歌舞伎は次元が違う。劇場がコンパクトなので、すぐ近くで歌舞伎役者の熱演を観て感じることができます。役者と観客の一体感が生み出す異様な興奮にクラクラしました。これぞ最高のエンターテイメント。来年もぜひ観に来よう、と豊岡を後にしたのですが、翌年からはコロナ騒動で中止が続きました。

今年はついに４年ぶりに永楽館歌舞伎が再開。大喜びで駆けつけました。壁面には当時物の広告看板が並んでいます。松下電器の広告に出ていた高峰秀子（僕はこの人を人生の師として尊敬している）の古い看板を発見してグッときました。

演目は華やかで勇壮な「菅原伝授手習鑑　車引」と軽妙なコメディー「釣女」の2本。「車引」の出だしで花道から愛之助が出てきて「松嶋屋！」のかけ声が飛んだときは、「これぞ歌舞伎！」と鳥肌が立ちました。目の前で展開される愛之助一座の外連味たっぷりの演技を堪能しました。こんなに面白いものがあるのか、というほど面白い。

豊岡市の市長を20年間務めた中貝宗治さんは永楽館歌舞伎の復活に尽力した一人です。地方創生を政策に掲げない地方自治体の首長はいません。しかし、中貝さんはモノが違います。彼のまちづくりの思想と戦略を綴った『なぜ豊岡は世界に注目されるのか』を読んで感銘を受けました。

目指すのは「小さな世界都市」。コンセプトに深さと広がりがあります。「小さな」はSmallではなくLocal。その地のローカルなものに深く根差す。特定少数の独自価値に集中することによって世界とつながり、世界の人々に尊重されるまちになる――永楽館歌舞伎は一つの例にすぎません。演劇やダンスなどのパフォーミングアーツに特化したレジデンス型施設をつくり、世界中からアーティストを集める。アートと観光の両方を学べる芸術文化観光専門職大学も開校。２０２０年にスタートした豊岡演劇祭は、早くも経済価値を生み出すようになっています。

現在の中貝さんは一般社団法人豊岡アートアクション理事長として演劇を観光・教育・福祉などの分野に活かす活動に取り組んでいます。同じ日に中貝さんも永楽館にいらしていました。口上で愛之助さんが中貝さんに感謝を表明すると、会場は大きな拍手に包まれました。部外者の僕までイイ気持ちになりました。

野外では絶滅したコウノトリを人工飼育で繁殖し、野生復帰に成功したことでも豊岡は知られています。人間とコウノトリの共存は持続的社会の象徴。しかし、象徴だけでは続きません。経済には好循環か悪循環しかありません。ただのバラマキでは動きが生まれない。個々の事業者が儲からないことには話が始まりません。そこで、ブランド米「コウノトリ育むお米」などの事業を興す。中貝さんはあくまでも現実主義者です。「小さな世界都市」を具体化した施策の一つにカバン産業の復興があります。もともと豊岡はカバンの製造が盛んで、いまでも地域の基盤産業となっています。有名ブランドのカバンを作るだけはありません。カバンのデザイナーを呼び寄せ、蓄積された技能の基盤を世界に通用する独自ブランドへと昇華させようという試みです。

豊岡に移住してきた若いクリエイターの一人に下村浩平さんがいます。下村さんは豊岡に「Maison Def」という工房兼ショップを開き、自らデザインし自分の手で作ったカバンを売っています。ヒジョーに素敵なカバンを見つけ、思わず購入しました。久しぶりにイイ買い物ができました。

下村さんは起業して日が浅い（しかもコロナもあった）にもかかわらず、自分のお店と別に「Apartment」というコワーキング・アトリエを開設しています。ここを拠点にカバンのデザイナーと職人を育て、しかも併設のショップで彼らの作品を販売する。自ら新しい循環を創造する。その志と心意気に感心しました。

豊岡市街には「カバンストリート」があります。下村さんのところだけでなく、豊岡オリジナルのカバンを売る店が連なっています。カバンの修理やクリーニングを行っているお店もあります。デパートで売っている有名ブランドのカバンもイイのですが、ここであれば実際にデザインし作っているクリエイターとゆっくり対話しながら、商品のコンセプトや特徴を理解したうえで好みのカバンを見つけることができます。しかも、有名ブランドのカバンよりもはるかに安い。

カバン好きの方、一度豊岡のカバンストリートに行ってみてはいかがでしょうか。しみじみと面白いところです。時間をたっぷりとっておくことをお勧めします。

２０２４年１月

アイス時代

まだタバコを吸っているのか！　と言われるのですが、こればっかりは止められません。飲酒をせず、ギャンブルもせず、夜の街に出かけることもない。早寝早起き、週に3日はジム通い、体調管理しながらきっちりとリズムをキープしている毎日です。このうえタバコを止めてしまうとあまりに健康的でかえって不健康です。

最近になって旧式の紙巻きタバコを加熱式タバコに替えました。ＪＴのプルームというやつ。他の方式も試してみましたが、僕にとってはこれがいちばんイイ。銘柄はキャメルです。

最初のうちは電子タバコ固有のポップコーンがはぜるような匂いが鼻についたのですが、1週間ほどで慣れました。充電がやや面倒ですが、火を使わないので煙が出ないのがイイ。換気をすれば匂いがほとんど残らない。家人にも好意的に受け止められています。

嗜好品の好みは習慣に依存するとつくづく思わされました。というのは、加熱式に替えてしばらく経ってから、何本か残っていた紙巻きタバコを久しぶりに吸ってみたところ、炭火焼鳥の焦げたところのような味がして、イヤな感じがしました。味覚がすっかり加熱式に慣れていることに気づきました。もう紙巻タバコには戻れません。

喫煙と並んで止められない僕の習慣に甘味摂取があります。夜の食事が終わると決まって甘味を摂取したくなります。これさえなければもっと体重が軽いはずなのですが、僕の人生において中核的な価値を占めている行為ですので仕方ありません（注：これを書いたときはまだ糖尿病にはなっていなかった）。

習慣ですので、好みの甘味の種目が一定期間固定する傾向があります。僕の甘味嗜好の変遷は天皇支配の平安時代→鎌倉時代→室町時代→戦国時代→江戸時代という流れに似たものがあります。ある政権が確立し、しばらく続いたのちに政変が起き、別の政権に取って代わられるという成り行き。

物心ついたときからカスタードクリームのねっとりした甘みが大スキ。カスタードの王様といえばシュークリーム（生クリームはスキでないので、コンビニで売っている「ツインシュー」には絶対に手を出さないようにしている）。僕が子どものころのシュークリームは習慣的に食べるにはわりと高価なものでした。ところが三十数年前に一大事件――シュークリームの民主化――が勃発（そのうち山川の日本史の教科書の年表に載るかもしれない）。大規模洋菓子チェーンのおかげで、カスタードクリームたっぷりの大きなシュークリームが末端価格１００円（当時）という安価で市場に出回るようになりました。

ここに大和朝廷ならぬシュークリーム朝廷が確立します。駅前の洋菓子チェーン店でシュークリームを半ダースほど買い込んで帰宅し、一気に食べるのが常態化。中年になるとさすがに半ダース一気食いはしなくなりましたが、気が乗れば一晩に２つくらい食べる（３つのときもある）というシュークリーム支配時代が長く続きました。

祇園精舎の鐘の声、諸行無常の響きあり。あるときからシュークリーム中心の生活があまりに自堕落なのではないかという声がふつふつと沸き上がり、ついに水羊羹が蹶起。水羊羹幕府を打ち立てます。ところが、淡白な水羊羹の実力不足を衝いて臣下のどら焼きが謀反を起こしました。あっという間にどら焼き時代に突入。

しかし、どら焼き将軍の治世は今一つ安定せず、群雄割拠の戦国時代に突入します。ドーナツが都に迫るも天下統一には至らず（クリスピークリーム・ドーナツの脳天直撃の甘さには痺れるものがあるが、貯蔵できないのでいちいち買いに行くのが面倒）、この際手軽で貯蔵が楽でコストが安いアメ（サクマのいちごみるく）で手を打つか、ということになったりしますが、やはり力不足は否めません。

で、結局はアイス政権に落ち着きます。現在はアイス幕府の治世です。征夷大将軍はアイス界の不動の四番バッター、ハーゲンダッツの棒付きアイス。これ、ホントに美味しいですね。わりと値段が高いのですが、迷わず毎回5個購入し冷蔵庫に備蓄しています（↑オレも出世したなあ）。

最近になってハーゲンダッツ棒付きアイス将軍を補佐する2人の重鎮奉行が頭角を現しています。ひとつは「アイスクリン」。このカップに入ったアイスクリームとシャーベットの中間のような甘味はきっちりとカスタード味。

カスタード朝廷の流れを引く貴人なのかもしれません。もう一つがメロンボール。昭和の昔から続く伝統的アイスではありますが、中身は令和のそれにアップデート。メロンのシャーベットなのですが、これが実に美味しい。

夏の猛暑を経てアイス幕府はますます隆盛を極めています。しかし、権力の移ろいやすさは歴史が教えるところです。来年早々にはカスタードの志士による維新が勃発、王政復古の大号令が下り、カスタード朝廷に大政奉還ということになるかもしれません。それはそれで楽しみです。

追記：前にもお話ししたように、糖尿病の発覚で甘味を全く摂らなくなり、食生活は一変しました。アイス幕府はあっけなく崩壊しました。明治維新の王政復古どころではありません。封建主義が一気に民主制に転換するほどの非連続的な出来事でした。脳内フランス革命です。

２０２３年11月

見くびられるのがうまい人

何かにつけて威張り散らす人がいます。僕は決してキライではありません。なぜならば、傍から見ていて面白いからです。面と向かって威張られるのもどちらかというとスキ。

威張り活動の難点は、一人ではできないということにあります。どうしても相手が必要になる。麻雀がスキな人が相手をいつも探しているように、威張リストは気持ちよく威張ることができる自分よりも格下の相手探しに虎視眈々としています。

ただし、です。この「格下」というのはあくまでも威張る側の認知に過ぎません。一見して格下の威張り相手がその実とんでもない格上だった、という悲喜劇がしばしばあります。

いったいに本物の人物というのは至って謙虚であり、あからさまにスゴい人には見えない。威張リストのOSは「自分がいちばんエラい」が初期設定になっているので、本物を見くびる傾向にあります。

あからさまに威張られると「おいおい、ちょっと待て……」ということになるのが普通です。ところが、世の中には「見くびられるのがうまい人」というのがいます。本当は（少なくとも世俗的には）スゴい人なのですが、言動やたたずまいにそれが一切表れない。だから、威張リストはここぞとばかりに威張り散らす。ところが、いくら威張られても、こういう人はあくまでも恬淡としています。穏やかに相槌を打ちながら話を聞き、よどみなく威張られる。気持ちよくなった威張リストは威張りにターボをかけていく――悲喜劇の幕が上がります。

例えばこういうケース。少しばかり成功して上場し、小金を手にしたITベンチャーの経営者が、何かのパーティーの席で物静かで地味な初老の人物と居合わせる。実はこの紳士は若くして起業し、会社を国際的なメーカーに育て上げ、上場後は経営を後進に託して悠々自適の生活をしている。業界も時代もまったく異なるベンチャー経営者はそれを知りません。

これ幸いと威張リストは自らの経営哲学を開陳します。これまでの修羅場経験や武勇伝を語る。あろうことか経営者としての心構えを説いたりする。初老の紳士はニコニコと黙って話を聞いている。傍から見れば、大谷翔平に野球を、藤井聡太に将棋を、小池百合子にポピュリズムを説くような危険行為なのですが、すっかり気持ちよくなっている当人はますますヒートアップ。こういうのは見ていて辛くも面白いものがあります。

水戸黄門や遠山の金さんであれば、ほどよいところで葵の御紋を出す、もしくは肩の桜吹雪を見せつけて一件落着、「おみそれいたしました……」ということになるわけですが、本当に偉い人はあくまでも上品。そういうエゲツナイことはしません。

会話がある程度長く続き、話が仕事の中身へと展開していくと、初老の紳士が受け答えする言葉の端々に葵の御紋ないしは桜吹雪がチラリと見えてしまうことがあります。威張リストの心の中に、「あれ？　なんかヘンだな、もしや……」と不穏な空気が流れる。で、ちょうどそこにやってきた、威張リストもよく知る自分よりもはるかに格上の第三の人物が「これはこれはXさん（↑見くびられていた紳士の名前）、すっかりご無沙汰しておりまして、お元気でいらっしゃいますか……」（↑水戸黄門によくあるプロットだが、こういうことがホントにある）。ここにきて威張リストはようやく気づくのですが、時すでに遅し。ものの見事に赤っ恥をかくという成り行きです。

上には上がいます。こうした見くびられ局面で、決して印籠や桜吹雪を見せない人がいるんですね、これが。威張リストが（よせばいいのに）相手に意見を求めたりする。ギャラリーの僕からすれば（お祭しのように、僕はこういう局面ではかぶりつきで観察するタイプ）、「あー、懐の葵の御紋が出てくるぞ……」「肩にかけての桜吹雪が見えちゃうのでは……」とハラハラする瞬間です。

ところが、話が微妙なところにいくと、紳士は巧みに話題をそらしたり答えをぼやかしたりして、決して印籠も桜吹雪も見せない。最後まで気持ちよく見くびられ、見くびられたまま会話が終わります。「ますますのご活躍を……」と穏やかにご挨拶。何事もなかったかのようにフェードアウト。

桜吹雪を見せない人は意識的にガードしているわけです。うっかり正体を見せてしまうと、相手は大いに面目を失う。これまでの度重なる経験で、桜吹雪をチラ見してしまった相手が大いに動揺するのを知っている。それは本人にとってもとても気まずい。たとえ相手が失礼な威張りんぼでも、印籠を懐深くしまい込み、着物の襟をきっちり合わせて桜吹雪が見えないようにして、気持ちよく威張らせておく。

実に粋です。思わず心の中で拍手を送る僕でありました。

２０２３年６月

ジャズベ／プレベ分類

斯界のすぐれものはジャズベ／プレベの次元で分類できるというのが僕の持論であります。ジャズベというのはフェンダー・ジャズベースのことで、プレベは同じくフェンダーのプレシジョン・ベース。エレクトリック・ベースの歴史に燦然と光り輝く二大名器です。

世界中のベーシストに使用ベースのアンケートをとると、おそらく3位を大きく引き離して、1位はジャズベ、2位はプレベとなるはずです。それほどにこの2本のベースは定番の名器として多くのベーシストに愛されています。

大雑把に説明すると、ジャズベはクリーンな音。上から下までフラットに弦がよく鳴る。ネックは細く、弾きやすい。いろいろな奏法に対応し、音色もきらびやかでバリエーション豊か。ジャズはもちろん、ロックからポップスまであらゆるジャンルの演奏に使われます。

これに対して、プレベはパンチがある太い音。音域によって鳴りにムラがある。ネックも太く相対的に弾きにくい。高音の伸びはないが中域が強力で、太くウォームな音。音色は「プレベの音」しか出ない。使われるジャンルとしてはロックとR&Bに偏りがち。

事程左様にジャズベとプレベは対照的な性格を持っています。どちらも名器ですが、個人的な好みはプレベ＞ジャズベです。僕は結成35年のアマチュア・ロックバンド、Bluedogsでベースを担当しています。ベースを始めたころはジャズベでしたが、この25年ほどは一貫してプレベを使用しています。

有名なベーシストで使用ベースをジャズベ／プレベの順で対比すると、代表格として挙げられるのは何といっても

ジャコ・パストリアス／ジェームス・ジェマーソン――前者は近代ベースの革命者にして超絶技巧、後者はモータ

ウンの座付きバンド、ファンク・ブラザースで幾多のR＆Bの名曲をボトムで支えたセッション・ベーシストです。

　このほかにも、

マーカス・ミラー／ピノ・パラディーノ
ゲディー・リー／ドナルド・ダック・ダン
ヴィクター・ベイリー／ウィリー・ウィークス
伊藤広規／澤田浩史

　これらの対比をみるだけで、ジャズベ／プレベ分類の意味合いが分かる人は分かると思います。優劣ではありません。どちらも素晴らしいのですが、味が違う。

　ギターに応用すると

フェンダー・ストラトキャスター／ギブソン・レスポール

　ギタリストでいえば

エリック・クラプトン／ジミー・ペイジ
ジョン・メイヤー／デレク・トラックス

　歌手でいえば

マイケル・ジャクソン／ジェームス・ブラウン
シナトラ／エルヴィス
ダイアナ・ロス／アレサ・フランクリン
美空ひばり／都はるみ（森昌子はサドウスキー）
五木ひろし／尾崎紀世彦

　ピアニストでいえば

小林愛実／反田恭平（それにしてもスゴイ夫婦）
　指揮者でいえば
カルロス・クライバー／リッカルド・ムーティ
　オーディオ装置でいえば
マークレビンソン／マッキントッシュ（アンプ）
Ｂ＆Ｗ／ＪＢＬ（スピーカー）
　音楽の分野を離れても、ジャズベ／プレベ分類は有効です。例えば競走馬。同じクラシック三冠馬でも、クレバーなレース運びで安定した強さを見せた「英雄」ディープインパクトはジャズベ。それに対して、勝つときは圧倒的でも負けるときはあっさり負ける「金色の暴君」オルフェーヴルはプレべとしか言いようがない。過去の名馬でいえば
グランアレグリア／ラヴズオンリーユー
ジェンティルドンナ／リスグラシュー
ダイワスカーレット／ウオッカ（アーモンドアイはミュージックマン・スティングレイ）
　という対比になります。
　クルマでいえば
メルセデス／ジャガー
ＢＭＷ Ｚ４／マツダロードスター
ポルシェ９１１／７１８ケイマン
今のミニ／昔のミニ
　食べ物でいえば

お蕎麦／スパゲティ
お刺身／ビフテキ
しゃぶしゃぶ／すき焼き
　老舗レストランの名店でいえば
アピシウス／キャンティ
　デザイナーでいえば
川久保玲／山本耀司
ル・コルビュジエ／イームズ
　俳優でいえば
石原裕次郎／高倉健
仲代達矢／三船敏郎
吉永小百合／藤純子
森繁久彌／渥美清
　人生の師として僕が尊敬している高峰秀子先生でいえば
女優・高峰秀子／随筆家・高峰秀子——女優時代の高峰秀子もそれはそれは素晴らしいのですが、僕にとっては随筆家・高峰秀子が決定的に重要です。高峰先生の著作はどれを読んでもガツンときてシビれます。

２０２３年５月

禍福は糾える縄の如し

42歳の厄年のときに胃の病気をしました。それ以来、年に1回は食道と胃と大腸の内視鏡検査を受けています。最初に内視鏡検査を受けた当時、胃はまだしも大腸にお尻から太いチューブをぶっこむのはヒジョーに辛いものがありまして、思わず涙が一筋流れたものです。今では専門のクリニックできっちり麻酔をしてからやるので楽ちんです。というか、2時間ぐっすり眠れるのが気持ちイイ。むしろ楽しみになっているといっても過言ではない。

初老の自覚が押し寄せてきて、今年からかかりつけのお医者さまのクリニックで、消化器だけでなく全面的な人間ドックを受診することにしました。身長測定とか肺気量とか聴覚とか視力とか、ま、どうでもイイのではないかという種目もこの際全部のっけてもらいました。具だくさんのフルコースです。

メインディッシュはMRI。クリニックの近所にある専門の施設に行ってハゲ頭から腰までの全身MRI検査を受けました。所要時間は90分。ハーネスで固定された状態でガーガーいう筒の中に入ってじっとしていなければなりません。やる前はずいぶん退屈するのではないかと思っていたのですが、実際にやってみると非日常世界がわりと面白く、いろいろと考えごとをしているうちに検査が終わりました。

で、人間ドックで2つの発見がありました。第1に、身長が1センチ低くなって182センチになっていました。60歳前後になると、骨のジョイントが劣化して普通に身長が低くなるそうです。これはまあどうでもイイ。

第2の発見はわりとインパクトがありました。高血圧です。正常域を大きく逸脱しています。この歳になると高血圧症は珍しくないそうなのですが、ちょっと気になります。先生は「すぐに血圧計を買って、毎日測るように。しばらく経っても血圧が下がらなければ薬を飲んでもらいます」とおっしゃいます。

先生の指示通り自動血圧計を購入し、朝晩測定にいそしんでいます。明らかに高血圧なのですが、状況によってかなり変化するのが面白い。僕がいちばんリラックスするのは、日曜日の午後です。午前中にジムに行き、ジムの食堂で昼食を食べてから帰宅、あとはひたすらダラダラします。この前の日曜日の午後に血圧を測ったら、正常範囲内に収まっていました。

ネットで調べたところ、（1）塩分摂取、（2）喫煙、（3）運動不足が血圧の敵だというごく当たり前の結論に至りました。何事も習慣だというのが僕の考えでありまして、急激に変化させると習慣として定着しません。（1）はそれなりに気をつけるとして、（2）は節煙にとどめることにしました。（3）については、ジムでのこれまでの筋トレのルーティンに加えてランを再開しました。とにかく走るのがキライなのでずっとサボっていたのですが、ランニングマシンの速度を7・5キロにして20分ほどゆっくり走るようになりました。

これを週に4回やっているうちに、1か月もすると心身が妙にスカッとしてきました。とくに節食していないのに、体重もコロナ非常事態宣言時のピークから4キロ減少。それもこれも高血圧発覚のおかげです。

話は変わります。お酒が飲めない僕は、コロナ以前から私的な社交で夜に外に出るということがあまりない生活を送っております。たまにはイイだろうということで、先日お友達Yさんと年に1回あるかないかという長尺の夜の社交フルコースを挙行しました。

食事の後、2軒目の共通の友人のお店でナイスな雑談に明け暮れ、さあもう1軒行きましょうということに。近くのコインパーキングに営業車のシクヨロ号（ナンバーは4946）を停めていたのですが、発進しようとしたところ、クルマの床下で強烈なガリガリ音が発生。何事が起きたのか判然としないでいたところ、Yさんが「アンダーカバーですね」と教えてくれました。Yさんは自動車関係のお仕事をしていらっしゃいます。たまたまYさんが一緒にいたからよかったのですが、僕一人だったら慌てていたところでした。

で、この際Yさんの会社がやっている整備工場にピットインすることにしました。Sさんという整備士の方がシクヨロ号をリフトで持ち上げて破損個所を調べてくださり、なんと15分でスカッと修理完了。これからもシクヨロ号に異変があれば、Sさんにお願いすることに決めました。しかもこのSさんは読書家で、僕の本を読んだことがあるそうです。『逆・タイムマシン経営論』が面白かったとのありがたいお言葉をいただきました。

禍福は糾える縄の如し――「禍福」であって「福禍」ではないところがポイントです。「禍」が先で「福」は後から来る。単純にイイこともあればヨクナイこともあるよ、という話ではないということに気づかされました。禍と福の間には因果関係がある。ヨクナイことがあるからこそ、それを原因としてイイことが到来するというわけです。

もはやヨクナイことがないとイイこともないという気になってきました。さあ、今日も何かヨクナイことが起きないかな――。

２０２２年12月

気づくのが遅かった！

基本的にデスクトップＰＣを使って仕事をしておりますが、僕の場合は大したソフトウェアは使っておりません。この原稿もそうですが、仕事の中核は文章を書くことです。のべつまくなしに書いている。あとはメールをしたり、講義やセミナーのスライドを作ったり、インターネットの検索で調べものをする程度。ブラウザとワードとパワーポイントぐらいがあればもう十分。

業務の生産性に影響を与えるのはハードウェア。何と言ってもキーボードであります。これが使いやすいことが仕事のカギを握っています。小さな机で仕事をしているのでコンパクトな方がイイ。薄型のコンパクトなキーボードを長らく使っていたのですが、こういうのはだいたいが平たいキーになっておりまして、頻繁にミスタイプをします。立体的で角が取れているキーのほうが打ちやすいのですが、こういう伝統的なキーボードは昔ながらのわりと大きなものになってしまいます。

この手のガジェットにあまり興味がないので知らなかったのですが、しばらく前に思い立って調査してみました。世の中というのは確実に進歩するもので、小型でありながらフツーの立体的なキーで、タッチも伝統的なメカニカル・キーボードが売られているではありませんか。これに替えてからグッと生産性が向上しました。気づくのが遅かった。

先日、何回目かの五十肩を発症しました。還暦近くの50代のベテランともなると、五十肩もそれなりにパワーアップして攻めてきます。これまでと比べて痛みが強烈。一時は右肩がまったく上がらないところまで追い詰められました。近所のペインクリニックで注射を2発ぶち込んでもらい、クスリを飲んだりシップをしたりしているうちに、1週間ほどで鎮圧に成功しました。

原因は不明なのですが、心当たりはありました。ＰＣで長時間書く仕事が肩の筋肉に悪影響を及ぼしているのではないか。そう申し上げると、ペインクリニックの先生から「縦型マウスに切り替えてみては」とのアドバイスをいただきました。

で、早速購入してみました。手のひらをデスクと水平にするのではなくて、縦に軽く握るように持ちます。使ってみると、これがホントに快適。実に自然な動き。何十年マウスを使ってきたのかわかりませんが、これまでの人生は何だったのか、と思わされるほどです。従来のマウスを使う手の動きがそれだけ不自然だったということであります。気づくのが遅かった。

ことほど左様に、もっと早く気づいておけばよかったと思わされることがしばしばあるのですが、その最たるものが冷凍食品です。たまに冷凍ピザを買って朝ごはんにすることがあるぐらいで、冷凍食品を日常生活でほとんど利用していませんでした。

牛乳を買いに近所のスーパーに寄ったときのことです。いつもはチェックすることがない冷凍食品の棚を見たところ、ありとあらゆるジャンルで冷凍化が進んでいることを知りました。チキンライスとえびピラフがスキで、洋食レストランに行ったときはよく注文するのですが、この2種ももちろん冷凍食品化されています。さっそく買って食べたところ、これがものすごく美味しい。安い・早い・うまい。「三方よし」ぶりに眩暈がしました。気づくのが遅かった！

それからというもの、ひとりの食事にちょくちょく利用しています。コロナ騒動になって以来、一人で家で簡単な昼食をとる機会が増えました。こういう時に冷凍食品は実に重宝します。えびピラフはえびがやや貧相なので、冷凍のむきエビを追加投入するとグッとイイ感じになります。さらに僕の大スキな食材、マッシュルームも追加。スライスしてバターで軽くソテーしたマッシュルームを大量に（←ここがポイント）投入。ゴージャスなランチを前にして王侯貴族のような気分になります（言いすぎかな?）。

で、娘が先日家に来た時に「冷凍ギョーザも美味しい」という情報を得ました。早速12個入り1パックを試してみました。水なし油なしのフライパンで簡単にカリッとした羽根つきギョーザが完成。これまた異様に美味しい。このときは家族3人で食べたので、一人当たりの分け前がわずか4個。こんなに美味しいものを4個だけではとうてい満足できません。あまりの悔しさに、すかさず翌日に冷凍ギョーザを2パック購入。一人で躊躇なく24個食べました。

冷凍チャーハンがこれまた美味しい。町中華で食べる水準のチャーハンがレンジでチンするだけで自宅で味わえます（サイドメニューは冷凍ギョーザ。当然ですけど）。まとめ買いしておけばストックが効く。調理不要にしてUber無用。しかも、異様に安い。夢のような話です。

前にも話しましたが、大切なことなので何度でも言います。日本の冷凍食品のレベルの高さは世界の中でダントツ。日本発のデジタルプラットフォーマーはなくても、この際そんなことはどうでもイイ。日本には冷凍ギョーザがあります。冷凍えびピラフもチキンライスもある。冷凍焼きおにぎりも鍋焼きうどんもある（それにしてもこの「鍋焼きうどん」、誰が考えたのか知りませんが、これだけで美味しさが5割増しぐらいになる素晴らしいネーミング）。ナポリタンだってあります（ただし冷凍パスタはやや味が落ちる）。

まさに技術蓄積と市場競争、とりわけ味覚に優れた消費者の需要が三つ巴で練り上げた成果です。品質に鋭敏に反応する消費者がいて、競争の中で切磋琢磨する企業努力がある。両者の相互作用が優れた価値を生み出し、消費者の生活を便利で豊かにする。これぞ理想の商売。冷凍食品にこそ商売の究極の姿があるといっても過言ではありません。

２０２２年12月

能動的休憩

降ってくる仕事を待っているだけではつまらない。自分から能動的に仕事をつくっていくに越したことはない――仕事についてはこの原理原則でやってきましたが、私生活では習慣的に外に出かける趣味もございません。同世代の知人たちは、休日になるとゴルフだ、サーフィンだ、山登りだ、挙げ句の果てにはトライアスロンだ（こういうことをやる人の気が知れない）、と元気に出撃していくのですが、せっかくの休日、できることなら日がな一日家で休んでいたいというタイプです。

そういう僕が日常生活で最高度の能動性を発揮するのは何といっても休憩活動です。休憩というとそれ自体、受動性の極みのように聞こえます。しかし、休憩を舐めてはいけません。僕のような「休みのプロ」は生半可な気持ちでは休みません。真剣に休憩します。

休憩のピークは毎年夏と冬に2回とる長期の休暇。入念にスケジュールをブロックして、10日間ほど連続して休みをとります。何をするのかというと、何もしません。ひたすら休む。全身で休む。休みが終わるころにはほとんど廃人と化しています。仕事復帰には数日間の回復プログラムが必要となるほど。ここまで徹底して休むのがプロの休憩です。

日常の休憩にも真剣勝負の構え。仕事が終わって帰宅し、ひとつ風呂浴びてから食事だの残務処理などを終えると、8時くらいになる。ここからがいよいよ休憩の本番です。

ようするにベッドで横になるだけなのですが、その前にまずはストレッチとセルフマッサージ。ストレッチ・ポールや首・肩・足の裏の凝りをほぐす器具を駆使して入念にコンディショニングをします。気持ちよく横になるための準備に余念がない。最近は「マッサージガン」という利器も導入しました。これで首筋やふくらはぎ、足の裏などをダダダダダと攻撃します。

で、おもむろにベッドに倒れこむ（このとき、勢いをつけるために「疲れたー！」と叫んだりするとなおイイ）。仕事を一生懸命やった日ほど、この「ベッド倒れ込みの儀式」の歓びもまた大きくなります。真剣に休憩するほど明日の仕事への意欲も湧こうというものです。

各種の休憩ギアも枕元に常備しています。本、タブレット、目薬（初老は本を読んでいるとすぐに目がしばしばする）、耳かき（これほど気持ちイイことは滅多にない）、使い捨ての温熱アイマスクなどなど、手を伸ばせばそこに休憩の友のアイテムが。ウェアはTシャツと短パン。軽いし、まったく体に負荷がかからない。完全装備で休憩に臨みます。で、本を読んだり、空想したり、ひたすらゴロゴロダラダラする。そのうちに眠ってしまいます。ここに幸あり。

全力で脱力している僕が嫌いな言葉があります。それは「癒やし」。「お前の大スキな休憩と同じじゃないか」といわれるかもしれませんが、この両者は似て非なるものです。

休憩は自分でするもの。これに対して、癒やしは誰かにしてもらうものです。この受動性がイヤ。「だから何なんだ」といわれれば返す言葉もありませんが、休憩は僕にとって生活の核心。休憩のために働いているといってもよい。そんなに大切なものをおいそれと他人に委ねるわけにはいかない。独立自尊にして倜儻不羈。これが僕の休憩流儀です（ジッサイはただ横になっているだけ）。

たとえばマッサージ。癒やしの代表選手です。いっときマッサージに行くのが習慣になったことがあります。確かにマッサージは気持ちイイ。しかし、僕にも休憩のプロとしての矜持があります。こんなことではいけないと思い、マッサージに行くのはどうしようもなく疲れたときに限定しています。その代わり、セルフマッサージの技を磨く。自分のツボは自分がいちばんよく分かっている。慣れてくると、人にやってもらうマッサージとはまた違った愉悦があります。人生に癒やしは不要。能動的休憩あるのみ。

話はちょいとズレますが、女性のタイプでも「癒やし系」というのがキライです。どっちにしろ男にとって女は理解できない生き物。どうせなら迎合的な要素が一切ないほうがイイ。主張がはっきりしていて気が強くてガードが堅くて絶対に思い通りにならなそうな女性ほど魅力的に映ります。

話はいよいよズレますが、同じく受動性の点でキライな言葉に、「感動をありがとう！」とか「元気をもらいました！」があります。「お金をありがとう！」とか「お金をもらいました！」という人はあまりいません。理由なく人さまからお金をもらうのはヘンなことです。それと同じで、感動とか元気とか、そういう人間生活にとって基盤的なものは人から「もらう」ものではありません。こちらから能動的に取りに行くべきものです。

幸せは歩いてこない、だから歩いていくんだよ——休憩こそ最高度の能動性を必要とすると心得ています。

２０２２年10月

チューンナップ

クルマを2台所有しています。1台は日常生活で使う「自家用車」で、トヨタのヤリスです。生産が間に合わないほどよく売れているそうで、それもそのはず、実際に乗ってみるとこれがイイ。ものすごくイイ。コンパクトカーとして一つの完成形であります。

ただし、ヤリスはうちのママが優先使用権をがっちり握っています。そこで僕が仕事で使う「営業車」としてアストンマーティンがもう1台あります。

「偉そうに……」と思ったそこのあなた、ご安心ください。僕のアストンマーティンは皆さまがイメージする高級スポーツカーではありません。れっきとした（?）トヨタ製のアストンマーティンです。

話がややこしいので説明いたしますと、僕はいったいに小さいクルマがスキでして、先代の営業車はトヨタのｉＱというクルマでした。現在は廃版になっておりますが、トヨタが総力を結集して「クルマをどこまで小さくできるか」に取り組んだ超小型車です。全長は軽自動車よりも短く、3メートルしかありません。あまりのコンパクトさに狂喜し、躊躇なく購入しました。とにかく小さいのでハンドリングは異様にクイック。どんな細い道にも入っていけますし、駐車もラクです。

そのうち何を思ったのか、アストンマーティンがトヨタからｉＱを調達して、内外装をアストンっぽくリビルドした「シグネット」というクルマを出す計画があると知りました。パッと見れば顔はアストンマーティン（ただし異様に小さい）。なのに機械の中身はトヨタ。もちろん150万円で買えるｉＱよりはずっと値段が高い。どうしようかなと思ったのですが、「安心・安全のトヨタがわざわざ作ってくれたトラブルフリーのアストンマーティン」と解釈して買い替えました。

アストンマーティンは子供のころからいつかは乗ってみたいクルマでした。きっかけはもちろん初代ボンドカーのＤＢ5（「ゴールドフィンガー」に出てくるやつ）です。当時の僕はとにかくジェームズ・ボンドに憧れていまして、将来はスパイになるつもりでした。ところが、僕の性格や資質はスパイのそれとことごとく逆方向にあることが判明。断念せざるを得ませんでした。

それでも、僕はできる範囲で夢想を現実に引きつけようとするタイプであります。シグネットは渡りに船。ただのトヨタ製のマイクロカーではありますが、脳内ではボンド気分を味わえる。色もボンドカーと同じのを発注した

ので、納車まで一年以上かかりました。家を出るときに、しばしばカーステレオで「ジェームズ・ボンドのテーマ」を流します。ダンダカダンダーンダダダ、ダンダカダンダーンダダダという例の曲を鳴らしつつ運転していると気分は敵地に向かうボンド。ジッサイは細々《こまごま》とした仕事の現場に行くだけなのですが、まあイイ。それが人生だ。

アストンマーティン社の狂気というか錯乱で発売されたシグネット。当初は４０００台売る強気の計画だったそうですが、まったく売れず、今では超希少車となっています。一説によるとＥＵ圏での累計生産台数が１５０台、アジアで50台、あとはアメリカにも少しある程度で、全部ひっくるめても世界に３００台と存在しないそうです。

先日シグネットが車検の時期を迎えました。そろそろ買い替えるのもアリかなと思い、いくらぐらいで売れるのか軽く当たってみたところ、僕のヤレた個体でもびっくりするほど高く売れそうだということが判明。低走行距離の中古車には８００万円以上の値段がついているものもあります。一度手放してしまうと二度と買えません。かえって手放すのがイヤになりました。

この際しばらくは大切に乗り続けようと思い、定期点検整備に加えて内外装もクリーニングしてもらいました。奇麗になって戻ってきたシグネットを前にして、忽然と愛車精神が沸き上がってきたので、細部のチューンナップを試みました。

とはいっても、僕は機械や性能にはあまり興味がありません。やったのは第1にステッカーチューン。このステッカーというやつが僕は昔からスキスキ。後部バンパーのあたりにスキなロゴマークのステッカーをペタペタと貼ってみました。ナンバーの４９４６（＝シクヨロ。バンド言葉でヨロシクの意）にもご注目ください。

第2に、フロアマットチューン。マット専門メーカーにオーダーメイドでつくってもらいました。内装が白×黒なので、マットの色も白黒のチェッカー模様で合わせてみました。一応2×2シートなのですが、営業車なのでほとんど僕しか乗りません。割り切って2シーター化しました。後部座席をつぶして荷台にし、同じ柄のマットを敷きます。

第3に、一輪挿しチューン。昔のワーゲンに純正部品としてあったやつです。バラの花を挿入。色もシートに合わせて白。渋滞や信号待ちのときも心が穏やかになります。

ということで、すっかり営業車運転が楽しくなりました。これからもこのヘンテコなクルマとの生活を楽しみたいと思います。

２０２２年5月

脱アップル記

コロナ騒動を受けて、大学での講義もオンラインへの移行が半年以上続きました。学生も教師もすっかりオンライン講義に慣れました。ようやく教室での講義が再開し、リアル講義の価値と意味を再認識しました。それでも、オンラインには固有の利便性があります。例えば、さまざまな国から学生が参加するといったタイプのセミナーが気軽にできるようになりました。

先日、十数か国から50人の大学生が参加するセミナーで話をする機会がありました。オンラインでモニター越しに聞いているだけだと面白くありません。オンライン講義にはそれなりの工夫が必要になります。その一つがブレイクアウト機能を使ったグループディスカッション。このときも、まずは学生を小グループにわけました。参加した学生はお互いに初対面なので、自己紹介を兼ねて「いちばん好きなブランドは何？　それはなぜ？」というお題で意見を出してもらいました。

いちばん多く出てきたブランド名は「アップル」。次が「ナイキ」。この辺がいわゆる「グローバルブランド」の代表選手であります。

僕はこういうブランドがスキではありません。自分では絶対に買わないようにしています。アマノジャクといってしまえばそれまでですが、世の中の大勢が「いまはこれがクール！」と認識していることがどうにもクールでない。この十数年のアップル製品はその典型。スティーブ・ジョブズ氏がお亡くなりになったころがピークだったと思うのですが、世の中とにかくアップル礼賛。猫も杓子も「iPhoneってサイコー！」という調子。こうなってしまうともういけません。

もちろんアップルは稀代のイノベーションを連発した素晴らしい企業ですし、戦略も秀逸、製品もうまいことできていて、ジョブズ氏も偉人です。21世紀を代表する事業家であるのは間違いありません。

これが「クール！」でなくて、「（価格に対する機能や品質が）明らかに優れている」というのであれば素直に受け入れられます（例：トヨタのハイブリッド車とかユニクロのフリース）。ところが、趣味嗜好となると、アップルの「クール さ」が僕にとってはどうにもスキになれません。

アップルが「クールな会社」という共通認識が確立して以来、極力アップル製品は使わないようにしておりまして、スマートフォンはソニー、タブレットもソニー。僕の中ではソニーはいまが旬です。デジカメはリコー。デスクトップPCはデル。モバイルPCはレノボ。OSは当然のようにWindows。

単に「便利な生活インフラ」であれば、グローバルトップブランドであっても利用するのにやぶさかではありません。例えばグーグルやアマゾンのサービスです。

一時的にグーグルが「クール！」っぽい色気を出そうとしていた（と僕には思われた）10年ほど前は、イヤな感じがありました。で、メールもGmailは使わない。職場のシステムがGmailであるにもかかわらず、それをわざわざYahoo!メールに転送していました。

ずっと昔の話になりますが、マイクロソフトがヒップでクールだった時代（今からすると信じられない話だが、90年代前半はそうだった）は、PCは一も二もなくアップルのマッキントッシュを10年以上使っておりました。その頃のマイクロソフトといえば、独占的なOSとOfficeなどの特定少数のアプリケーションでボロ儲けしている「強欲企業」のイメージがありましたが、いまとなってはすっかりフツーの大人の会社になりました。

ただし、です。アップル製品の中で、iPodだけはずーっと愛用しておりました。音楽は僕の生活にとって重要な一部です。世上人気があるだけでなく音もいまひとつのiPodは、極私的には絶対に使ってはいけない製品のはずなのですが、アップル製品のなかでもiPodこそがイノベーションの極致であるというリスペクトから、ずっと使い続けていました。

で、長年の使用の後にiPodがぶっ壊れたため、さて新しいのを買おうかなとチェックしてみると、僕の気に入っていた旧来型（iPod classic）がもう販売されていないという衝撃の事実に直面しました。

どうしようかと思案した結果、完全な脱アップルを実現しようと決めました。だいたいiTunesというソフトが排他的な設計思想でイヤな感じでした。（僕のなかでは）旬のブランド、ソニーのWALKMANにしようかなとも思ったのですが、そっちの方面に詳しい方が教えてくれたAstell&Kernというブランドのプレイヤーにしました（追記：その後、これが壊れたのでソニーのにした）。

これが２０１３年の話。以来、脱アップルを完遂して現在に至ります。年月を経てマイクロソフトがそうなったように、いずれアップルもフツーの会社になるでしょう。僕が生きているうちにその時が来ると思います。その暁には再びアップル製品で音楽を聴くのを楽しみにしています。

２０２１年３月

葉書最強説

仕事のやり取りにメールは便利です。友人知人とのちょっとした連絡にはＬＩＮＥも使っています。それでも、僕がいちばんスキなコミュニケーション・メディアは何といっても葉書であります。

デジタルコミュニケーション全盛の時代、多くの人にとって葉書を出すのは年賀状ぐらいかもしれません。僕はこの10年以上、面倒なので年賀状は書いていません（不義理をお詫び申し上げます）。僕にとっての葉書はあくまでも日常の普段使い。仕事や私的生活でお世話になったときにお礼をする。友人にちょっと思いついたことを伝える。知り合いによいことがあったときに一言お慶びを申し上げる。こういうとき、葉書にササっと書いてポストに投函。

１００枚まとめて買いますが、１年ともちません。

葉書には数々の比較優位があります。以下に葉書の十大美点を開陳しますと――

1．携帯やＰＣよりも薄くて軽い。スマートフォンがどんなに小型軽量化しても、葉書にはかなわない。

2．しかも、電力&電波フリー。充電やネット接続の必要が一切ない。

3．しかも、気持ちを伝えるうえでイイ言葉が自然と出てくる。タイプするよりも手を動かして文字を書くほうが言葉に対して敏感になる。

4．しかも、スペースが限られているので、文章が短くなり、メッセージがシンプルかつストレートになる。

5．しかも、肉筆なので、相手に気持ちがより伝わる（気がする）。

6．しかも、リアルな実体がある有形物なので、（よほど嫌われていない限り）相手が注意を注いでくれる。そのアテンションの効きはフェイスブックの比ではない。

7．しかも、場合によっては受け手がそれをとっておいてくれる。時間が経過しても、何かの拍子に目にとまり、そのときのことを思い出してくれる（かもしれない）。

8．しかも、電話や面会と違って、同時性の問題も解消。

9．しかも、メールやＬＩＮＥと違って、相手にリアクションの必要性を感じさせずに済む。葉書を出しても、相手から返事がくることはまずない。でも、伝わっているだろうな……という感覚はある。この一方向性がしみじみとイイ。

10．しかも、安い。ポストに投函するだけで、自分が望むところまで有形物を人がわざわざ届けてくれる。それなのにわずか63円（当時）。異様に安い。現代の奇跡。１００枚買っても６３００円。これで半年は確実にもつ。それなのに携帯電話の１ヶ月の料金よりも安い。

しばらく前に消費税増税で葉書の値段が1円上がりました。大量に葉書を在庫してあったので、1円の切手を貼らなければなりません。郵便局に1円切手を１００枚買いに行きました。窓口で「１００枚ください」というと「１００円です」。１００枚買っても１００円。実に安い。当たり前と言えば当たり前なのですが、新鮮な経験でした。

葉書こそコストパフォーマンス最高のコミュニケーション・ツール。葉書最強説を唱えて久しいのですが、これまでのところなぜかあまり賛同者は現れません。読者におかれましては、一度だまされたと思って葉書を使ってみてください。まずは100枚まとめて買う。これがポイント。万年筆で書いてみてください。病みつきになること請け合いです。

葉書はこちらからの発信がほとんどですが、たまに届く中には、けっこうな割合で怒りの葉書があります。ほとんどが匿名なのでどういう人なのかはわかりません。コロナ騒動についてメディアで発言していた2020年の5月ころは、僕の考えがアタマにきた人が多かったようで、「天誅！」と朱色で大書きした葉書が届きました。痺れます。

先だって、『すべては「好き嫌い」から始まる』という拙著をお読みくださった読者の方からうれしい葉書を頂戴いたしました。綺麗な日本語で書いてあります。19歳の若い方で、体調を崩して自宅療養をなさっているとのこと。「読書が大好きで、内向的な私が、久々にこんなに楽しく笑って、テレビやネットよりもずっと、声に出して何度も明るくさせてもらいました」「人に合わせなくてはと生きにくく感じてきましたが、自分の『好き』を極めて大切にしていこうと思えて、出会いに感謝です」——この本を書いて良かったと思いました。報われた気持ちがいたしました。

この前の誕生日、お仕事をご一緒している方から唐突にお祝いの電報をいただきました。自分でも忘れていた誕生日に気づきました。葉書を偏愛している僕も、さすがに電報の送受信は久しくありませんでした。死角を衝かれた気がしました。

考えてみれば、電報はもっとも機能的な存在理由を失ったメディアであります。そこに面白みがあるわけで、今度誰かにいきなり電報——しかもお祝いでなく、遅滞している原稿料を督促するときの「カネオクレ」というような業務連絡——を出してみようと企んでいます。調べたら、25文字までで660円。楽しみのコストとしてはわりと安い。さて、誰に送ろうかな——。

2021年7月

逆ツーブロック

人生のほぼ半分をハゲとして生きてきた僕ではありますが、ハゲる前は日本男子平均よりも髪の量が多かったのもまた事実。高校生の当時は「額が狭い」と言われておりました。今となっては狭いどころか、額がどこまでも広がっています。どこからが額でどこからが頭かが判然としません。「広大無辺」という四文字熟語が頭をよぎります。

僕の禿げ頭は相当に年季が入っています。早くも20代後半で生え際が退却を開始。当初はむしろ髪を伸ばしてオールバックにしてハゲをカバーしようという悪あがきに明け暮れていました。ところが容赦ない攻撃が続き、退却による退却を重ねます。数年でじり貧の後退戦に嫌気がさし、30歳のころにバリカンを使った丸刈りに転進しました。

愛用者はご存じかと思いますが、バリカンにはアタッチメントがついていて、残す髪の長さを調整できます。使用していたバリカンは3ミリ、6ミリ、9ミリ、12ミリの4段階が設定されていました。いきなり3ミリはどうかと思い、最初は6ミリを選択。その時は「丸坊主」という感覚だったのですが、現在の基準で言えば立派なロン毛です。そのうち6ミリがうっとうしくなり、3ミリになりました。

それでも30代のうちは、頭の東半球というか頭頂部から後ろの半分にはしっかりと髪が残っておりました。ここで重要なポイントは「坊主」と「ハゲ」の違いです。このころはまだ「額が広い人が坊主頭にしている」という風情があり、「俺はハゲじゃない。坊主なんだ」と自分に言い聞かせることによって、自己尊厳を保っていました。

その後も、ハゲは無慈悲に領土拡張を進めます。ベルリンに向けて侵攻するスターリンのソ連赤軍を彷彿とさせます。ベルリン陥落が現実味を帯びてきて総司令部は緊迫したのですが、ここで作戦のコペルニクス的転回が起こります。事ここに及んでは、ベルリン陥落を甘受して、共産主義になった方がむしろイイのではないか。完全制覇はすなわちつるっパゲ。きれいさっぱりツルツルになれば、週に1度バリカンで刈る必要もない。すなわちメンテナンスフリー。かえって手間がかからない。行け行け、赤軍戦車隊！

ところが、です。50歳を超えるころにハゲ戦車隊の進撃がなぜか止まり、「波平状態」で安定してしまいました。頭頂部は丸ハゲなのですが、頭の下部だけはしっかり髪が残っている。厄介なことにこれが時間とともにちゃんと伸びます。頭部戦線異状アリ。しばらく放置していると、下部だけに髪があるという間抜けなツートンになります。

そのころ知り合った人にタクミさんがいます。彼の髪型は当時流行りだしたツーブロックでした。頭の上の部分の髪をフツーもしくは長めに残し、サイドはバリカンでスパッと刈り上げるというやつです。ツーブロックは似合う人がやっていると精悍な感じで、タクミさんにはとても似合っていました。

「ツーブロック、カッコいいですね」というと、「ケンさんもある意味ツーブロックじゃないっすか！」──うまいことを言うものです。ツーブロックの人が刈り取る部分に髪が残っていて、残すべきところに髪がない。言うなれば「逆ツーブロック」。これが実に情けない。その後も総司令部は白旗を振り続けたのですが、酷薄非情なスターリンは赤軍戦車隊をベルリン郊外に待機させ続けます。決して最後の一撃を加えず、首都を生殺し状態に置くのでした。

深ク世界ノ大勢ト帝国ノ現状トニ鑑ミ、非常ノ措置ヲ以テ時局ヲ収拾セムト欲シ、堪ヘ難キヲ堪ヘ、忍ヒ難キヲ忍ヒ、以テ万世ノ為ニ太平ヲ開カムト欲ス──堪りかねた総司令部はついに新兵器を導入し、無条件降伏を決断。このたび、20年使い続けたパナソニックのバリカンを買い替えました。従来の通常兵器はよく刈れるのですが、最も短くしても3ミリが限界です。3ミリだといちおう髪があるというテイになる。逆ツーブロック感を払拭することができません。で、奮発して購入したのが同じくパナソニックの業務用「プロバリカン」。最短0・8ミリから0・3ミリピッチで細かく調整できます。

武器商人（アマゾンのこと）に発注した新兵器が無事到着したXデー。本日天気晴朗ナレドモ波高シ──総司令部は躊躇なく0・8ミリを選択。頭側下部に残る髪に一気に攻め込みました。ニイタカヤマノボレ、ニイタカヤマノボレ。新兵器の効果はてきめん。切れ味がまったく違います。トラ・トラ・トラ、ワレ奇襲ニ成功セリ――プロバリカンのおかげさまをもちまして、60秒でめでたくツルッパゲ状態となりました。
ついにハゲとの30年戦争は終結。頭部戦線異状なし。元気に明るく戦後復興に邁進していく所存です。

２０２１年12月

新・家の履歴書

小学生の頃に暮らしていた南アフリカにはテレビ放送がなかったので、自宅の庭で寝転んで雲を見ながらよく空想に耽っていました。読み飽きた児童書の続きを自分で創作して本にする〃セルフ出版〃が好きで何冊も作りましたね。要するに発表体質で、昔も今もやっていることは変わりません。ただ、子どものころは誰も読んでくれないセルフ発表だったのに、今ではオーディエンスがいる。ありがたき幸せです。

三十万部を超えるロングセラー『ストーリーとしての競争戦略』などの著書がある経営学者の楠木建さん。一九六四年、機械部品会社に勤務していた父と、銀座の医院のお嬢様として育った母の間に東京都目黒区で生まれた。父がアフリカ支店長として赴任したため、両親と三歳下の弟と共に南ア最大都市のヨハネスブルグで育った。現地の日本人学校は日本人の先生が自宅を開放した寺子屋のような学校だった。

父が二十三歳のときに一歳上の母と結婚、翌年、僕が生まれました。当時の父は仕事より生活をエンジョイするタイプ。オープンカーに乗って母と（港区麻布の）飯倉にある「キャンティ」でデートしたり、アイスホッケーをしたりと、享楽的で活動的な人でした。僕とは正反対です。

最初の家の記憶は、ヨハネスブルグです。藁葺きの三角屋根に煙突がある立派な家でした。二階に両親の寝室と僕と弟の部屋が、一階には暖炉がある大きな居間と食堂、来客用の寝室が二部屋ありました。芝生の広い庭で日本人学校の同級生を集めてホームパーティーをした写真が残っています。裏庭には住み込みのメイドさんの住居（サーバント・クォーター）がありました。

朝起きるとメイドさんに「朝ご飯は何にしますか？」と聞かれて一日が始まるんです。学校が終わって帰宅すると、ラジオから流れてくるモータウンの曲に合わせてメイドさんと踊ったり、空想や〝セルフ発表〟に没入する。ひたすらのんびりと育ちました。


――帰国したのは小学校高学年のとき。父が川崎市鷺沼に建てた５ＬＤＫの一軒家で新しい生活が始まった。


アフリカであまりにも呑気な性格になったので、日本は驚きの連続でした。まず家の小ささやテレビにびっくりしましたし、靴を脱ぐ生活になかなか慣れなかった。帰国した日は祖父母の家でお昼に食べたお寿司や、夕食に出た鰻重がびっくりするほど美味しくて「日本はなんて素晴らしい国なんだ！」と感動したんです。

けれども地元の小学校に登校すると、子どもたちがすごいスピードで朝礼に並んでいました。「小さく前ならえ」と言って背が小さい順にビシッと整列する様子を見て「これはついていけないな」と確信しましたね。編入時の学力チェックのため先生に「川崎市」という字を書かされたときも、「そんなローカルな漢字テストはセンスがないな」と思いながら字がわからず「川さき市」と書いたんです。算数は〇点。九九はできたけれど「四捨五入」とか概念がわからない。それでも「追いつこう」とせず「裏道を行こう」と志向したことが、のちの人生に大きな影響を与えた気がします。

――自宅から自転車で通える場所にある私立の中高一貫校に「おまけで入れてもらったような感じ」で入学。学力別に八クラスあり一番下のクラスに長くいた。

勉強ができなかったので「ビリで当然」と思っていたのですが、能力別クラスは身分制社会みたいで悲しい気持ちにはなりました。バカにされても「何クソ」とは全然思いませんでしたけど、定期試験で一つ上のクラスに上がったときは嬉しくて。ところが最初の日に先生に「こんなところでくすぶっていちゃダメだぞ」と言われて、「そういえば、上にまだ六クラスもあるんだよな」と暗澹としました。

歴史が好きで、学校が終わると家で〝セルフ授業〟をしていました。発表体質なので、生徒の側にいることに我慢できない。「自分だったらこう説明するのに」と思いながら自室で一人で自分を相手に講義をやっていました。そうこうしているうちに高校の途中から勉強もできるようになりました。

男子校は部活をやっていないと居場所がない世界です。中学時代に錯乱して柔道部に入ってしまった。上下関係が厳しくて闘争心も必要だから、自分にはまったく向いていなかった。同じ学校の生徒同士で、勝った負けたなんてどうでもいいじゃないかと。みんなもうちょっと落ち着こうよと、シラケた目で見ていました。合宿で先輩たちが僕ら後輩を正座させて「お前らなめてんのか！」と説教したあと「だからお前ら子どもなんだよ！」って怒鳴ったときは爆笑しました。「ここにいるのはみんな子どもじゃん」と言ったら怒られました。そのうち幽霊部員になりました。家で一人で歌っているほうがよっぽど楽しかったですね。

――私立大の文系に進むつもりだったが、高校の担任から受けるように言われた共通一次試験の点数が良く、一橋大学商学部に合格。その後大学院に進み、九二年、同学部の専任講師に。

子どもの頃から考えることが好きでした。人や世の中に関わる社会問題を扱う大学の講義は面白かったですね。会社の仕事は向いてないとわかっていた。八歳のときに観た映画『エルヴィス・オン・ステージ』に衝撃を受けて、「エルヴィスになりたい」と母に表明したら「エルヴィスは職業カテゴリーではありません」。学生の頃になると、僕にとってのエルヴィスをもう少し一般化して、「一人でできる。自由度が高い。利害が軽い。顧客に直接向き合える」という条件を満たす仕事に就こうと考えました。これを僕は〝エルヴィス四条件〟と呼んでいます。どんな仕事があるか考えたら、シンガー、学者、個人タクシーの運転手の三つを思いつきました。要するに自分の評価はお客様が好き嫌いで決めて、優劣を客観的な尺度ではかれない仕事ですね。

この四条件を満たしてオーディエンスに発表できる現実的な仕事は、学者なのではないか、ということで今の仕事に落ち着きました。学会デビューしたときは、「発表させてくれるんですか？　しかもオーディエンス付きで？」と大喜びしましたね。

最初のうちは学会発表を尻込みする人が多いのですが、僕は失敗や批判されるのは平気なんです。僕の信条は「絶対悲観主義」ですから。子どものころからの経験で、「思い通りにうまくいくようなことは自分には決して起きない」と割り切っています。何かやる時に躊躇する人は、うまくやろうと思うからです。僕は絶対にうまくいかないと思ってやる。失敗して当然。万が一うまくいけば喜びが三倍に増えるんですね。

自分の考えを発表できる仕事に就ければ満足でした。業界の先輩に「君の夢は何だ？」と聞かれても「すでに実現しています」と答えていました。「そんなに志が低くてどうする」と叱られましたが、それが本心だったので仕方ありません。

――大学時代から両親は再び海外生活。当時付き合っていた女性と大学院時代に結婚し、鷺沼の自宅で結婚生活を

——始めた。三十歳の頃に娘が生まれてからは、家事や育児にも取り組んだ。

結婚したときすでに仕事していた妻が「私が働くから好きなことをしていていい」と言ってくれたんです。それでもこっちは無給の学生なのでお金がない。スーパーで大好きな柿ピーを少しでも安く買おうと、しゃがみ込んで違う種類の商品のグラム当たりの価格を比較検討していたら、たまたま妻に見つかって「セコイ！　本当に情けない男になり果てた」と嘆かれたこともありました。

マクドナルドのフライドポテトも大好きで、本当はLサイズを二つ食べたかったのですが、そんな贅沢はできなかった。僕の経済的成功の定義は、「柿ピーとフライドポテトを腹一杯食べられる生活ができること」でした。大学院生のころ、リクルートに売り込みに行ったらかなりの金額で請負仕事の契約をもらえました。リクルート本社からの帰り、マックのフライドポテトLサイズを二つ買って新橋のSL広場で食べたときは夢のような気分がしました。

鷺沼は都会でも田舎でもない。この中途半端さが妙に心地よく、「ま、いいか」と住み続けていました。僕の好きなピザハウス「モッコ」も近くにありますし。

——三十代半ばから企業のアドバイザーとしても活動をスタート。入れ替わりで妻は専業主婦になった。

講義をしたり学術論文を書く仕事も悪い気はしなかったんですが、学界で有名なジャーナルに載っても「せっかく発表しているのに学者しか読んでねえじゃないか」と気がつきまして、学術論文よりも本を通じて実務家に向かって直接考えを提供するスタイルに切り替えました。

三十代半ばで当時ソニーの社長だった出井伸之さんとの仕事をさせてもらう機会をいただき、それ以来数多くの企業や経営者の手伝いをしてきました。学問の世界は、研究の知見が学会に蓄積され、その後で社会に染み出していくように研究が応用されます。いわば考えごとの卸売りのようなもの。でも僕は直販で小売りをしたかったわけです。二〇一〇年に出版した『ストーリーとしての競争戦略』はそれ以前の一〇年間の仕事を一冊にまとめたものです。

僕は自分の仕事をミュージシャンに喩えています。講義や会社の手伝いなど現場でのライブがまず先で、原稿をまとめるのはその後のレコーディングなんです。この本も僕の中では「コンセプトアルバム」で、イーグルスの名盤『ホテル・カリフォルニア』をイメージして章立てを構成してあります。読者の方にはどうでもいいことですが。シンガーにはなれませんでしたが、人前で歌うのが好きで、若いころは、仕事で呼ばれた企業にマイクとアンプを持ち込んでショーをやったこともありました。ランチタイムにエルヴィスを歌ったりすると、「戦略はいいから、次は歌だけ頼むよ」と言われたことも。

三〇年以上、弟と一緒にやっているロックバンドでベースを担当しています。コロナ禍でライブ活動は自粛していますが、頻繁に〝自宅無観客ライブ〟をしています。一人でギターを弾きながら歌っているだけですけれど。弟は子どもの頃から勉強もスポーツもできる学芸会の主役タイプ。一方の僕は「トンボB」とかの端役でセリフは「さあ行こう」の一言だけ。まともなビジネスマンになった弟は僕と対照的な面がありますが、兄弟仲はすごくいいですね。

二〇一九年、鷺沼の家は残したまま渋谷区広尾のヴィンテージマンションに移り住んだ。楠木さんの人生哲学は「無努力主義」。五十代は孔子の言葉をもじった「五十而知脱力」をモットーに、全力で脱力する生活を愉しんでいる。

娘が独立して家を出ていったこともあって、小さな古いマンションを借りています。利便性が良い立地にもかかわらず緑が多く、〝気〟がいい空間です。プレーンなデザインで機能的。必要最小限のものだけを置いて暮らしています。センスがいい友人が長年住んでいるのが決め手になりました。〝物件選び〟より〝人選び〟ですね。

生活はいたってシンプル。煙草は吸いますが、お酒は飲みません。友達との社交も少ないので、夜八時半には寝室に入り、読書して十時頃に寝ます。朝は六時に起きて七時から仕事。十六時には上がります。甘味が大好きでつい食べ過ぎてしまうので、運動不足解消のため週三回はジムに行きます。週末もひたすら家で休憩しています。「そんなつまらない生活、やってられるか」と思う方もいるでしょうが、だらだら本を読んで考えごとをするのが好きなのです。これはアフリカ時代からまったく変わっていません。

結婚生活も言語論理で考え続けているうちに、受け入れられるようになりました。自分とまったく違う人とずっと同じ時空間で生活すること自体、相当無理があることですからね。結婚生活にとって大切なのは三つだけ。「我慢、忍耐、耐え忍ぶ心」です。自分とは合わないことも言語化するとツラくないんですね。「ああ、この人はこういう人なんだ」と思えますから。

良し悪しや損得より、「好きか嫌いか」を重んじる仕事論にもファンが多い楠木さん。『すべては「好き嫌い」から始まる』『好きなようにしてください』などの著書は、ウィットに富み笑いを誘いながらも本質を突く言葉が胸に刺さる。

好きでもないのに「よし、頑張んなきゃ」と思った時点で終わっていると思うんですね。むしろ脱力してできることがその人の能力。ですから僕は好きなことしかやりません。自分が少しでも仕事や生活を楽しめるように、〝セルフエンターテインメント〟に努めています。日常の買い物に行くときもスーパーに行くときも、乗っているシグネット（トヨタの超小型車 iQの内外装をアストンマーティンが手がけた車）をボンドカーに見立てて、「ダンダカダンダーン……」と『007』のテーマ曲を鳴らせばスパイ気分を味わえます。ちょっとしたことでも「ナントカ作戦」と脳内でネーミングしておくとグッと面白くなります。

この年になると大学経営の役目が求められるようになります。ところが、まったく向いていない。そこで「黒い巨塔作戦」を実行中です。『白い巨塔』のような権力争いの逆方向で、全力でヒラ教授にとどまるという作戦です。

とにかく言語化が大好き。言語は僕にとって非常に実用的なものです。「絶対悲観主義」もそのひとつです。「絶対に自分の思いどおりにはならない」と構えておけば、すべてが楽になる。人生何があっても「気のせい」だと思える。ボトムラインは平和と健康です。戦争だけは気のせいでは済まされない。平和と健康さえあれば、他に望むことはありません。むずかしいことをやさしく、やさしいことをふかく、ふかいことをおもしろく――この井上ひさしさんの言葉が僕にとっての仕事の理想です。需要がある限り、これからも考えごとの発表を商売にして生きていければ最高です。

2022年4月

同級生交歓

根性がないことにかけては人後に落ちないはずなのに、中学校でなぜか柔道部に入った。錯乱としか言いようがない。練習がイヤで、やがて幽霊部員になった。これがケチのつき始め。中高6年間、楽しい思い出はほとんどない。ひたすらぼんやりと過ごしていた。

高山健君とは柔道部で出会った。当時の記憶は霞がかかったようで、よく覚えていない。それでも、組んだときの彼の重心の低さと懐の深さはうっすらと体が覚えている。

高山君とは大学も同じ。柔道部で活躍した彼は銀行を経て楽天の創業に参画、ＣＦＯ（最高財務責任者）として経営の重心を担った。その後、メルカリなど多くの新興企業の社外取締役となり、２０２１年から全日本柔道連盟の事務局長も務めている。持ち前の懐の深さでさまざまな修羅場を乗り越えてきたのだろう。

15、16、17と私の人生暗かった――いよいよ鬱々としていた高校時代、奥武夫君は数少ない友人の一人だった。実家が大阪で、僕の家の近くに下宿していた。彼の部屋に上がり込んでよく話をした。歴史が得意で異様に知識が深い。ノートに仏像の絵をよく落書きしていた。「仏像にかかわる仕事がしたい」と言う。どんな仕事か想像もつかなかった。

東大に行った彼とは、その後会うこともなかった。あるとき、文化庁の技官になっていることを知った（現在は武蔵野美術大学教授）。彼の仏教彫像史研究は日本美術の優れた業績に贈られる國華賞を受賞している。16歳の志をそっくりそのまま実現したことに驚く。

僕はと言えば、何の修羅場も経験せず、志もないままに仕事を始め、この歳まで流れに任せて生きてきた。久しぶりに会った二人は当時と何も変わっていない。中高時代の鬱屈の記憶が一気によみがえってきた。不思議と爽やかな気分になった。人生、なるようにしかならない。それでも、なるようにはなるものだ。

２０２１年９月

代表的日本人の言葉――「だまって俺について来い！」（植木等）

この言葉は同タイトルのヒット曲の一節。歌い出しは「銭のないやつぁ俺んとこへ来い、俺もないけど心配するな」とくる。

渥美清の寅さんがつくり込んだ論理で笑わせるのに対して、植木等は支離滅裂で破天荒。何の脈絡もなく突然異様なことをする（「お呼びでない」がその典型）。それなのになぜか観ている人を納得させるパワーがある。理屈抜きでスカッとした気分になる。

「一貫性がまるでないことにおいて一貫している」という戦略は誰もが思いつくのだがなかなかうまくいかない。初期の「無責任男」映画でこの戦略ストーリーが全面的に成功したのは、ひとえにこの稀代のエンターテイナーのキャラクターがあったからだ。

ご本人は正統派の歌手・俳優を志していたという。「無責任男」が大ヒットした頃は、「コツコツやるやつぁ、ご苦労さん！」と笑い飛ばしながら、「俺はいったい何をしているのだろう…」と葛藤に苦しんだ。しかし「底抜けに明るいことが自分の特徴」と開き直り、映画と歌で高度成長期の日本の屈託を吹き飛ばした。真剣に「気楽で適当」を突き詰めた芸道だった。

莫大な収入を得ても「人間というのは骨を折りながらやっと生きていくものだ。こういう不自然な生き方が許されるのか」と自問自答する。人気にもカネにもがつがつしない。小さな仕事でも真面目に取り組み、精一杯個性を出す。誰に対しても威張らず、それでいて堂々としている。人間的なセンスが抜群。クールでスマート。何をやっても品がある。

最高にカッコイイ代表的日本人だ。

２０１４年７月

不自由の恩恵

喫煙のきっかけは学生時代にさかのぼります。あれは確か大学4年生の時でした。ゼミの飲み会か何かで、初めてたばこを吸ってみました。最初の一本から「うまい」。お酒が飲めないので、これはいい、と思いました。

昔も今も、たばことはずっといい関係にあります。いまのところやめるつもりはありません。

この仕事をスタートしたとき以来、部屋で一人きりで仕事をするというスタイルが基本です。

仕事を始めたころは、部屋でも建物でも、会議の場でも、たばこは吸い放題でした。私ものべつ幕なしに吸っていましたが、いまは自分の仕事場では吸うことができません。ビルの別のフロアにある喫煙ルームまで、エレベーターを使って出かけていくことになります。

でも、そうなったからといって、不便には感じません。むしろ、どこでもかしこでも吸えなくなって、良かった。というのは、喫煙が仕事の良い句読点になってくれているからです。

イギリスのミステリー作家、ジェフリー・アーチャーの『獄中記』を読んだら、興味深いことが書いてありました。彼は議員の活動もしながら、たくさんの小説を書きましたが、基本的に、2時間執筆したら2時間は休む（というか、執筆以外の活動をする）というのです。アーチャーは獄中でもこのルーティンを崩しませんでした。

「なるほど……」と思いました。考え事や書き物のような集中力を必要とする仕事をぶっ通しで続けていると、どうしても視点が凝り固まってくるのです。そうすると、ろくな仕事にならないんですね。

書き手の立場からすれば、「ライティング・ハイ」というか、書いているときは、「分かっちゃいるけどやめられない」という状態になりがちなんですが、実はそこに落とし穴がある。書くのに夢中になるあまり、論理の基本線を見過ごして話が変になったり、意味のないところで行き詰まって、無駄な苦労をしがちです。

そこできっちりブレイクをとって、自分の書いているものを客観的に見直す。視点を転換したり、視野を広げてみる。のめり込むのと突き放してみるのと、両方を一定の時間ごとに繰り返すことが大事なんです。

そんな私の最高の喜びは、書きかけの原稿を研究室でプリントアウトして、それを手に2階の喫煙ルームに行き、自分の書いたものの出来を確認することです。執筆を中断し、しばらくぶりに一服しながら、原稿に向き合う。

これは至福の時です。どこでも吸えなくなったからこそ、時々吸う一本一本のたばこが、よりうまく感じられる。

自分の部屋で吸えないということが、仕事のリズムをつくるのに大いに役立っています。

２０１３年

四季の変化を知る歳を知る

よくある話ですが、私は自宅でも、たばこは家の中でなく外で吸うということになっています。2階の居間から続くテラスに出て、毎朝、仕事に出る前に一服します。

若い頃は、年長者が何かにつけて、春が近づいて来ただの夏はもう終わりだの、季節の話題を持ち出すのが解せませんでした。何でそんなどうでもいいことについていちいち話すのかと不思議だったのですが、50歳も近くなると、そういう気持ちがよくわかるようになりました。毎日毎朝、同じ場所でたばこを吸っていると、季節のちょっとした変化に敏感になり、それを楽しんでいる自分がいます。

自宅の2階のテラスからは、けやきの木が見えます。夏のけやきはまるで「セミ帝国」。うるさいほどにセミが鳴いています。ところがいつの間にか、セミの大合唱が途絶え、ふと朝の気候に微妙な変化を感じるようになる。匂いも変わってきます。だんだんと夏が終わり、秋へと変わるグラデーションが味わえます。

私が教えているところは、すべて英語で授業をするインターナショナルスクールです。シンガポールやベトナム、インドネシア、ミャンマーあたりから来た学生が日本の良さとしてあげるのが「四季があること」。実際に日本に来て日本人と接し、日本の豊かな四季を肌身に感じると、ますます日本が好きになると言います。とても嬉しいことです。

毎朝の一服で四季の微妙な変化を感じていると、ああ、自分も歳を取ったな、と実感します。でも、それはそれでイイ気分です。頭髪をはじめとして、加齢とともに失うことも多々ありますが、得ることも同じくらいありますね。

僕にとって、毎朝の独りでの喫煙は、思考の時間としても重要です。このところＩＴがあまりにも生活に侵食してきて、最近は多くの人がありとあらゆる情報にのべつ「つながり過ぎ」だと思います。

情報収集も時と場合によっては必要ですが、僕の仕事にとって何よりも大切なのは、自分の頭だけで考えるということ。孤独こそが思考の友。たばこは孤独な思考のパートナーとして最適です。

２０１３年

音楽趣味の垂直統合

経営の世界には「垂直統合」（開発から生産、販売に至る業務の流れを一貫して自社で手がける）とか「水平分業」（特定の機能に業務を専門化する）という言葉がある。パソコン業界などでは水平分業が一般的だが、アパレル業界では垂直統合的なやり方をしている企業の方がこのところ強い（その代表がファーストリテイリングのユニクロ）。

――というような話はこの際どうでもよくて、音楽の話です。子供のころから音楽を聞いたり歌ったり踊ったりするのがスキでスキで、そのまま現在に至るのですが、水平分業的に音楽を楽しむ人もいれば、垂直統合モデルを追求する人もいます。

僕はといえば完全に垂直統合派。どういうことかと言いますと、まず音楽を聴く。僕がスキなのは軽音楽で、ロック（70年代中心）とかR＆Bを好んで聴きます。僕は小さい頃アフリカで育ちました。周囲にいた黒人の人々がやたらにモータウン（Supremesとか Temptationsとか Stevie Wonderとか）を聴いては踊りまくっていたこともあり、ソウルミュージックのビートの効いた楽しさ、かっこよさにすっかりやられてしまいました。

普段は携帯プレイヤーでちゃらちゃらと聴くこともありますが、これはという曲は自宅のスピーカーの前でしっかりと聴きます（オーディオ再生装置にも相当の無駄遣いを投入しているのでわりとイイ音）。で、気持ち良くなる。気持ち良くなると必ずといっていいほど踊りたくなる。で、踊る。で、すっかり楽しくなる。すっかり楽しくなると自分で演奏したくなる。で、曲に合わせて弾いてみる（僕はエレクトリック・ベースという楽器をやる）。で、ますます楽しくなる。

自宅で一人で弾いているのも何なので、バンドでやってみる。で、スタジオでデカい音でやるといよいよ気持ち良くなる。

いよいよ気持ち良くなると人にも聴かせたくなる。で、ライブをやる（知り合いの方々に無理やり聴きに来てもらうという、これがまたわりと迷惑な話）。ステージで演奏すると興奮する。興奮して汗とかヨダレとか涙とか、さまざまな水分が体から出て行く。水分を放出すると、その曲がますますスキになる。ますますスキになるとレコーディングしたくなる。で、スタジオに戻り、レコーディングする。レコーディングした音源を、自分が聴いて気持ち良くなるようにミキシングする。で、CDにする。

自分たちの演奏をCDにすると聴きたくなる。で、自宅のスピーカーの前でしっかりと聴く。聴くと踊りたくなる。踊ると演奏したくなる。で、スタジオに行くと……（以下、延々とループ）。

ということで、これが音楽趣味の垂直統合です。すべてが自己完結して延々と循環していくうちに音楽の感動がよどみなく深まります。

これがプロということになるとさまざまな理由である程度水平分業しなければならないわけですが、音楽に限らず、アマチュアリズムでものごとを楽しむ精神は垂直統合に帰結するというのが僕の見解です。音楽がスキでも、聴いてるだけ・観ているだけという水平分業の方、垂直統合戦略にシフトしてみてはいかがでしょうか。

２０２０年11月

再生系

垂直音楽の話の続きです。自分で楽器を弾きバンドで演奏して音にするところまでは前にお話しした通りですが、今回はその音を再生するまでの経路について。

自分たちでレコーディングした音源（および世にあるさまざまな楽曲）を聴くための自宅システムを大きく入れ替えました。２０１９年まではマッキントッシュのＣＤプレイヤーとアンプをムジークエレクトロニックガイザインという旧東ドイツのスタジオモニターのメーカーのスピーカーにつないでおりました。もともとレコーディングスタジオっぽい音で聞きたいのでスピーカーはスタジオモニター。濃い音が好きなのでアンプはマッキントッシュを使っていたのですが、もっとスタジオの音に近づけたいと思い立ちました。

で、アンプもスピーカーもＣＤプレイヤーも、それらをつないでいたケーブルを含めて全部オーディオユニオンに売却。ジェネレックの業務用スタジオモニターの定番８３５０Ａを導入いたしました。パワーアンプの入っているアクティブスピーカーです。さすがに多くのスタジオで使われている（以前レギュラー番組で毎週通っていた文化放送のスタジオもジェネレックを使っていた）だけあって、ストレートな音が愉しめます。

スタジオモニターは自宅で聴くと疲れるという意見をよく耳にしますが、そんなことはまったくございません。大きな音で熟聴しても、小さな音でＢＧＭとして流していても、ジェネレックは自然な鳴り方で耳に心地よろしゅうございます。

パワーアンプが必要なくなったので、ジェネレックをマイテックデジタルのＤ／Ａコンバータに直結、音源はＰＣからＵＳＢケーブルでとっています。

マイテックデジタルにしても元来はスタジオ業務用のメーカー。装飾のない音が出ます。このＤＡＣと８３５０Ａでもう十分。オーディオ趣味はもうやめた。前はケーブルもそれなりに凝ったものを選んでいましたが、思えばずいぶん無駄遣いをしたものです。これを機会にすべてベルデンの質実剛健な業務用ケーブルに替えました。

ＰＣの音楽再生ソフトはなんでもイイのですが、いまのところソニーのMusic Centerを使っています。iTunesはアップルファン以外にとっては意図的に不親切な仕様になっていると思います。その点Music Centerはおおらか。フォーマットはＦＬＡＣにしています。

かくして、自分がスキな曲を自分で演奏し、レコーディングし、再生し、その曲がますますスキになり、また演奏したくなるという垂直音楽の無限ループが今日も作動しているのでありました。

音楽をスマートフォンからイヤホンで聴くだけという向きも多い昨近ではありますが、これは実にもったいない。音楽を好きな方におかれましては、ＰＣ↓ＤＡＣ↓パワードスピーカーという聴き方はいかがでしょうか。これまでに聴いていた音が何だったのかと思うほど、豊かな音楽体験が得られることでしょう。

先日、仙台経済同友会で講演をする機会がありました。このときにアイリスオーヤマ（本社は仙台）の大山健太郎会長のご自宅にお伺いし、大山さんのオーディオ機器で音楽を聴かせてもらうという僥倖に恵まれました。

大山さんは僕が尊敬している名経営者であります。加えてお顔が亡くなった祖父に酷似しているので勝手に親近感を持っています。大山さんはクラシック音楽がお好きで、オーディオ愛好家としても有名です。以前から凄いスゴイと聞いてはいたのですが、実際にご自宅のシステムの音を聴かせていただきました。いやはや、想像以上のとてつもない音です。

まずはBeatlesのHey Judeから聴いたのですが、ヴォーカルがすごい。そこにマッカートニーがいるようで、しかも声の向こうに口の動きが見えるようでした。あとフツーの機械で聴くのと明らかに違うのがドラム。タムやスネアに張った皮の振動やスティックが当たったときのドラムそのものの音が聴こえます。

ボリュームを上げればどんな機械でも大きな音は出ます。ところがこのシステムは「強い音」。小さい音で歌ったり演奏している部分から大きな音を出している部分に移るときに、実際にぐーっと音が大きくなります。Norah

Jonesの声が絶品だったのですが、Don't Know Whyの1曲の中でこんなに声の強弱があるのかと驚きました。そもそもこういうふうな音が入っていたのだと知りました。

それもこれもパワーアンプがスゴイからでありまして、大山さんがお使いになっているのはオクターブというメーカーの真空管アンプ。ステレオの左右1台ずつのセパレートアンプで、真空管なのに４００Ｗ／1台という出力。「冬は暖房がいらない」ほどアンプから熱が出るそうです。スピーカーはソナス・ファベールの大きなものをお使いでした。アンプとスピーカーをつなぐケーブルも見たことがないような特殊なもの。ケーブルはノイズの削減を第一に考えていらっしゃるとのこと。

オーディオ愛好家はアナログのレコードを好む方が多いのですが、大山さんは完全にデジタル。ＣＤからリッピングしたデジタル音源と、最近はハイレゾリューションの音源をインターネットでダウンロードし、お聴きになっているそうです。理由は「レコードは面倒だから」。そりゃそうだ。

で、2時間ほど次から次へと聴かせてもらい、大山さんのクルマに同乗して講演会場に向かったのですが、クルマのステレオもブルメスター製。ナチュラルな素晴らしい音でした。

大山さんは仕事以外ではいつも音楽をかけていらっしゃるそうです。「音楽のある生活」の理想を垣間見ました。

２０２０年12月

高峰秀子の教え

高峰秀子と言っても、僕より若い世代の方にはピンとこないでしょう。僕の世代でもよく知らない人が多いかもしれません。

高峰さんは昭和の映画絶頂期を代表する大女優でした。１９２４年に生まれ、5歳でデビュー。天才子役として大活躍し、戦前は売れっ子のアイドルとして数多くの映画に出演しました。イメージしにくいかもしれませんが、まだテレビがなかった当時、映画産業が大衆のエンターテインメント全体の大部分を占めていた。その映画界で大スターとして君臨し続けた高峰さんは、現在ではちょっと想像しにくいほどの圧倒的な存在でした。

子役で大成功した人は、ほとんどの場合大人になるにつれて失速してしまうものです。高峰秀子は違いました。戦後になると、高峰さんは実力派の女優へと脱皮します。ありとあらゆる役の本質をつかんで見事に演じきる、真の実力派。戦後、全盛期を迎えた日本の映画界の頂点に立った女優です。

彼女の実力は、後世の評価を見ても明らかです。２０１４年に『キネマ旬報』が企画した「オールタイム・ベスト日本映画女優部門」で第1位。同じく『キネマ旬報』が２０００年に特集した「20世紀の映画スター」でも、読者選出の女優部門で第1位になっています。

さまざまなエンターテインメントが存在する今、かつての映画のように圧倒的な支配力を持つメディアはもう今後出てこないでしょう。そう考えると高峰さんは日本映画界最高にして最大の名女優であり、エンターテインメント産業の構造からして彼女以上の映画女優は二度と現れないと言ってよい。

高峰さんには有名な作品がたくさんあります。当時国民的映画と呼ばれた木下惠介監督の『二十四の瞳』。後世になって多くの人が「最高傑作だ」と評している成瀬巳喜男監督の『浮雲』。これらは高峰さんの主演作品の中でも歴史に残る名作と言われています。

高峰さんは30歳でご結婚なさった後、映画出演のペースを落とし、55歳で女優業から退きます。86歳でお亡くなりになるまで、文筆家として名文で名を馳せました。つまり、前半が大女優、後半が文筆家という人生をお送りになった方です。

僕が初めて知った高峰秀子は文筆家としての彼女でした。高峰さんの生き方を尊敬している方は僕の世代にもたくさんいらっしゃると思います。おそらくそのほとんどが、映画女優としての高峰さんよりも文筆家としての高峰さんのファンだと思います。

初めて高峰さんの文章に接したのは高校生のときです。現代国語の教科書に「黒」というタイトルの短いエッセイが載っていました。そのときは大して印象に残らなかったのですが、鮮明に覚えているのはその言葉遣いです。「色」について論じられた文章の中に「白も黒も、のっぴきならない色である」という一文がありました。それまで僕は「のっぴきならない」という言葉を知りませんでした。辞書を引いて意味を確認しました。これが高峰さんとの出会いです。

僕は自分の仕事を広い意味での「芸事」と捉えています。ですから、芸の世界に生きた人から本を通じて影響を受けやすい。日本テレビのプロデューサーとしてテレビの創世記に活躍された井原高忠さんの『元祖テレビ屋大奮戦！』を大学生のときに読んで、感銘を受けました。その後、今の仕事を始めた頃に小林信彦さんの『日本の喜劇人』を読み、そこに描かれている戦前戦後の日本の喜劇人の生き方から強い影響を受けました。

その後に読んだ高峰秀子さんの著作は、僕にとって強く、広く、そして深く影響しています。文字通りのディープインパクトです。仕事や生活のいろいろな局面で無意識のうちに、「高峰秀子さんならどう考えるだろう」「こういうときに高峰秀子さんだったらいったいどうするだろう」と自問自答する。それが習慣化しているぐらい、高峰さんの影響は僕の価値基準の奥深いところに及んでいます。

先だって、若くして亡くなった西村賢太さんという私小説家がいらっしゃいます。僕は西村さんの作品が好きで、お亡くなりになったときも追悼の意を込めた書評を書きました（「西村賢太の10作 破滅への加速」『本の雑誌』２０２２年6月号）。

彼が私小説家になったきっかけは、明治から大正、昭和の初期まで活動していた藤澤清造という小説家です。西村さんが中学を出て肉体労働に従事していた頃、すがるように読み込んだのがこの藤澤清造の作品でした。西村さんは生前、藤澤清造の「没後弟子」を自認していました。生きた時代が違うのでもちろん直接のやりとりはないし、会ったこともないけれども、「弟子」――その思い入れは尋常でなく、藤澤清造のお墓の隣に生前からご自身のお墓を建てたほどです。僕はそこまでではありませんが、感覚としては「高峰秀子の没後弟子」。そのくらい影響を受けています。

客観の人

高峰秀子さんがお書きになった本はもちろん全部読んでいます。高峰さんの周囲の方が彼女についてお書きになった本も、見つけるとほぼすべて読んでいます。僕にとってはどれも生活と仕事の教科書みたいなものです。

高峰さんは子役として映画デビューしてから身を引くまで一貫して大スターだったという稀な人です。その反面、私生活では子どもの頃から不幸な人でした。養母とその一族郎党からまるで現金製造機のように搾取され続けたのです。

彼女は自ら望んで女優になったわけではありません。5歳のときに親に連れられて行ったオーディションで見出され、気づいたときにはもう大スター。しかも、周囲の人全員が高峰さんにぶら下がって生きている。映画産業の支配的な地位からして、主演女優として成功することは莫大な富をもたらします。それを親族みんなが寄ってたかってむしり取っていく。彼ら全員の生活を背負う高峰さんには、女優の仕事から離れるという選択肢はありませんでした。

後年、61歳のときに高峰さんはこう述懐しています。高峰秀子は確かに大スターで人気があって、お金もたくさん稼いだ。大きな家に住み、自家用車を持ち、バックには大きな後援会があって人々がちやほやしてくれる。満開のバラみたいに華やかな存在だった。だから、他人からすれば「なんて成功していい身分だろう」と思ったかもしれないけれども、そういう高峰秀子のすべてが嫌いだった人もいる。それが、高峰秀子自身だった。女優になることはまったく望んでいなかったし、成功してからも、好みの仕事ではない――。

持って生まれた資質として、高峰さんは非常に客観的に物事を捉えます。悪く言うと、しらけている。ある意味で虚無的な人でした。子役として大成功し、「高峰秀子」というパブリックイメージが際限なく膨張していった頃から、非常に客観的に厳しい目でご自身を見ています。学校には一切通えないほどの忙しさで次から次へ映画に出演しながら、周囲の大人を冷静な目で見つめている。10歳になる頃にはある人気女優を見て「こんな態度をとるようでは、この人はここまでだな」――実際、その通りになったそうです。自分だけでなく他人も客観的に見る。その分、情熱に突き動かされて何か行動を起こすということがない。

昭和20年、高峰さんが20歳のときのことです。戦争のさなかで、ロケに出てもアメリカ軍の艦載機の攻撃が続いて、もう撮影どころじゃない。空襲警報が鳴りっ放しで、防空壕を出たり入ったり。でもメーキャップして待機しなきゃいけない。その頃の彼女の回想に、こんなエピソードがあります。

その映画を撮っていたのは当時の大監督、山本嘉次郎です。待機中、高峰さんがぼんやり座っていると、そこに山本監督が来て「何を考えていた?」。「別に、なんにも……」「つまんないかい?」「つまんない」。すると山本監督は、2人が座っている目の前の庭にあった大きな松の木を指しました。「あの松の木を見てごらん、なぜこっちへ向かって曲がっているんだと思う?」――松の木なんかどうでもいいと、高峰さんは、答えなかったそうです。山本監督はこう言いました。「たぶん、海のほうから風が吹くんで自然に曲がっちゃったんだよね。なんでもいいから興味を持って見てごらん。なぜだろう? どうしてだろう? って……。そうすると世の中そんなにつまんなくもないよ」そう言ってひょっと立って行った。

高峰さんは、松の木を見つめたまま呆然としたそうです。本当に自分の目からうろこが落ちたような気がした。今までの自分がさっと遠いところへ行って、新しい自分が生まれたような気分がした。一生のうちに、こういうことが何回かある、と振り返っています。

僕にとって高峰さんの著作との出会いは、まさに「一生のうちに何回かある」レベルの出来事でした。高校生のときに現代国語の教科書で高峰さんのエッセイを初めて読んでからだいぶ時間が経った32歳の年、『わたしの渡世日記』という文筆家としての彼女の代表作をたまたま手に取りました。映画女優としての自分の人生にケリをつける目的で書かれた長編の半生記です。この本を契機に彼女は女優から文筆家のほうにシフトします。ベストセラーになっただけでなく、内容が本当に素晴らしい。のっぴきならない衝撃を僕に与えてくれた一冊です。自分が最も影響を受けた本を一冊挙げなさいと言われたら、僕は躊躇なく『わたしの渡世日記』と答えます。

欲望と劣情

高峰さんが亡くなったあとに編集された『高峰秀子の反骨』という本があります。これを読んで知ったのですが、1971年、46歳の高峰さんはこんなことをおっしゃっています。自分はあんまりテレビを見ないのだけれども、クイズ番組をしょっちゅうやっているのは知っている。クイズに正解するといろいろな賞品をもらったり、外国旅行に行けたりするらしい。これこそ、あらゆる低俗の中で最も卑しい部類に入る行為なんじゃないか。そういうことはもう、やめたらどうか――。

こういうちょっとしたコメントひとつを取っても、いろいろと考えさせられます。彼女が批判しているのは「劣情」――劣った情動です。いい物が欲しいとか、お金が欲しい、おいしい物を食べたい、みんなに褒められたいといった欲望は、人間である以上だれもが多かれ少なかれ持っている。ここまでであれば人間の本能であって、劣情ではない。

金が欲しければ自分で稼げばいいし、おいしいものが食べたければ自分が稼いだ金で食べればいい。ちやほやされたい人は自分の力でそういう状態を手に入れればいい。要は好みの問題です。ところが、大した理由もないのに手っ取り早く、うまいことと自分の利得を手に入れようとする。こうなるともはや劣情です。

いきなり「お金をください」なんて言う人はさすがにいません。卑しいことだからです。それと同じ論理で、僕は「感動をありがとう」という言葉を嫌悪します。感動は果たして「もらうもの」なのか。「もっと感動させてくれ」というのは劣情なんじゃないか。

人間は放っておくと劣情に負けることもある。僕も週に3回ぐらいは劣情に負けているのですが、高峰さんのおかげでそれが「人間として劣った情動である」と自覚できるようになりました。自分の劣情を劣情と知らず躊躇なく全開にしている人を見ると、こうなったら人間おしまいだな――そう思えるようになりました。高峰さんの著作から僕が深い影響を受けてきたことの一例です。

高峰さんは自分の生活様式に非常にこだわる人です。自分の趣味やセンス、スタイルで厳選した、気に入った物しか周りに置かない、身に着けない。服飾自体は表面的なものですが、その人の本質がにじみ出る。そこに高峰さんの生活哲学を学ぶことができます。

彼女の服飾の原則はこうです。人前で目立ってはいけない。おしゃれは飛び出してはいけない。これはかつての本職だった俳優としての仕事哲学とも完全に一致しています。高峰さんはつねに主役でした。しかし高峰さんの考え方はこうです。主役も単なる配役の一つに過ぎない。主役だからといって自分だけが前に出ると、作品が壊れてしまう。画面から飛び出さずに作品と調和する、それが本物の主役――服飾や趣味にも、この考え方が表れています。表層的な見た目、深層に潜む哲学、すべてに筋が一本通っていて全部が統合されている。そこにシビれます。

高峰さんについて知っていくうちに僕は、彼女が何をしたかではなく、何をしなかったかをよく見るようになりました。彼女が絶対にしなかったことを知れば、生きていく指針としてほとんど完全なものを手に入れられると思っています。

高峰さんは人から「趣味がいいですね」と言われるたびにこう答えています。「いいかどうかはわからないけど、あるね、趣味は」。つまり、スタイルというものはあるか・ないかの問題であり、その一つひとつに自分自身によるきっぱりとした選択がある。決して二兎を追わない高峰さんの生き方は、僕の仕事である競争戦略の考え方にも強い影響を与えています。

「自分のことを本当に知っている人、自分のことを本当に考えられるのは自分しかいない」と高峰さんはおっしゃいます。洋服とかいろいろな趣味についてもまったくそうで、自分をよく知って、初めてしっかり物を選ぶことができる。これは洋服だけではなく、仕事や生活のすべてに当てはまる原理原則です。一言で言えば教養。自分の価値基準を知り、自分の言葉で言語化する。それに沿って生きていく。

高峰さんから影響を受けた方々の多くが「住む世界が違うので会えなかった」「生きた時代が違うので会えなかった」と書き残しています。その中に、「同じ世界に高峰さんがいたということだけで幸せだ」と書いている方がいました。まったく同感です。もちろん、一度でいいからお目にかかりたかった。実際にお目にかかったらどんな感じなのか――いつの時代の高峰さんなのかにもよりますが、おそらく、あまりオーラを感じない、わりとフツーの人として認識するんじゃないか。そんな勝手な想像をしています。

高峰さんはご自身の子どもを持たなかったのですが、斎藤明美さんという方を養女にしています。斎藤さんは編集者であり、文筆家としても活動されています。しばらく前、ご縁があって、斎藤さんと打ち合わせをするためにご自宅にお邪魔したことがあります。内装や生活道具など、高峰さんがお住まいになっていた当時のまま残されていました。「ああ、ここで暮らしていらっしゃったんだな……」――しみじみと感慨に打たれました。

プロの生活者

高峰秀子さんがお亡くなりになったあとも未発表のエッセイがいくつか書籍化されています。その一つに、河出書房新社から出版されている『私のごひいき』があります。「95の小さな愛用品たち」という副題が示すように、高峰さんご自身の持っている物について書かれたエッセイです。紹介されている物のほとんどが台所用品。彼女は女優を引退して執筆の世界に入ったわけですが、ずっと家にいる。メインの仕事場は机ではなく、台所でした。

彼女は30歳で、脚本家で映画監督の松山善三さんと結婚します。松山さんは当時まったく無名の助監督だったので、このニュースに世間は驚きました。

高峰さんご自身は、幸せな家庭生活というものを一切経験せずに、成り行きで5歳からいきなり大女優として生きてきました。とんでもない知性と教養をお持ちだったことは彼女の書く文章を読めば一目瞭然ですが、気の毒なことに学校教育をほとんど受けていません。小数を含む割り算は最後までできなかったそうです。スーパーで買い物をするときに、「30%オフ」の値札を数量的にはつかめなかった。

不幸な家庭で育っただけに、自分は思い通りに理想の家庭を築きたい。そう願った高峰さんは、松山さんとの結婚生活に自分の身を捧げます。料理を作って台所で長く過ごし、生活への工夫を重ねる。そのプロセスを日常の楽しみとする。結果として日常生活の達人になっていきます。『私のごひいき』を読むと、とにかく道具へのこだわりが強い。映画女優を引退してからは忙しい家事の合間に執筆をし、時折街に出ては好みの道具を見つけて買ってきたそうです。

高峰さんはその生い立ちからして、基本的に人間嫌いで、人との付き合いもほとんどない。しかも仕事における自分への評価に対しては、虚無的な哲学をお持ちだった。その反動で、自分の手で触ることができて、自分の手で動かせる道具にはすごくこだわったのではないか。

『私のごひいき』は、１９７４年から１９９４年まで20年にわたってある雑誌に１２１回連載された文章を本にしたものです。ごく軽い感じのエッセイではあるんですが、こういう地味な連載を20年間続けるところが、高峰秀子です。依頼された仕事のうち99%は受けない。でも受けた仕事は長々とやる。

この本では実にさまざまな生活道具が紹介されているのですが、選択基準がはっきりしている。しかもそれが20年間まったく変わっていない。第一に、気安く買える程度の値段であること。第二に、シンプルで実用的で、つねに役に立つもの。第三に、日本で買えるもの。この３つの条件でご自身の持ち物の中から取り上げることを、連載を引き受けたときに決めたそうです。以来、20年間ずっと守り続けた。いかにもプロの仕事です。あとで知ったのですが、連載当時、高峰さんは西武百貨店のアドバイザーをしていました。月に1回、マーチャンダイズ会議に出席されていたようです。プロの生活者である高峰秀子さんをアドバイザーに招くというセンス。当時の西武に勢いがあった理由がわかる気がします。

人間の天才

高峰秀子さんご自身が書いた本は、お亡くなりになった時点で24冊もありました。しかし、24冊しかない。その後、生前の高峰さんの言葉や未発表の原稿をまとめたものはいくつも出版されているのがありがたい。養女の斎藤明美さんが実にイイ仕事をしています。高峰さんがお亡くなりになるまで長い間近くにいらっしゃった方なので、高峰さんのことを深く知っている。高峰さんの哲学なり精神なりを今に伝える本をいくつもお書きになっています。その中でも最初に読むべき本としておすすめしたいのが、『高峰秀子の流儀』です。

高峰秀子さんと同時代を生きた方に、時代小説家の池波正太郎さんがいらっしゃいます。この2人はいくつか共通の美点があります。自分の力で生きてきた。自分の足で立って、自分の手を動かして、自分の腕を頼りに独力で名を成した。そして、2人とも自分の日常生活のあり方にすみずみまで自覚的だった。随筆そのものにも、練り上げられた生活ルーティンの美を感じられます。

高峰さんが好きな方は、池波さんの随筆も好きだと思います。僕もその1人ですが、この2人には明確な違いがあります。池波さんの文章は説明的で、自分の生活様式や生活哲学を開陳するだけではなく、「そういうことはするもんじゃないよ。なぜかと言うと……」と、教え諭す。一方の高峰さんは言いっ放しで、日常生活の経験に基づいた価値判断をサラッと言うだけ。「あとは推して知るべし」というスタンスです。僕が高校生のときに初めて読んだ高峰さんのエッセイ「黒」もまったく同じ。

高峰さんは物事の本質を突いた文章をたくさん書き残しています。そこに彼女をよく知る斎藤さんの解説が加わることで、ますます人生の原理原則がハッキリと見えてきます。『高峰秀子の流儀』は多くの人に読んでほしい一冊です。

軽薄で、冷酷で、打算がすべての映画界において、高峰さんは生きてきました。周りの人たちを極めて怜悧に観察し、自己を客観視し、自分の頭だけで考え、判断し、行動する。この基本動作をひたすら繰り返すことで、自分の価値観を練り上げていった。映画界から引退し、円熟のときを迎えると、いよいよ内省は深まります。ますますご自身の原理原則が研ぎ澄まされていき、それに忠実に日常生活を送っていく。

動じない、求めない、期待しない、振り返らない、迷わない、甘えない、変わらない、こだわらない。「何をしないのか」が常に明確です。そこに究極のジリツを感じます。ジリツには2つあって、自分を律する意味での「自律」と、自分で立つという意味での「自立」。人間の基盤にあるべき自律と自立を最後まで追求した人生でした。

高峰さんがお持ちだったさまざまな価値観を僕なりに一言で表すと、「潔さ」。「潔く生きるとはどういうことなのか」という問いに対するほぼ完全な回答を、高峰さんが生涯を懸けて練り上げた生活哲学に見ることができます。ひたすらに自分のためにやっていることが、世の中のためにもなっている。利他と利己が完全に溶け合った生活芸術です。

司馬遼太郎さんが生前、高峰秀子さんについて「いったいどういう教育を受けたらこのような人間ができるのか」と感嘆したそうです。高峰さんの教師は高峰さんご自身でした。想像を絶する不幸の中で若い頃を過ごし、自分の頭と自分の手だけで生活の哲学を練り上げた。しかも50年以上の長期にわたって第一級の仕事をした。最高度の教養がなければこんなことは達成できません。

セルフメイドの生活哲学者。天才的な人間というよりも人間の天才。人間生活の天才です。彼女の最高傑作は映画『浮雲』でもなく、著作『わたしの渡世日記』でもなく、高峰秀子という存在そのものでした。

ただし、です。特異な資質と経歴の人なので、彼女の生き方にはまったく再現性がありません。誰も高峰秀子にはなれない。自己抑制や自己規律が尋常じゃない。それは彼女の非常に厳しい前半生が作ったものなので、他者には近づきえない境地です。

最後に、僕が一番好きな高峰秀子さんらしいエピソードを紹介します。生前も各方面から尊敬されていた高峰さんは、同業者である女優にとっては往年の大スターというだけではなく、その生き方全体を含めて憧れの存在でした。あるとき、当時まさに旬にあったスター女優が「高峰先生を尊敬しています。わたしも先生のようになりたい」――高峰さんは一言「ああ、そうかい。50年かかるよ」。

これこそ高峰秀子の真骨頂です。他人に厳しく、自分に厳しい。片や僕は、他人に甘いですが自分にはもっと甘い。高峰さんとはタイプが全然違います。それでも僕は、仕事や生活においてことあるごとに「高峰秀子さんならどう考えるかな、どうするかな」と自問自答してから行動に移るようにしています。だいたいこれで間違いありません。

２０２２年10月

消費に見る成熟

顕示的消費から内発的充足へ

日本という国が成熟しつつあることを僕は前向きに捉えています。

経済に関して言えば、急成長を遂げた国がやがて成熟期を迎えるのは自然の摂理です。一定の条件が揃った国や地域では、高度経済成長が起きる。しかし、高度成長がいつまでも続くことは絶対にありません。そして徐々に成熟していく。「漢江の奇跡」を経験した韓国もすっかり成熟期を迎えていますし、近年めざましい躍進を遂げた中国も、そろそろ成長期の終盤に差しかかっています。いずれは日本の比ではないスケールで中国の人口が減少するのは間違いない。結局のところ、「順繰り」です。

山口周さんが『ビジネスの未来』でこんなことを書いています。成熟した経済状況は、しばしば「低成長」「停滞」「衰退」といったネガティブな言葉で表現される。しかし、「未熟」と「成熟」のどちらかを選びなさいと言われたら、だれもが「成熟」を選ぶ。「成熟」の受け止め方によって、その意味合いは変わってくる。

日本が成熟しているのは、もはや既定の事実。だとしたら成熟国ならではの強みを追求するべきです。移民を受け入れて政策的に人口をどんどん増やすことができるアメリカは、特殊な国です。ほとんど参考にはなりません。むしろ、日本よりもずっと早くに成熟したヨーロッパ、なかでも北欧の国々が手本になると思います。

アジアで最初の新興国だった日本が、１００年を経た今、アジアで最初の成熟国として他国から「成熟もまたイイな」と思われる。当然、国内に住んでいる人々も「イイ感じ」にある。日本はこの状態をめざすべきだというのが僕の意見です。

人間の行動において成熟の度合いが最もよく表れるのは消費です。

最近、『ＶＩＰ』という本を読みました。著者のアシュリー・ミアーズはボストン大学の社会学者で、元モデルです。彼女はその経歴を活かして、アメリカの富裕層のなかでもいわゆる成金の人たちが主催するナイトクラブのパーティーにモデルとして潜入します。そこで、人々がどんな行動をとっているのかを参加観察の手法で記述していく。

成金の人々は、ものすごい高級車や高級時計を買ったり、大邸宅に住んだり、プライベートジェットを持ったりします。Conspicuous な Consumption、つまり「見せびらかし消費」です。アメリカは特にその傾向が強い。人からすごいと思われることが彼らにとって無上の喜びですから、人に見てもらわないと始まりません。もし純粋なカーマニアであれば、自分がどんな車に乗っているのかなど知られなくてもいい。ドライブしていること自体がただただ楽しい。ところが顕示的消費者はそうではありません。「あの人はあんなにすごい車に乗っているのか！」と人に思われて、初めて喜びを得る。だから目抜き通りを派手な色のランボルギーニで流す。

その行き着く先はパーティーです。彼らは豪華なクラブを貸し切り、高価なシャンパンをバンバン開けて豪勢なパーティーを開きます。高級車やプライベートジェットだと一瞬で通り過ぎてしまう。高級時計は小さくて人の目に留まりにくい。パーティーであれば、その空間に自分に注意を注いでくれる人々を固定できます。つまり、クラブでの豪華パーティーは顕示性能が最高です。

成金が開くパーティーには、2つの重要な要素があります。一つは高価なシャンパン。もう一つがパーティーを盛り上げる女の子。そのほとんどがモデルです。モデルの女性たちを「賑やかし」として仕込む。アメリカにはそうしたモデルの手配を専業としているプロモーターという職業がある。パーティーの主催者をきらびやかな女性が10人や15人も取り囲んでいる。「どうだ、すごいだろ」――主催者としては最高の顕示ができるわけです。

モデルの派遣代金は、その質で決まります。どんなモデルの価値が高いか。顔立ちが美人、人あしらいが上手、ふるまい方がチャーミング――そんなことは重視されません。大切なのは「背が高いこと」「痩せていること」、この二つだけです。

豪華なパーティー会場に身長180センチの細身の女性（しかも12センチ以上あるヒールを履いている）がずらーっと15人も並んでいるのは確かに壮観です。ポイントは身長が比較可能な尺度だということです。ナイトクラブで遠くの席から見てもすぐにわかる。「あいつのパーティーよりも俺のパーティーに来ているモデルたちのほうが上だ」と誇示しやすい。比較可能性に顕示的消費の本質があります。

パーティーを手配するプロモーターのクライアントはアメリカにおける成金の典型です。ギラギラしていて、イケイケで、オラオラ系。長きにわたり経済大国として君臨してきたわりには、まだ一部にそういう風潮が残っている。これがアメリカの不思議なところです。

成熟はこの対極にあります。アメリカの成金のようなパーティーを開く人はヨーロッパではごく少数派でしょう。プロモーターという業界があるとも思えない。成熟している国と、成熟に対して拒絶的な国との違いです。

ひるがえって日本はどうか。僕の若い頃はバブル時代で消費もそれなりにギラギラしていました。僕がミラノの大学で教えていた1990年代、モンテナポレオーネというブランド物のブティックが並ぶ商店街に日本人観光客が押し寄せ、ものすごい勢いで買い物をしていました。それが近年では中国人の観光客が同じ商店街で同じことをしている。片や日本人はと言うと、ユニクロを着て裏通りをゆったりと歩いている。こういうところに、成熟は確実に表れています。

高度経済成長期の終盤にあたる1980年代に、『金魂巻』という本がベストセラーになりました。いろいろな職業カテゴリーごとに「マルキン」＝お金持ち、「マルビ」＝貧乏人と分類してイラスト付きで揶揄するという、ある種の社会評論です。例えば女子大生のマルキン、マルビをそれぞれイラストで対比する。マルキンはこういうバッグを持っていて、こういう服を着ている。一方でマルビはこんなものを身につけている。今から見るとかなりヘンな対比ですが、こうした図式化が成立し、受け入れられたのが1980年代の日本でした。要するに、未熟だったということです。

しばらく前にラルフローレンなどのブランドのロゴマークが以前と比べて大きくデザインされるようになったのは、中国がメインマーケットになったことが大きい。「俺はラルフローレンを着てるぞ」ということがだれの目にもわからないと、着ている意味がない。顕示という目的が達成されません。

一方、成熟しているヨーロッパではそのようなことがあまりない。ミラノでは街の中心部に大金持ちが住んでいるのですが、彼らの住まいはとても地味な集合住宅にあり、外からはお金持ちが暮らしているようには見えない。成熟して久しいミラノという都市の特徴です。

他者への顕示から内発的な充足へと消費の目的が変わっていく。満足の源泉が「人から見て自分はどうなのか」から、自分自身の中にあるものにシフトしていく。成熟のひとつの本質です。

消費を閉じる消費

まだインターネットがなかった時代、20代の自分自身を振り返ってみます。当時は消費を煽るような雑誌が世の中にたくさんありました。「この冬流行の赤と黒のネルシャツを、ＭＩＵＲＡ ＆ ＳＯＮＳが入荷」といった記事が『ＰＯＰＥＹＥ』に載っていました。そういうのを読んで僕もしばしば買い物に出かけました。社会人になってからは、当時流行っていたＡＲＭＡＮＩのアンコンストラクテッドジャケットを着ていました。海外に行くと有名な商店街に足を運んで「今日は買い物に半日使うぞ」なんて意気込んでいました。日本円が高かった時代で、海外で買い物をすると得をした気になりました。「あれは何だったんだろう?」と自分でも不思議です。

完全に成熟期に入った今、消費欲はすっかり低減しました。なぜか。必要なものはすでにひととおり持っているということもありますが、それ以上に、年を重ねるほど自分の好みというものがわかってくるからです。しかも好みがより固定化されてくる。若い頃あった「もっといいもの、もっと楽しいことがほかにあるんじゃないか」という探索欲がなくなってくる。結局のところ、そんなものはありません。

自分の基準で選んだ「イイもの」だけを買うようになる。しかも、ずっと同じものを使い続ける。新たな買い物をしなくなる。外食するときも同じです。自分が「イイな」と思うお店にずっと通い続ける。若い頃は新しくできたお店をとりあえず試してみることもありましたが、そういう行為はだんだん減ってくる。

カバンや靴、時計、財布、帽子、服など、自分が身につけてきたものを振り返ってみても同じことが言えます。時計は信頼のセイコークオーツ。そっけないデザインで高品質。いつまでも飽きがこないし、異様に正確です。高価な機械式時計には興味がありません。スマートフォンにしても、同じものを壊れるまで使い続けます。車にしても、走行距離10万キロを超えてもなお同じものに乗り続けている。

　これを「消費を閉じる消費」と呼んでいます。自分の好きなものが「これだ」とわかり、手に入れてしまうと、そのカテゴリーのほかのものについては興味を失う。インターネットの記事も読まないし、お店にも行かない。自分の好きなもので完結し、その先の消費を閉じる。これが成熟のイイところだと思います。無駄なことをしない。気持ちが落ち着いている。「単にジジイになっただけじゃないか」って言われたらそれまでですが。

　近年注目されているESGやサステイナビリティという観点でも、成熟はプラスに作用します。僕の友人に、中川政七商店の代表取締役会長をしている中川政七さんがいます。中川政七商店が取り扱っているのは工芸品です。工芸と聞くと古めかしいイメージを持たれるかもしれませんが、実際には非常にモダンなデザインのものもある。民芸品ではありません。工芸とは大量生産ではなく手仕事で作られているもの全般を意味しています。

　工芸の世界では、後継ぎがいないために途絶えてしまうメーカーが多い。そこで中川さんは、自社が運営する店舗やECサイトを工芸品のチャネルとして整えつつ、製造は得意だけれども経営には疎い工芸メーカーにコンサルティングに入り、商売としてうまく回っていくように支える事業を始めました。「日本の工芸を元気にする」という独自のビジョンを掲げ、それを小売とコンサルティングの両輪で実践しています。

　僕の家では中川さんのお店で購入したお茶碗や湯飲みを使っています。長く使える。飽きがこない。ここにも日本の成熟の良さが表れています。もっと大きなスケールでグローバルな商売をしている無印やユニクロといった日本発の消費財のブランドにも成熟を感じさせる引き算の魅力があります。

　松下幸之助の言葉に「水道哲学」があります。水道をひねれば水が出てくるように、安価で良質なものを大量に供給することが企業の社会的な使命である――世の中にモノが足りなかった時代は、確かにそのとおりでした。しかし、今となっては松下さんのおかげで、モノはふんだんにある。これからの時代、本当に価値がある商品は消費を閉じる消費を喚起するものだと思います。

成熟消費におけるもうひとつの特徴は、補充や修理をしながら同じモノをずっと使い続けることです。先日、僕が愛用しているジャケットがちょっと緩かったので詰めてもらおうと思い、お直しをやっているお店をインターネットで調べてみました。すると、家の近所だけでも小さなお店がいっぱいある。そのうちの1軒にジャケットを持っていったのですが、とても繁盛している。こういうのはとてもイイ。確かにサステイナビリティの方に世の中が動いている。

最近僕が買ったものを列挙すると、ユニクロの靴下、ユニクロのジーンズ、蚊取り線香、トンボのスティックのり、フリクションの芯、パソコンのキーボード（このところ原稿を書きすぎてIのキーが壊れた）、ベースの弦など、消耗品の補充ばかりです。若い頃と比べて自分も変わったなと感じます。

イギリスに住んだことはありませんが、仕事だけでなく、私的な旅行でも一時期はしばしばロンドンに行っていました。英文学者の小林章夫は『イギリス紳士のユーモア』でイギリス文化における速度の遅さを指摘しています。イギリス人は日常の服装については概して質素で地味。セーターをすり切れるまで着る。他人のことを気にしないので、流行おくれの服だろうが、当人が良ければそれでいい。他人がどうあろうと、自分の趣味や信念を尊重する。自然にふるまい、自分を必要以上に飾り立てようとしない。

イギリス製品は洗練されてはいないが、ドイツ製品と同様に丈夫で長持ちのものが多いと言います。アフターサービスも充実していて、電気製品にしてもモデルチェンジで部品がなくなるということがない。紳士の服装にしても、いいものを長く着る。やみくもに新しいものを求めるのではなく、気にいったものを愛用し続ける。ケチと言えばケチですが、とても合理的です。アメリカ的な消費文化が時代遅れになりつつある中で、イギリス的な「スローな文化」が見直されるべきだと思います。

――例えば、イギリス紳士の愛用するツイードのジャケットは、着れば着るほど味わいが出てくるし、身体にもよくなじんでまるで自分の肉体の一部であるかに感じられるようになる。実際、間近で見たある大学のプロフェッサーなどは、ツイードのジャケットをほれぼれするぐらいにうまく着こなしていた。これは一朝一夕でできるものではない。（小林章夫『イギリス紳士のユーモア』）

こういうのが服飾の理想です。僕は30年以上前に買ったイギリス製のダッフルコートを今でも持っているのですが、まったく問題なく使えます。いよいよ味が出てきました。

人間関係においても、あわてずさわがずゆっくりと対象に近づいていく。がつがつしない。一度関係ができたら長続きさせる。

小林が初めてイギリスに行ったとき、指導教官からこれだけは特に注意せよと言われたことが一つあります。イギリス人とつき合うためにはこちらから積極的に声をかけよ。黙っていればイギリス人は知らん顔をする。人は人、自分は自分。他人のことにはあまり関心がない。干渉したり、余計な親切心を発揮しようとしない。一見冷たく不愛想に見えるのだが、こちらから積極的に話しかければ、胸襟を開いてつき合ってくれることが少なくない。イギリス人は最初はとっつきが悪いが、ひとたび友となれば、これほど信頼に足る人間はいない、ということです。

「無人島に男二人と女一人が漂着した。イタリア人なら殺し合い、生き残った男が女を愛する。フランス人なら一人は夫、一人は愛人となってうまくやる。イギリス人だったら、紹介されるまで口をきかないから、何も問題は起こらない」――開高健がよく使っていたジョークです。

検索非連動型購買意思決定

アマゾンをはじめとするEコマースをよく利用しますが、レコメンデーションやおすすめ記事、カスタマーレビューやスコアといった情報は参考にしません。そもそも検索という行為はしないほうがいい、というのが僕のスタンス。すなわち「検索非連動型購買意思決定」です。

その典型が書籍です。インターネット上の不特定多数によるレビューや星の数（評点）には意味がないというのが僕の考えです。すでにお話ししたように、これまでの経験で自分の好みが十分にわかっているということもありますが、そもそも検索して出てくる情報は玉石混交です。

本を買うとき、僕が一番参考にしているのはプロの書評家が書いた書評です。なかでも好きなのが、鹿島茂さん。自分と好みのツボが近い。鹿島さんが書評を書かれた本を実際に読んでみると、確かに当たりが多い。良書と出会うきっかけとして実に性能がイイ。

飲食店のレビューサイトも見ません。気に入っている特定少数のお店を繰り返し利用する。そのお店を知ったきっかけは、自分と趣味の合う人が教えてくれたり、連れていってくれたからです。そういうふうに自然な流れの中で知ったお店が僕にとっては一番イイ。

つまるところ、物選びよりも人選び。信頼できる友人・知人から偶然教えてもらったアナログの情報がいちばん役に立ちます。情報源のアナログ回帰、これもまた成熟社会の特徴だと思います。なんでもかんでもデジタルにスコアリングするのをありがたがっている状態はいまだに発展途上の段階です。

自宅の近所にある六本木ヒルズ。２００３年の開業から20年以上が経ちました。開業したての頃は、「ヒルズ族」と呼ばれた人たちを中心にまるで毎日お祭りのように賑わっていました。現在の六本木ヒルズには、毎日同じように淡々と時間が流れている。まずまず「イイ感じ」に落ち着いてきました。こういう変化は時間をかけないと生まれません。

同じく森ビルの物件、アークヒルズは開業して40年近くになりますが、かなりイイ感じに仕上がっています。バブル景気後の１９９４年にオープンした新宿のパークハイアット東京。最上階の夜景のきれいな高級レストランがイケているると当初話題になりましたが、こちらも30年という時間の経過でデトックスされ、往時の雑味がすっかり取れました。イイ感じになるには、どうしても時間がかかる。どんなにお金をかけても、時間は買えません。

ひたすらスピード重視の成長期とは異なり、成熟期にはスローダウンが価値を持ちます。最近面白いなと思ったのは、メルカリが「ゆっくり宅配」に乗り出すというニュースです。数日遅い配達を選べば送料が安くなる。利用者アンケートによると約9割が「数日遅れてもよい」と回答したそうです。アマゾンで買う日用品に比べると、メルカリで買う書籍や衣類は急いで届けてもらう必要がない。これまでのEコマースの配達はとにかく「速く安く」だったのが、消費者の側にはむしろ「もうちょっとゆっくりでいい」という感覚がある。こういう動きが出てくるのは成熟社会の一つの側面です。

メルカリの「ゆっくり宅配」の場合、送料の値引きがスローダウンのインセンティブになるわけですが、いずれは値引きされなくてもスローダウンを選択する消費者が増えてくるかもしれない。そうなれば成熟社会も本物です。

２０２２年にNetflixの株価が1週間で約7兆円も下落したというニュースがありました。会員数が初めて減少に転じたという業績速報が株主にショックを与え、パンデミックの間の巣篭もり需要の増大で吹き上がった企業価値が一気に下落しました。それから2年が経ち、これを書いている時点では同社の株価は持ち直していますが、コンテンツ業界の競争はますます熾烈を極めています。

競争は消費者の財布の奪い合いですが、Netflixのように典型的な経験財を売るビジネスの場合、財布以上に時間の奪い合いとなります。だれもが一日24時間しか持っていない。２０００円しか懐にない人も、２０００億円の貯蓄がある人も、持っている時間は一緒。それを競合他社と奪い合うわけですから、財布の奪い合いよりもよっぽどキツイ。

お金だけでなく、時間を何のために消費するのか。そこに成熟のありようが凝縮して表出します。Netflixに代表されるサブスクリプションサービスでさまざまな経験財が供給され、一面では楽しく余暇の時間を過ごせるようになりましたが、一歩引いてみればかえって生活の質が劣化しているケースも少なくありません。

先日地下鉄に乗ったら、左右に僕と同じくらいの年格好の男性が立っていました。片方は、つり革につかまって指1本でスマホゲーム『パズル&ドラゴンズ』に興じている。時折、列車に体勢を崩されながらもやめない。よっぽど好きなんでしょう。で、もう片方はと言うと、まったく同じような見た目の男性なのですが、ハンナ・アーレントの『エルサレムのアイヒマン』を読み耽っていました。

この違いは大きい。パズドラの男性にとっては、消費している経験財は単なる暇つぶしです。後には何も残りません。一方の読書をしている男性は何かを考えている。読書から得られた思考はきっと彼のこれからの人生を何らかの形で豊かにするでしょう。平等に与えられた24時間を何に消費するか。これによってひとりひとりに大きな差がついていきます。しかもそれが毎日繰り返される。その差がどんどん蓄積されボディブローのように効いてくる。成熟した社会の基準は時間消費の質にあります。

２０２２年７月

そんなにイルか？

前に「そんなにイイか？」という話をしました。他人の生活や仕事を見て、ちょいと「いいなあ……」とか「羨ましいなあ……」と思ったときは、すかさず脳内で「そんなにイイか？」とツッコミを入れる。だいたいの場合、「そうでもないな……」という答えが返ってくる。これで一件落着、足るを知るという成り行き。

これのバリエーションに「そんなにイルか？」があります。局面は消費、適用対象はモノ、特に耐久消費財です。ちょっと素敵な柄物のカジュアルシャツを見かける。買おうかな——でも考えてみればすでに2枚の柄シャツがあります。しかも体は一つ。カジュアルシャツは白無地のボタンダウンシャツを着るのがほとんどです。ジッサイのところ着る機会はあまりない。そんなにイルか？——そうでもないな、ということで無駄遣いが未然に防止できます。

「そんなにイルか?」が頻繁に出動するのは趣味の消費です。還暦になったらクルマを乗り換えようと企んでおりました。さて、どれにしようかな――検討プロセスが異様に面白く、しょっちゅうカーセンサーのウェブサイトを見ていました。さまざまな候補が浮上しては消えていきました。それはそれとして、現行の営業車シクヨロ号（ナンバーは4946）は普通に動いています。しかもヒジョーに気に入っている。そんなにイルか?――そうでもないな、ということで還暦大作戦は中断となりました。めでたし、めでたし。

古いソニーのワイヤレスイヤホンを地下鉄移動やジムでのトレーニング中に使っています。最近は性能がイイのがいろいろと出ていることを知り、最新製品をチェックしてみたのですが、考えてみれば僕にとってワイヤレスイヤホンは邪道というか外出時に仕方なしに使うものです。ヘッドホンはソニーのスタジオモニターMDR－CD900STがイイに決まっています。これのイヤホンバージョンのMDR－EX800STも所有しています。もちろん有線ですが、イイ音で聴きたければこちらを使えばイイ。そんなにイルか?――そうでもないな。

カメラもそうです。友達が上等なカメラを使っているのを知ると、自分も最新の機種を買って写真を撮り、記憶資産を豊かにしたいという気になります。ただし、です。僕にはそんなカメラの腕はありませんし、今さら技術を修得するのも面倒くさい。だいたい撮るのはスナップ写真だけですし、ほとんどの場合スマホで事足ります。ちょっと綺麗な画像を残したいときは昔から使っているリコーのGRデジタルというコンパクトカメラがある。大きくて重たいカメラを日常的に持ち歩くとも思えない。そんなにイルか?――そうでもないな。

「そんなにイルか?」が最も有効なのは楽器です。現在所有しているベースは3本。フリーダムのプレベ、同じくフリーダムのフレットレスのジャズベ、ライブで使用しているミュージックマン・スティングレイ。このトリオはどう考えても最高にして最適でありまして、これ以上ベースを増やす必然性はどこにもない。ところが何分趣味世界なので、ついつい邪念が鎌首をもたげます。

YouTubeで気に入ったバンドのライブ映像を見ていると、ギブソンのEBやサンダーバードもイイなあ！　という気にさせられます。こうしたベースは音に癖があり、僕のバンドでは、スタジオでのレコーディングはもちろんライブでも使えないのは明らか。ついついネットで中古の売り物を調べてしまうのですが、こういうときこそ「そんなにイルか？」「そうでもないな」の自問自答がものを言います。「そんなにイルか？」のおかげで、おそらく５００万円は得をしていると思います。

２０２４年７月

嗜好保守主義

趣味嗜好についてはいたって保守的というか、若い時期の刷り込みが激しい体質です。例えば食べ物。小学生のころに刷り込まれたキャンティのバジリコスパゲティや大学生のときに初めて食べたとんこつラーメンの桂花はいまだにそのジャンルでいちばんスキなメニューであり続けています。

音楽趣味は聴くほうも演るほうも子供のころから今に至るまでずっと続いているのですが、僕にとって最上のボーカルは今でも6歳のときに衝撃的な遭遇をしたエルヴィスです。小学生のときはＫＩＳＳに痺れました。最初に買って聞いたアルバムは3枚目のDressed To Kill。１曲目のRoom Serviceから大興奮し、エンディングのR&R All Niteに至ってはあまりの楽しさに陶然とした記憶があります。で、次はお小遣いを貯めて歴史的名盤となったライブアルバム、Alive!を購入。スタジオ盤よりも何倍もイイR&R All Niteで完全にハードロックが体に入りました。

で、早速演奏してみることにしました。当時からパートはベースです。ただし、楽器を買うことはできなかったので、「口（くち）ベース」。R&R All Niteをレコードでかけながら「ボンボンボン」と口でベースの音を出していました。

これがあまりに楽しくて、家の外でも脳内で音楽を再生して、それに合わせてのべつ幕なしに口ベースを演奏していました。中学生のときに同級生に「なんでいつも一人でボンボンボン……って言ってるの？」と不思議がられたことがあります。「ベース弾いてる」というとますます怪訝な顔をされました。

以来半世紀。Bluedogsのライブでは今でもR&R All Niteを演奏しています。しかも横にいるのは当時と同じ河村隆（僕の実弟）。初老になってこんなことがあろうとは10歳の僕にはまったく考えられませんでした。ベースも口から本物のエレクトリック・ベースに進歩しました。それでも弾いているフレーズは口ベース時代とまったく変わりません。これを幸せと言わずして何が幸せか。

服についても刷り込みベースの保守主義です。このところいよいよ学生時代からスキだったアメリカンカジュアルに回帰しています。学生時代は高くて手が出なかったブルックスのブレザー（今となっては時代遅れのボックスシルエットなのですがやめられません）やポロのポロシャツ、マクレガーのスタジャン、ショットの革ジャンも今なら買えます。

アメリカンカジュアルの中核アイテムと言えばTシャツ。白いTシャツにジーンズ、靴はコンバースのオールスター。これこそ永遠不変のアメリカンカジュアルの王道。いまでもそういう格好をしています。

で、Tシャツの定番と言えばヘインズ。中学生の頃、アンダーシャツ（グンゼとかの）はクルーネックでなくて薄手のUネックの下着っぽいものがほとんどでした。僕も当然親から買い与えられたUネックのアンダーシャツを使っていました。

ところが、一部の豊かな家の子は制服のワイシャツの下にヘインズのクルーネックTを着ていました。シャツの襟からのぞく丸い襟がかっこよくて羨ましかった。当時のヘインズは高級品でしたし、だいたいどこで売っているのか見当もつかなかった。で、グンゼのUネックを前後逆にして着ることによってなんとかシャツの襟からTシャツ（というか下着）を出すという工夫に及んだのですが、グンゼはリブが細くてどうも様になりません。

　で、大学生になってついにヘインズのTシャツを自分で買えるようになりました。当時のおしゃれな人はヘインズよりも柔らかな生地のフルーツ・オブ・ザ・ルーム（覚えてますか?）を好む向きが多かったのですが、刷り込みの激しい僕は断然ヘインズでした。

　で、月日は経過しまして、このところずっとユニクロUのコットンTを愛用していました。これがものすごくよくできている。さすがルメール先生のディレクションだけあってデザインも完成されている。しかも生地の質感や縫製の品質が素晴らしい。大いに満足していました。

　ところが、です。高齢化に伴ってアメカジ回帰が進むにつれて、最近のユニクロUのコットンTに若干の不満を感じるようになりました。ユニクロはぎりぎりまで考えてものをつくるグローバル企業です。当然のことながら時代の空気をきっちり反映したデザインになります。

　この数年はルーズなシルエットがマスの嗜好のど真ん中です。現にユニクロの製品で世界でいちばん売れているのはユニクロUのエアリズムコットンオーバーサイズTシャツです。袖は5分袖と言っていい長さで、肩も落ちている。僕の基準ではあまりにだぶだぶで好みではありません。

　これと比べればユニクロUのコットンTはフツーのシェイプなのですが、それでも肩が若干落ちる。僕がいちばん気になるのはネックの空きがやや大きいということです。リブの部分が首にほんの少し重なって立ち上がる――このディティールが大切なところ。

　もちろん作る側のユニクロからすれば完全なる意図をもってそうしているのですが、僕の好みからはズレます。で、ユニクロUのTシャツがヘタってきたのを機に処分し、久しぶりにヘインズのTシャツを買いました。赤ラベルではなく、ヘビーウェイト生地のBeefy-T。１９７５年にヒッピー文化の象徴であるプリントTシャツのボディ用として開発された名品です。着心地がイイのか悪いのかわからない（本当のことを言えば、現代の薄手の柔らかい混沌生地と比べれば着心地は悪い）のですが、アメリカンカジュアルと言えばヘビーウェイト。昭和アメリカンな基準からすればTシャツは厚ければ厚いほどエライ。ネックもちょうどイイ。まさに永遠の定番です。

昔はミウラ&サンズに行かないとBeefyは買えませんでした。今は違います。アマゾンで探したところ、2枚組がなんと2867円でした。中学生の頃の高嶺の花がこんな値段になっているとは驚きです。大喜びで白と黒を2枚ずつ買いました。当分はBeefyで生活します。

２０２４年７月

初老初心者

なにぶん年を取るのは初めてのこと。初老初心者なので、日常生活に重要であるにもかかわらず知らないでいたことがいろいろあることに気づきます。

老眼が進み、スマートフォンはもちろん、日々の仕事で使っているＰＣの画面が見にくくて仕方ありません。メガネのレンズを替えようと思いメガネ屋さんで視力測定をしました。すると、意外なことに近視はやや改善されていました（僕は学生時代からド近眼）。つまり、これまで使っていたメガネの度数が強すぎた。近くにある細かいものが見えにくいのも当たり前。僕はこれまで近視というものは一方向的に進むものだと思い込んでいたので、この成り行きは思いもよりませんでした。

で、度数を若干下げたレンズに交換してもらうことにしたのですが、メガネ屋さんからさらに意外な提案がありました。遠くを見るメガネと別に近くを見るための「近メガネ」をつくって、生活の中で使い分けるべきだというのです。つまり、意図的に近視を矯正する程度を抑制したメガネです。

これまでもコンタクトレンズを装着しているときには、細かいものを見るときに老眼鏡を使っていました。ところがメガネの上から老眼鏡をかけることはできません。言われてみれば当たり前ですが、近メガネにかけ替えればイイだけの話。メガネは近視矯正性能が良いほどイイと思い込んでいた僕にしてみれば、遠メガネ・近メガネの使い分けはいよいよ思いつきませんでした。

で、早速フレームをもう一つ購入しました。僕が使っていたものと同じ形で同じ黒色なのですが、遠メガネと見分けがつくようにつや消しの黒を選びました。これに近メガネ用のレンズを入れてもらいますと、読書や仕事が驚くほどラクになりました。なんでもっと早く近メガネを使わなかったのかと後悔することしきり。そのことをママにいうと、「そんなことも知らなかったのか。自分は何年も前から近メガネを併用している。むしろ基本は近メガネで、遠メガネは運転するときぐらいでイイ」とのこと。彼女が2種類のメガネを使っているのは気づいていたのですが、その日の気分で替えているだけだと思っていました。

初老の世界は広くて深い。まだまだ知らないことがある。今年はあと2つぐらい大発見があるような気がしています。

２０２４年８月

驚くほど変わらない

子どものころからずっと日記をつけ続けています。現在は２０２２－24の3年連用の日記帳を使っています。その前の2年間は（２０２０年と２０２１年）は文庫本サイズのほぼ日手帳オリジナルを日記として使っていました。さらにその前は5年連用日記を2冊（つまり10年間）使いました。

ほぼ日手帳オリジナルはサイズから製本の質、レイアウトまでとてもよくできているのですが、「ほうほう、去年の今日はこんなことをしてたのか……」という連用日記の愉しみがない。一方、５年連用日記は１日分の書くスペースが狭くなりますし、日記帳のサイズが大きくなる。ということで中庸を行く3年連用に落ち着きました。

青少年時代はちょっとした考えごとを日記に書くこともありましたが、大人になってからの40年はごく簡単な事実の記述だけです。それでも日記をつけ続けることには大きな意味があります。記憶のストックになるからです。過去の自分がその日に何をやったのか、断片的な事実の記述だけで記憶が（完全にではないにせよ）たちどころに蘇ります。記憶こそが人間にとって最大の資産。日記ほど資産管理・運用に優れた方法はありません。

日記をつけることを日ごろからお勧めしているのですが、日記の愉しさほど事後性が高いものもない。「まずは10年、できれば20年つけてみてください。きっと愉しくなりますよ……」という話になってしまい、どうも説得力がありません。

日記は後で読み返すとヒジョーに面白い。例えば、アフリカにいた小学生の頃の僕の日記を開いてみます。「学校からかえってきて、すぐに『エルマーのぼうけん』を読みました。お話の地図がついているので、地図をみながら読みました。はじめはいすにすわって読みました。でも、ベッドで読むほうがおもしろくなりますので、へやに行きました。おばあさまが船でおくってくださったおせんべいを食べながら読むと、もっとおもしろくなりました」——いまとまったく変わりません。最近は当時と違って体重に気をつけているので、おせんべいはやめていますが、おせんべいを食べながら読んだほうが面白くなるのは不変の真理です。

日本に帰国した後の、11歳の時の日記。「王選手の伝記を読み終わった。野球の本が増えたので、本棚に野球コーナーをつくった。野球をやるのは楽しくないのに、野球の本を読むのは面白い」——これもまったく今と同じ。経営はこれっぽっちもしたくないのに、経営について考えるのがスキ。気質は変わりません。

三年連用の日記帳を開くと1年前や2年前の今日、どんなことをしていたのかが目に入ってきます。近過去の日記を読むと、驚くほど変わらない生活をしていることが確認できます。

元日の日記を例にとりますと、

今年：早朝に実家へ。お雑煮とチャーシュー。美味しい。ターチ（弟）たちはノロウィルスに罹患して来られず。静（娘）が来てお節料理。夜、静を送る。
昨年：雑煮とチャーシュー。領収書の整理。夜、静とターチ一家が来てお節料理。静がシーシャを吸う。ママがニュー・イヤー・コンサートの「ドナウ」で踊り、「ラデツキー行進曲」で行進する。
一昨年：寒くて頭が痛くなる。お雑煮とチャーシュー。夜、ターチ一家と静が来る。お節料理。頭が痛いので早く寝る。

——という具合。毎年実家で朝と昼にお雑煮とチャーシュー（この2品目が大スキでお正月の楽しみにしている）を食べ、夜は娘や弟夫婦、両親（母は一昨年に死去）とお節料理を食べる。この繰り返し。変わったことと言えば、父が取り寄せるお節が「たん熊」のに変わって少し美味しくなったぐらいです。

1月2日はもっと安定しています。

今年：東急が閉まっているので、いなげやで買い物。朝と昼は雑煮・チャーシュー。夜はカニ鍋。
昨年：朝はお雑煮とチャーシュー。ママは箱根駅伝を観ている。反田（恭平）のCMが出てくるのを楽しみにしている。トランプの本を2冊読む。夜はカニ鍋。
一昨年：土橋神社にママとお蝶さん（犬）と行く。帰って、お雑煮とチャーシュー。昼寝。夜はカニ鍋。

——驚くべきことに3年連続で1月2日にカニ鍋を食べています。なぜかと言うと、お歳暮で毎年カニを送ってくださる方がいて、お節の後にこういうものを食べたくなるからだと思います。お雑煮とチャーシューはもちろん食べています。

3日になるとやや活動的になります。

今年：お雑煮を食べて実家から広尾に戻る。ジムへ。夕方からO（日記中では実名）さんの家で新年会。ナベサダさん、松岡宏泰さん、都倉俊一さん、亀井忠夫さんらが集まる。都倉夫人の京都の話が面白い。

——

昨年：朝、お雑煮とチャーシュー。帰広（広尾の家に戻ること）してスピーカーとＤＡＣを実家のと入れ替える。ジムで久しぶりに汗を流す。夜もお雑煮とチャーシュー。
一昨年：お雑煮とチャーシュー。帰広。ジムでスッキリ。静は自分の家に帰る。夜はスパゲティバジリコとカプレーゼ。

——活動の立ち上げ方まで毎年同じです。

今年は恒例の新年会で渡辺貞夫さんと初めてお目にかかる機会を得ました。御年91歳。いまでも月に7日はライブをやっていらっしゃるそうです。元気溌剌で、僕が若い頃見たナベサダさんとあまり変わらない。

ナベサダさんはありとあらゆるトッププレイヤーと演奏しているので、この機会にいろいろと聞いてみました。「スティーブ・ガッドってやっぱりイイんですか？」「ま、安定してますね」——そりゃそうだ。「いままで一緒にやったベーシストで最高だった人は？」「みんなイイですよ。ゲーリー・ピーコックとかよかったなあ」——そりゃそうだ。「ジョン・パティトゥッチともよくやっていらっしゃいましたね」「上手な人ですよ」——そりゃそうだ。

お近くにお住まいで、僕の家の近所の公園の鉄棒を使ってトレーニングをしていらっしゃるとのこと。用事がない日は毎日やっているとおっしゃっていました。

で、新年会の1週間ぐらい後のこと。仕事から戻ってきて公園を通り過ぎようとすると、小学生と一緒にナベサダさんが鉄棒にぶら下がっていました。面白い光景で、思わず笑ってしまいました——これぞMy Dear Life。僕が究極の理想とする高齢者の姿です。もちろんこのことはその日の日記に記しました。

日記には逆・賞味期限というようなものがあります。鮮度が高いうちはぜんぜん面白くありません。30年ぐらい経過してから美味しくなります。賞味期限はありません。愉しみは死ぬまで続きます。

２０２４年４月

不運の積み立て

昨年末の話です。夜に一人だったので、例によって串カツ田中に参りました（オレもスキだなあ）。近くのコインパーキングにシクヨロ号を停め、勇躍カウンター席へ。ネギチャーシューを前菜に次々と好みの串揚げを食べ、最後はナポリタン（限定メニュー）で締めました。お腹いっぱいで３０００円と少々。

幸せな気分に包まれて、さ、家に帰りましょうと、パーキングに戻りました。クルマに小銭が置いてあるのを思い出して、いったんカバンを車の助手席に置いて小銭を取り出し、ドアを閉めて精算機へ。で、クルマに戻りますと、なぜかドアがロックされていました（後にセキュリティーシステムが誤動作したことを知る）。カギが車中のカバンの中にあるので、もうドアを開けることはできません。

幸いにしてスマートフォンがスタジャンのポケットの中にあったので、アプリを使ってＪＡＦに連絡を取りました。症状を書き込むと即座にチャットでやり取りできるようになっています。１４０分後の21：15に現場に来てくれるというので、いったん30分ほどかけて歩いて帰宅しました。で、しばらく時間を潰して、再度夜の散歩を兼ねて現場まで歩きました。

で、ちゃんと時間通りＪＡＦの方がいらして、すぐに問題を解決してくださいました。いつも思うのですが、ＪＡＦはホントに親切です。ありがたいことです。

カギがロックインされたときは「チキショー、ついてないな」と思ったのですが、そこは初老、すぐに頭を切り替えました。運と不運は一定なので、こういう機会に不運を貯め込んでおくに限ります。

さらには、長い距離を歩くと日ごろの運動不足も解消できます。しかもＪＡＦの人の親切にも接することができる。ついでに、真面目な仕事ぶりを見て、自分もちゃんと仕事に向き合わなければという気分になることができました。一石四鳥。期せずして大儲けとなりました。

一連の騒動のどこかでかぶっていた野球帽もなくしました。今年はイイことがありそうです。

２０２４年1月

最長不倒記録

うちのママとは趣味が合わないので、別々に行動することが多々あります。

しばらく前のこと。ママが軽井沢の知り合いと山歩きの旅行に出かけました。山方面の活動は僕が最もやりたくないことの一つです。当然僕は家で留守番です。

僕は普段からルーティンを守って生活しております。朝起きたらコーヒーを飲みつつ新聞をゆっくり読んで、7時前後から業務を開始。現場に出ていなければ3時か4時には終わってジムに行き、帰宅してから食事をして9時にはベッドに入る――これをひたすら繰り返します。夜の私的な集いに出かけることはまれにしかありません。僕が飲酒をしないことも理由の一つですが、そもそもそういう友人がごく限られています。

で、ママの不在時にこういう生活を続けておりましたところ、あまりにヒマなのもどうか……という気分になってきました。初老の独居生活はあまりにも単調な繰り返しです。そんなとき、数少ないお友達のYさんから別件でＬＩＮＥが届きました。これ幸いと「突然ですが、明日月曜日の夜は空いていませんか。夜がヒマでしょうがありません」と打診してみました。すると、その月曜日はYさんのお誕生日会があるとのこと。それに来てもイイよ、ということなので、お言葉に甘えて混ぜてもらうことに（ツイてるな、俺！）。大喜びで出かけました。

で、お店でYさん一派と例によってヒジョーにくだらない話をしていましたところ、そこに何とこれまた僕の数少ない友人2名がたまたまいらっしゃいました（持ってるな、俺！）。流れで一緒に2次会に行くことになり、カラオケがあるバーで「タイガー&ドラゴン」や「夜明けのブルース」を気分よく歌唱。気がついたら日付変更線をあつさり乗り越えて、午前1時になっていました。

図らずもこの10年での最長不倒記録を達成。前日にYさんとＬＩＮＥのやり取りをするまでは、こんなに楽しいことが待っているとは思いもよりませんでした。一寸先は闇ならぬ、一寸先は光。年に一度はこういうのもイイものです（二度でもイイ）。

２０２４年１月

結婚式

先週末に娘の結婚式に行ってきました。結婚式というものに出るのは久しぶりのことです。

僕は三十何年か前に結婚しました。もともと結婚式のようなイベントごとに何の関心もない（結婚記念日とか誕生日もこの際どうでもイイ）。しかも学生結婚でしたので、結婚式はやりませんでした。ママが実家から会社に行き、昼の間に僕が軽トラックを借りて実家からわずかばかりの荷物を僕の家に運び込み、帰りはママが会社から僕の家に帰ってきて、その日から一緒に暮らし始めて現在に至ります。

この点で気が合うのは、仕事の大先輩の大前研一さんです。『「好き嫌い」と経営』という僕の本にある対談から引用しておきます。

楠木　大前さんはかなり先まで予定を入れて、「この月はオーストラリアへ行ってスキューバダイビングをやる」とかお決めになる。しかも、それをずっと繰り返していらっしゃいますね。僕がお手伝いしている仕事にしても、14カ月ぐらい先の予定が入ったりする。

大前　そうです。40年は続けていますね。

楠木　時間の使い方について、ご自分のルーティンを固めて繰り返していくことがお好きなのでしょうか。

大前　好きというよりも、そのほうが一緒に仕事をやってくれる人にも迷惑がかからない。また仕事を頼まれても断りやすい。予定が入っていれば、「ごめん。そのときは海外出張だ」と言えば済む。単にスキーに行っているだけ、ということもあるけれどね。そもそも国内にいると「何とか調整を」となるが海外なら断れるし、それで納得してもらえるところがある。「ゴールデンウイークは家族でスキューバ」とあらかじめ決めていればプライベートを優先できますよ。予定を変更する唯一の例外は、冠婚葬祭のうちの葬式ですね。私は結婚式には出ませんから。

楠木　どうして？

大前　嫌いの最たるものが結婚式だから。翌日からガス代も払えないような奴が、ぜいたくな所で、似つかわしくない褒め言葉を2時間も座って聞いているという図は、絶対的に嫌いですよ。結婚式に呼ばれた途端「あ、その日はちょっと都合が悪い」と断ります。これはby definitionというかprincipleです。

楠木　今のお話も興味深いですね。結婚式に限らず、大前さんはすべてに対して「これはやる、これはやらない」という基準や原理原則をはっきりと決めるのがお好きですね。でも、仕事で深いお付き合いがあったお客様から、「息子の結婚式にぜひ出席を」と言われたら？

大前　断ります。「悪いけど代理で行ってくれ」となるから、うちの奥さんは気の毒だよね。結婚式ぐらいむなしいものはないと思う。最近はだいたい半分は離婚するじゃない（笑）。それなのに男の人も女の人も、その日だけヒーロー・ヒロイン気取りになっているし、経営者の息子・娘というともっと悪くて、「お父さんにはお世話になっています」というあいさつが半分ぐらいある。そんなのは聞いているだけでイヤになりますね。

楠木　実質を伴わないものはお嫌いだということですか。意味や理由、正当な根拠のようなものがないとイヤだと。

大前　「そんなカネがあったら生活費に充てろ」という派手な結婚式もあるじゃないですか。もっと悪いのは、親にカネを出してもらう式。私は息子の結婚式に一銭たりとも出しませんでしたよ。「親父、俺、結婚する」って言うから、「好きにすりゃいいじゃん」と。そもそも私は、親が結婚式の費用を出すものだということを知らなかった。彼らはアルバイトをしたお金でレストラン婚をしたのですが、息子が「結婚式ぐらい出てくれるんだろうな」と言うから、「秘書に電話して、空いていれば」と答えた（笑）。空いていたから出たけれど、最後にあいさつしろと言われたときは「今日はご招待にあずかりまして、ありがとうございます」とやりましたね。みんなは変な野郎だと言っていたけれど、親が「結婚しろ」と言うから結婚する人もどうかと思うし、「親に花嫁姿を見せたかった」というような物語を聞いていると、ものすごく気分が悪いな。「おまえは誰のために生きているのだ。ここまで育ててくれた親にまだそんなことを言うとは、おまえの親子関係はどうなってるのか」って思いますね、私は。

話を戻します。娘の結婚式は両方の家族と親戚の15人ほどが集まった小さなものでした。式の後、みんなで食事をして解散。ごく簡単なものでしたが、こういう記憶に残ることをしておくのも悪くないな、と思いました。僕は現世ではやりませんでしたが、来世では検討してみます。

子育てについては「好きなようにしてください」を金科玉条の一大原則にしておりまして、ジッサイのところ彼女はスキなように生きています。大前さんは「私はそれ（子供が好き勝手に生きていること）が嬉しいし、何かで助けてくれと言われたときはもちろん助けますが、結婚なんて好きにすればいいってものですよ」とおっしゃっていました。僕の考えとまったく同じです。

娘と話はよくするのですが、幼児のころの躾は別にして、生き方の選択についてこちらから何かを期待したり、強制したりということはありませんでした（ただし音楽趣味だけは擦り込みが大切と判断し、小学生のころはエルヴィス漬け・モータウン漬けにしていた。彼女の世代でテンプテーションズのGet Readyをオリジナルの振りで踊れる人は稀少）。

彼女はわりと僕の気性を継承しております。とにかく頑張りがきかない。根性がない。その一方で、何事も自分で考え自分で決めて行動する。彼女の選択について相談されたことはほとんどありません。

彼女が優れていると思うのは、ここいちばんの意思決定です。どの学校に行くのか、どの仕事に就くのか、どこに住むのか（彼女は大学生の途中で家を出て一人住まいをするようになった）——生活上わりと重要な選択に際して、わりと直観に従って決めている。それでだいたいうまくいっている。

娘と結婚してくれた男性は彼女が大学2年生のころから6、7年つき合っている人で、これまで家に頻繁に遊びに来たり、一緒に食事や旅行に出かけたりと、何十回と会っています。彼は僕から見ても実にイイ人物です。配偶者の選択は生活上の意思決定として最も重にして大。娘には男を見る目がある。ここいちばんの判断においては決して外さない——わが娘ながらさすが。

彼は娘の1学年下で、娘とはほぼ2歳違いの24歳。大学院を出ていわゆる有名コンサルティング会社に就職したのですが、やってみるとどうも肌に合わないということがよどみなく判明。いまは自分のスキなヒューマンな仕事に就いています。

彼は常識ある人なので、転職に際して親（つまりママと僕）がどう思うか、ちょっと気になっていたらしい。このとき娘は彼に「うちの親を見くびるな。スキなようにしろ」と言ったそうです。これまでの「好きなようにしてください」方針が結実した発言です。これにはちょっとシビレました。

２０２３年２月

「内開き」の家庭

建築関係の本を読んでいたら、面白いことが書いてありました。玄関のドアが、日本では「外開き」が圧倒的に多いのに対して、欧米では「内開き」がほとんどだそうです。だから「アンタッチャブル」のエリオット・ネス捜査官はドアを蹴破って敵のアジトに突入する――なるほど。こういう建築のディディールの違いは文化の違いを反映していると言います。

欧米の家庭は、家庭の中であっても一種の緊張感というか公共性が維持されているという状態を好む。住宅建築もこの傾向を反映している。これに対して、日本では「靴を脱いであがる」ように、「内」と「外」の区別がはっきりしている。ひとたび家の中に入ると人の緊張感を解く住宅構造になっているというわけです。

僕が育った家の玄関のドアは、アフリカ時代だけでなく、帰国してから住んだ家も日本では少数派らしい「内開き」でした。父は帰宅するとしばしば和服を着ていました。御飯もフツーの日本の家庭のそれです。だから特に洋風というわけではありません。それでも家族の関係のあり方はかなりドアの「内開き」に象徴されていたような気がします。つまり、僕の育った家庭では家の中でもわりとある種の公共性が維持されていました。

ホームドラマのような「一家団欒」というのがない。食堂で御飯が終わると、われわれ兄弟は2階のそれぞれの自室へ、両親夫婦は居間に残るというスタイルが確立していました。自室に入って初めて寛ぐ。御飯の後お茶を飲みに下に降りることはありましたが、そうでない限り父と雑談することはあまりありませんでした。普通の雑談がない代わりに、全員がひとつのテーブルに座っての「議論」はしばしばありました。社会階級の是非について、高校生の頃の僕と母が怒鳴り合うまで議論したのを懐かしく回想します。

家庭内での会話というよりも、知り合いのうちに遊びに行って話をしている、という感じに近い。だから誰か家族でない人がそこにいてもあまり変わらない。かえって家族のコミュニケーションが増すぐらいです。

僕の育った家庭では水平的な関係が中心で、親子間のタテの関係はかなり薄い。兄弟、夫婦といった間ではお互いに「許し合っている」という雰囲気ですが、親子となるとそうでもない。気疲れすると思うかもしれませんが、それはそれでラクでした。親に干渉されない。お互いに知らないことが多いから、たまに話をすると面白い。内と外の違いがあまりない。外に出ても変わるところがない。家族で御飯を食べに行ってひとしきり盛り上がる、というのはそれぞれが得意としていました。

学生時代のことです。昼御飯時に用事で父のオフィスの近くに行ったので、2人で鰻を食べたことがあります。父の仕事の話を聞きながら鰻を食べた後で、会社のショウルームへ行き、父が会社の製品と技術についての説明をしてくれました。彼は家に帰ってきて仕事の話をするということは絶対にないけれども、こういうときはよく話をする――そういう関係でした。

その父もとうに80を過ぎました。僕も当時の父の年齢をとっくに超えています。いまでもちょくちょく食事に行きますが、関係のあり方は変わっていません。長い時間をかけてそういうふうになっているので、今更変えられません。変えたいとも思いません。

２０２２年９月

中将の顔

米空軍の第5航空隊のレオナルド・コシンスキ少将（Major General Leonard J. Kosinski）が米議会の承認を経て（中将の位は議会の承認が必要らしい）このたび中将（Lieutenant General）に昇進することに決まりました。彼は22年前に大学院生として僕の講義を受けていました。そのときから本当に立派な人格者でした。なんというか、もう人間として格が違う。かつての教師として、この度の昇進をまことに誇らしく思います。

先週末に中将昇進の式典があり、出席してきました。式典の冒頭にはアメリカ空軍の吹奏楽団による「君が代」の演奏がありました。航空自衛隊から井筒俊司航空幕僚長（空将）が来てスピーチをなさいました。その中で井筒空将はコシンスキ中将の日米間の防衛連携における多大な貢献を称賛していました。その後、例によって、コシンスキさんの謙虚にして心のこもった挨拶がありました。大いに感動した次第です。

航空時間3200時間以上の経験を持つパイロットにして横田基地に長く勤務した彼は、東日本大震災で福島原発が危機に瀕したときにもTOMODACHI OPERATIONで重要な貢献をしています。大学院時代の教師としてというよりも、日本国民としてお礼を言いたく、僕はこの式典に出席しました。

式典の場所は広尾のニューー山王ホテルでした。家の近所にあるのですが、ここは米軍の施設で普段は入ることができません。ニュー山王ホテルの中に入るのはもちろんこの日が初めてでした。入り口でわりと厳重な身元のチェックがありました。

ホテルの中は完全にアメリカ。まるでアメリカのどこかの都市のホテルに来たような気がしました。ハードウェア（ドアやエレベーターやお手洗いやごみ箱などなど）がアメリカ仕様のものであるというのもそうなのですが、いちばん大きいのは何と言っても匂いです。アメリカの匂いが横溢しています。

匂いが人間の認知にあたえる影響は大きなものがあると思います。僕が以前過ごしたところで言うと、イタリアにも独特の匂いがあります。ミラノにつくとその少し湿った匂いで、ああイタリアに来たなあ、と思います。僕はアメリカの匂い（とりわけ好きなのはハワイの匂い）もイタリアの匂いもわりとスキです。匂いがスキだとその国の文化がスキになれるような気がします。

コシンスキさんのように公務に献身する人には存在それ自体からにじみ出るものがあります。まずもって顔が違う。見た瞬間に誠実さが伝わってきます。穏やかな中にも威厳があるこの人なら信頼できるという気持ちになる。何よりも、ものすごく落ち着いている。

企業活動は社会において不可欠です。優れた経営者は立派な役割を果たしています。それでも公務には公務にしかない特別の重みがあります。軍人（自衛隊員）や警察官、消防士、医師、看護師などなど社会の基盤を支える公務に従事し、見えないところで献身的な仕事をしている人々に対する敬意と感謝を忘れてはいけないと再認識させられました。

２０２２年７月

深いまなざし

僕は２０００年に一橋大学の中で商学部からビジネススクールに異動し、この年から始動したＭＢＡプログラムを担当することになりました。１期生にスレイ・ブース（Srey Vuth）さんがいました。すべての講義を英語でやる学校なので、学生の多くは海外から来ています。スレイはカンボジアからの留学生でした。

当時僕は35歳で、スレイも僕と同じくらいの歳に見えました。年齢を尋ねると、「正確にはわからないのです」――初めは意味が分かりませんでした。どういうことかというと、彼が子どもの頃、カンボジアではポル・ポト政権による大量虐殺がありました。スレイの家族も殺されています。妹と二人で田んぼの中を隠れて逃げて生き延びた。映画「キリング・フィールド」そのままの世界を経験した人です。公的な出生記録が破棄されてしまっているので、公式の年齢はポル・ポト政権が終わった後から起算されています。彼のパスポート上の年齢は23歳でした。

スレイは当時カンボジアの財務省の官僚で、政府から派遣された留学生でした。とても穏やかな人でしたが、その目には僕がこれまでに見たことのない何かがありました。後で生い立ちの話を聞いて、その理由を諒解しました。第一印象で強烈に残った彼のまなざしの深さは、極限の経験をした人だけが持つものなのだと思います。

彼は単身で日本に来ていました。途中で奥さまが日本に旅行にいらっしゃることになりましたので、ディズニーランドのペアのチケットをプレゼントしました。奥さまが日本に来ている間に一度食事でもしようということになり、東京の夜景が一望できるレストランでご夫妻と食事をしました。レストランに来たブース夫妻は「ちょっとお手洗いに行ってきます」と言ったきりなかなか帰ってこない。どうしたのかなと思っていたら、二人はカンボジアの正式な衣装に着替えて現れました。それは見事なものでした。

その時、彼が国を背負って日本に来ているということに改めて気づかされました。いろいろなものを失って、それがうえに祖国に貢献しようと覚悟を決めた人間の目。おそらく明治維新を支えた日本人も、こういう目をしていたのではないでしょうか。

大学院を修了したのち、スレイはカンボジアの財務省の高官として母国の経済政策をリードするという重責を果たしています。

２０２２年年5月

タイパ

「タイパ」という言葉が使われるようになったのは数年前のことです。コストパフォーマンスならぬタイムパフォーマンス。より短い時間で多くのコンテンツを視聴するために、倍速で再生する人が若者を中心に増えているらしい。

そのコンテンツ視聴の目的が単に「知りたい」だけであれば、倍速再生は合理的です。音声や映像の流れるスピードは、一般的に人間の脳の処理能力よりも遅いからです。仕事で特定の映像コンテンツの中身を確認しなければならないときなど、僕もよくやります。

ただし、目的がそのコンテンツを「味わいたい」のであれば、倍速再生に意味はありません。それが証拠に、好きなアーティストの音楽を倍速再生で聴く人はまずいないでしょう。

僕はやったことがありませんが、映画を倍速で観る人はジッサイにいるそうです。これは映画を味わうのではなく、筋や展開を知ることが目的になっているのだと思います。どう考えても、優れた映画作品を倍速で視聴すれば味わいは台無しになります。せっかくの「間」や映像に漂う雰囲気を楽しめなくなってしまう。裏を返せば、倍速で視聴するような映画はその人にとってしょせんその程度の価値しかないということです。

タイパが話題になるのも、このところ情報のメディアとして音声や動画が増えているからです。僕に言わせれば、タイパが圧倒的に優れているのは依然として読書です。読むという行為では人間の脳の処理能力をフルに発揮できます。いちいちボタンを押さなくても、スピードを自由自在に調整できる。タイパの点でも読書が最も優れているというのが僕の結論です。

2022年5月

気前の良さ

家で普段飲むコーヒーはネスカフェの「ゴールドブレンド」を愛用しています。専用の「バリスタ」という装置を使ってワンタッチで美味しいインスタントコーヒーが飲めます。普通のドリップコーヒーも普通にスキなのですが、僕にとってはインスタントコーヒーというのは別モノでありまして、インスタントの味がわりとスキ。

ドリップ式のコーヒーを飲むこともあります。うちにはコーヒーメーカーはありません。いちいち道具を用意するのが面倒なので、1つずつ個別包装されたドリップコーヒーのパックを使っています。先だって、とある方からスターバックスのドリップコーヒーを15袋もいただきました。値段が高いのでスターバックスのは買ったことがありませんでしたが、これがなかなか美味しい。

で、僕はこういうコーヒーパックを必ず2回（つまり2杯分）使うことにしています。1杯淹れた後のパックは小皿の上に置いておき、もう1杯淹れるときに同じのを使います。2回目の薄いのは「アメリカン」ととらえれば、十分に美味しい。1杯1回で捨ててしまうのはあまりにももったいない（それでも3回はさすがに使わない。2回ぐらいがちょうどイイ）。

で、先日、仕事の現場でこれをやったところ、「えー！　2回も使うの？　信じられない……」と驚かれました。みんな僕と同じように2回は使っていると思い込んでいたので、意外でした。僕のように2回使う人は少ないのでしょうか。もったいないなあ……。

自分なりの根拠を持てない「無駄」を意識的に避けるように心がけています。牛乳石鹸は手の中で完全に消失するまで使い切る。歯磨きペーストも最後の最後まで絞り出す。１００円ライターも完全に燃料が切れるまで捨てずに使う。フリクションペンもインクがなくなるまで使いますし、なくなったら本体は捨てずに替えインクを使うようにしています。

書評の仕事を副業としているので、仕事場には発売前の本のゲラをプリントアウトしたものが大量にあります。ＰＣで作成したドキュメントをプリントアウトするときはこの裏紙を必ず使います。この2年ほど、自分で真っ白なコピー用紙を買ったことはありません。ベースの弦も、ライブやレコーディングがないときは、切れるまで（ギターと違ってベース弦は滅多に切れない）死んだ弦を使い続けます。

最後の最後まで使い切ったときにわりと喜びを感じるタイプ。ようするにケチ。これは若いころおカネがない生活が長く続いたからだと思います。27歳まで定職に就いていなかったので、節約生活がすっかり身についてしまっているのでありました。この体質は一生抜けないと思います。

全方位的にケチにしているのも寂しいので、自分で納得ができる理由や根拠があるときはスカッと支出するようにしています。しばらく前のことですが、ヒジョーに久しぶりの私的な会食がありました。ソウルメイツのT氏、I氏と3人でコロナ騒動に入って以来初の会食でした。T氏おすすめの銀座のお店で上等なお肉料理を食べました。僕としてはかなり贅沢だったのですが、こういうのはまったく無駄遣い感がない。持つべきものは長い友達です。楽しいひと時を過ごしました。

会食を終えて、帰りはT氏のクルマで家まで送ってもらいました。彼は知らないうちにクルマをＢＭＷに替えていました。しかもＭ８。しかもカブリオレ。余裕の２０００万円オーバー。Ｔ氏は高校生の当時から、ヴィトンを片手にＢＭＷのオープンカーを運転して高校に乗りつけていた（彼は高校に人よりも数年長く通っていた）という「花形満の実写版」のような人で、Ｍ８が実に似合っています。

で、例によってT氏がサービス精神を発揮してくださって、途中わざわざ高速道路に乗ってくれました。ものすごい加速！　安定感が普通じゃない。１００キロ出してもヤリスで40キロで流しているぐらいの感覚です。屋根をオープンにしても風がまったく入ってこない。エンジンサウンドがこれまたスゴい。「ま、普段はこんなにイヤらしい乗り方しないんだけど……」と言いながらも、アフターファイヤーをバリバリさせてくれました。

クルマはもう1台持っていて、休日はメルセデスのゲレンデ（Gクラス）でゴルフに行くそうです。Ｓさん（夫人）のクルマはＢＭＷのＳＵＶ。若いころは一緒に安い焼鳥を食べていたのに、カネ持ってるなあ……。

で、なぜか僕も気が大きくなりまして、一瞬アルピーヌＡ１１０（フランスのスポーツカー）でも買おうかという気分になりましたが、M8を降りて自宅に戻ると正気に戻りました。

いよいよ余談ですが、僕は大学生のころのSさんに教師として講義をしたことがあります。美人の彼女はキャンパスでは有名でした。将来はどんな人と結婚するんだろう……と学生の間で言われていました。で、しばらくたって、仲間内で一人だけ独身だったT氏がついに結婚するというので、相手は誰かと聞いてみたら、これがなんとSさんでした。もちろん僕はまったく無関係。2人の出会いに何ら関与しておりません。

素敵な奥さまと2人の子供とゲレンデとM8カブリオレのアフターファイヤー。ゴルフも上手。カネもある。髪もある。これぞ人生の勝利者。傍から見ていて夢のような生活です。

ただし、です。これには理由があります。わざわざ高速に乗ってバリバリやってくれることからも分かるように、このT氏は昔から他人に対して異様に親切です。僕はこんなに親切な人を他に知りません。一緒にいる人の気持ちを無意識のうちに理解し、頼まれずともその人のためになることをする。呼吸をするようにずーっとそうしてきた人だからこその成功なのだと思います。

名著『美について』で美学者の今道友信は「美の究極は自己犠牲にある」と結論しています。単に言葉や態度で他者に配慮するだけでなく、他者の利益のために自己を犠牲にする行動、これが最も美しい。まったくもってその通り。自分の生活があまり美しくないことを思い知ります。

勇気が人間の基本的な美徳であるのはなぜか。それは勇気が自分の精神的・身体的な安全性――究極的には命――を犠牲にする行為だからです。こう考えてみると、勇気と並ぶ人間の美徳として気前の良さがあると言ってもよい。その理由は、気前が良いということがその人にとって（命ほどではないものの）大切な経済的な価値（お金だけでなく労力や時間を含む）を犠牲にする行為だからです。

人が気前の良さを発揮している場面に接すると、確かに美しい。命を犠牲にするほどの勇気は持ち合わせておりません。その分せいぜい気前良く生きていきたいと思います。

領収書とツェッペリン

2022年1月

仕事はワンオペを基本としています。読んだり考えたり書いたりという仕事の基本動作はもちろん僕一人でやるのですが、それ以外の雑務、例えば新幹線や飛行機のチケットをとったり、ミーティングの会議室を予約したり、仕事の受発注から請求書の発送などなど、すべて自分でやります。

同業者の中には秘書をつけて、周辺業務はすべて秘書に一任という人もいます。そういう仕事のスタイルがイイのではないかと思い、ジッサイに試したこともあったのですが、この分業システムは僕には向いていませんでした。人を使うということがどうにも下手。コミュニケーションが面倒。全部自分でやったほうがむしろラクです。一切のコミュニケーションが脳内で完結。これがワンオペのイイところ。

お正月休みに毎年やることに決めている作業に前年の領収書の整理があります。日々の支出で発生した領収書をファイルボックスに放り込んでおき、年に一度、それを床に全部ぶちまけて整理するというやり方をとっております。毎回費目別のファイルに入れておけばよいのではないか、という気もするのですが、むしろまとめて分類整理をやったほうが日々の面倒がなくてイイ。

で、今年も年明け早々にこの作業を遂行しました。1年分の領収書は相当の量になります。集中してやってもたっぷり3時間はかかる。一つ一つの領収書を分類して「タクシー代」とか「書籍代」とか「消耗品代」とか「備品代」とかの山をつくっていきます。文字通り、塵も積もれば山となる。

まごうかたなき単純作業ですので、BGMが必要です。領収書整理のBGMとして何がイイのか、長年試行錯誤を続けてきたのですが、ついに最終結論にたどり着きました。レッド・ツェッペリンです。

1年間の領収書の束を目の前にして一つ一つ分類していると、日記ではないですが「ああ、去年の3月にはこういうことがあってヒドイ目にあったなあ（すっかり忘れていたけど……）」とか「そういえばこの店であの人に会って楽しかったなあ」というような感慨が次から次へと沸き上がってきます。このBGMに僕の大スキな名曲、Good Times, Bad Timesがジャストミート。

ツェッペリンの曲を流しながらひたすら領収書の山をこしらえていきます。2時間も過ぎるころになるとあまりの単純作業に泣き言を言いそうになるのですが、Kashmirがかかると、あの淡々としたリフに乗ってわっせわっせと作業を続けることができます。何を買った時のものか記憶がない領収書もしばしば出てくるのですが、そういう時にDazed and Confusedが流れてくるのもオツなものです。

来年もBGMはツェッペリンで決まり。イヤでイヤで仕方なかった領収書整理仕事が楽しみになってきました。

２０２２年1月

キャメロン

僕の友人にキャメロンという人（日本人。キャメロンは通り名）がいます。この人がヒジョーに面白い人で、僕はいつも笑わせてもらっています。

知り合ってからずいぶん経って、「キャメロンって、ホントはなんていう名前なの?」と聞くと、「ディアス」と一言。ま、キャメロン・ディアスに似てないこともない。かつてはグラビアアイドルをやっていた人なのでキレイな人ではあります。

で、昨日、タバコを買おうと近所のセブンイレブンでピットインしたときのこと。ジョギング中のキャメロンがマイケル・ジャクソンのようなサングラスで「ケンケーン!」と言いながら走ってきました。で、一言だけ残して走り去りました。「エロ本でも買いに来たの?」――思わず爆笑しました。

で、本日キャメロン（姓はディアス）から「素敵な年末年始をお過ごしください」というLINEのメッセージを頂いたので、「良いお年をお迎えください。これからセブンイレブンにエロ本買いに行きます」と返事をしておきました。

すると「こーゆーやつ?」というメッセージとともに雑誌の写真が送られてきました。拡大してみると、1999年のある雑誌（エロ本ではないがわりとそっち系のコンテンツを含んだ某男性誌）でして、表紙には水着姿で挑発的なポーズをとっているアイドル時代のキャメロンの雄姿が。これには大笑いしました。皆さまにもお見せしたいのですが、さすがに個人情報なので控えておきます。彼女は22年前とほとんど変わっていないところがスゴイ。

「今度この雑誌貸してください」と返事すると、「雑誌じゃなくて実物貸してやる」――キャメロンはいつも笑わせてくれます。あまりにも面白い人なので、年明けにキャメロン方面の友人たちとコーヒートーク集会を持ちたいと思います。以上、どうでもイイ話なのですが、ご報告まで。

ところで、僕は友人との雑談とかちょっとした仕事の朝食・昼食ミーティングに青山グランドホテル4階の「ベルコモ」というレストランを利用しております。今年30回は行きました。先日も朝食ミーティング→別のミーティング→昼食ミーティング→さらに別のミーティングと5時間も長居してしまいました。人と会って雑談をするのにこれほど快適な空間はございません。

２０２１年12月

グッときた

このところ、とある銀行、ま、三菱ＵＦＪ銀行なのですが、こちらでの仕事が多く、頻繁に丸の内の本店オフィスに通いました。地下1階にローソンとか休憩室とか喫煙室とかがありまして、仕事の合間にしばしば利用しております。

で、ローソンの入り口に陳列されていた商品が長靴型の容器に入ったお菓子やおもちゃの詰め合わせであります。男の子向けはアンパンマン。女の子向けはプリキュア。これが目に入ってきたときにはグッときました。今年最大の「グッときた」と言っても過言ではございません。

子供がそこまで喜ぶかどうかは別にして、小さい子がいる親はこういうものをお土産で買って帰りたくなるものです。僕も娘が小さかった頃、仕事の帰りによくセーラームーン（そのころは大人気だった）のお菓子や人形などを買いました。

名作「仁義なき戦い」のラストが印象的です。松方弘樹演じる武闘派ヤクザは、子供にお土産を買って帰りたいばかりにおもちゃ屋に寄ったところで、敵方に射殺されます。おもちゃ屋でハチの巣になり倒れる松方のスローモーション。子を思う親の気持ち、ヤクザとおもちゃ屋のコントラストがイヤというほど効いた名シーンです。

話を僕が目撃した現実に戻します。メガバンカーズのみなさんは忙しい。僕や松方（ヤクザ）であれば仕事の合間におもちゃ屋やお菓子屋に行くことは容易なのですが、銀行勤めではなかなかままならない。会社の地下にあるコンビニはそこをよーくわかっている。で、こういう商品をちゃーんと入り口に陳列してある。

激務の帰り、地下鉄に乗る前に会社のローソンで子供の顔を思い浮かべてこれを買うお父さま・お母さまの絵が脳内に浮かびます。「人生に幸あれ！」と叫びそうになるほどグッときました。

２０２１年12月

THE

前に「消費を閉じる消費」という話をしました。大前提として、初老ともなると、自分のスキキライがよどみなく意識できるようになる。しかもスキキライが固定化してくる。この歳になるとスキなものはこの先もずっとスキで、キライなものはずっとキライであることがほとんどです。「もっとイイものがあるのではないか」という探索が無意味になります。

耐久消費財の場合、自分のスキなものを自意識とともに購入しますので、それを買って満足してしまうと、同じものをずーっと使い続けることになります。で、買い物をピタリとやめてしまう。代替物を考えることもなくなる。買い物に行こうという気すら起きません。これが「消費を閉じる消費」です。「ＴＨＥ」というお店をご存知でしょうか。ここのコンセプトが実にイイ。

「これこそは」と呼べるものが欲しい。たとえば、ＴＨＥ ＪＥＡＮＳといえばLevi's 501。しかし、この世界には未だ「ＴＨＥ」と呼べるものが明確に存在しないアイテムも数多く残されています。世の中の定番を新たに生み出し、これからの「ＴＨＥ」をつくっていくこと。

ＴＨＥ初心者におすすめは「ＴＨＥ醤油差し」。これこそＴＨＥのコンセプトを余すところなく体現した逸品であります。口上は以下の通り。

醤油差しに必要な機能は、何をおいても「液だれしないこと」。『ＴＨＥ 醤油差し』の開発は、これをクリアすることから始まりました。

まずは、注ぎ口を一から設計。試作を繰り返し、上部に「くちばし」がないにもかかわらず気持ちいいほどの醤油切れの良さを実現しました。形状は、もっとも醤油差しらしいフォルムを目指しました。おそらく多くの人が醤油差しと聞いてイメージするであろう赤い蓋に円錐形ガラス瓶の、昔懐かしいあの醤油差しを基に、3点の改良を加えています。

1つ目は素材。パーツはすべて、ガラス製。しかも、ガラスの中でも特に透明度の高い「クリスタルガラス」を使用しています。この結果、プラスチックと嵌合させるためのねじ込みが不要になり、より衛生的で、見た目もすっきりとしました。

2つ目は、容量。醤油をおいしく保つには、鮮度が重要です。ただ、食の選択肢が増えた現代においては、醤油を使う頻度は以前より少なくなりました。そこで実容量を、鮮度が落ちないうちに使い切れる80㎖に設定しました。

3つ目は、サイズ感。胴体にくびれがある、持ちやすい形状はそのままに、高さ113㎜と全体に少し小ぶりにしました。更に、底を厚めにすることで、倒れにくい構造になっています。

透明感ある美しい仕上がりは、洋食器・和食器はもちろん、どんな料理と並んでもなじみます。

醤油差しというありふれた日用品のひとつをとっても、実に深いところまで考えて設計されていることが分かります。で、使用してみると実際に快適。生活の質が向上します。とはいっても、ユーザーが上記のような設計思想の一つ一つを理解しているわけではない。それなのに、意図した価値がきっちり使用者に伝わる。無意識だけれど確かにイイ——定番商品の真骨頂であります。

THE T-Shirt、THE Botton-down Shirt、THE POLO Shirtなど、THEは基礎的衣料品もいくつか出しておりません。こうした洋服を買えば消費を閉じられることおそらく間違いないのですが、値段が高い。この辺のアイテムは僕はどちらかというと耐久消費財というより消耗品としてとらえているので、ユニクロを主軸としております。THEの「THE SOAP」も使ったことがあるのですが、石鹸は究極の消耗品。現在は牛乳石鹸の「赤箱」という安価な固形石鹸を長年愛用しております。「うるおいを守るミルク成分とスクワラン配合。しっとりすべすべのなめらか美肌に洗い上げます」という惹句の通りの逸品。「お風呂上がりもふんわり続くやさしいローズ調の花の香り」も好ましい。1928年の発売以来、不動のロングセラー。国民的定番商品といってもよいでしょう。

かつては、髪（といってもジッサイは髪がないので、正確には頭皮）はシャンプー、顔は洗顔フォーム、体は液体ボディソープで洗っておりました。が、数年前に赤箱と出会って以来、これひとつで全部すましています。お風呂場にも赤箱、洗面所にも赤箱、台所にも赤箱。まことに便利でシンプル。10個ほど買い置きをしてあります。アマゾンで買うと、なんと10個で824円。安い。こんなにイイものが、1個82円40銭で買える。現代の奇跡といってもイイ。

赤箱を製造販売しているのは、牛乳石鹸共進社株式会社。この名前がイイじゃありませんか。実直で迷いがない感じが社名に表れています。社訓がまたイイ。ある種の名文です。

私たちは　社会と共に　社員と共に　堅実に歩むことを誓い合い　常に遠大の理想と　不断の努力を忘れてはならない
私たちは　消費者の求めに即応し　流通業界の信頼を受け　品質第一主義に　広く社会に奉仕する
私たちは　融和の精神をたいせつにして　製品の人格化を心がけ　美と清潔　そして健康づくりに役立つため　優れた製品を提供しよう

石鹸は生活になくてはならない消費財です。「赤箱」ファンの僕は、ちょっとした手土産にも「赤箱」を使って

います。だいたい喜ばれます。一時に100個買っても1万円しません。買ったことはありませんが。

2021年8月

緑と縁

（1）選択肢が無数にあり（2）評価次元が多岐にわたり（3）生活にとって重要かつ（4）それについて特段の知識を持たない事柄についての意思決定に迫られることがあります。「どこに住むか」はその典型です。こういう局面ではインターネットの情報サーチは使わないというのが僕の原則です。

ネット情報ではなく、これは！という人にアドバイスを求める。自分が知る中でその分野において最もセンスがある人の意見を聞く。で、その人の薦めに従う。これが僕のやり方です。

Kさんという親しい友人がいます。僕の知りうる中で、この人こそが最も生活センスに優れている。いま住んでいる古い集合住宅にしても、Kさんが何十年も住み続けているという事実（だけ）で決めました。Kさんに「これまで引っ越そうと思ったことはありませんか」と聞くと、「何回かは検討したのだけども、結局はここよりもいいところがないのでずるずると住み続けている」――これはもう間違いないと思い、その足で不動産屋に行き即決しました。

Kさんがこの集合住宅の良いところとして第1に挙げたのが「緑が多い」こと。僕はここに住んでまだ数年ですが、生活にとって非常に重要なことだと思い知りました。棟の前に大きな木があります。僕の家は6階で、だいたい木の高さと同じ位置にあります（7階になると木が少し下に見える）。初夏ともなると窓の外には一面の緑。緑との距離が近い。

高級タワーマンションの宣伝を見ていますと、「東京の夜景が一望！」という惹句で高層階を売り物にしています。これが理解できない。ま、高いところから見る夜景は綺麗でしょうが、すぐに飽きてしまうのでは。だいたい夜は暗いから外をあまり見ませんし、夜景はどこでも大差ない。昼に窓から緑が見えることのほうがよほど大事です。

その日の段取りや向こう数か月のスケジュールは別にして、僕は仕事や生活の「長期計画」というものを一切立てません。これまでもあちこちで書いてきましたが、「川の流れに身を任せ」というスタイルでこの年までやってきました。

それだけに、自然な流れの中で遭遇した縁をわりと大切にしております。振り返ってみれば、仕事にしても生活にしても、ほとんどすべてが「縁もの」。「縁は異なもの味なもの」といいますが、まったくもってその通り。で、最近縁を感じたことがあります。高森勇旗くんという若い友人がいます。共通の友人の紹介で知り合いました。そのとき、彼は本を出したばかりでした。

高森くんは元プロ野球選手で、一軍で十分に活躍することなく20代半ばで戦力外通告（すなわちクビ）になってしまいます。その本はこの時の経験をもとに「人は逆境をどう受け止め、乗り越えていくのか」をテーマにしています。一読した僕は感心しました。文章がうまいのにも驚きましたが、「人間の本質は逆境においてのみ顕われる」という普遍にして不変の真実をものの見事に描いていたからです。連載している雑誌の書評欄で早速この本を取り上げました。

この高森くんと仕事のあと雑談していた折、「引っ越そうかと思っている」という話を聞きました。「どこを考えているの」と聞くと、僕と同じ集合住宅の名前が出てきました。「えー、僕もそこに住んでいるんですよ」というと、彼も驚いていました。

そのときはまだ物件を探しているといっていましたが、しばらくたって「決めました」という連絡が。どの部屋にしたのかと聞いてみると、なんとうちの隣。この集合住宅にはいくつも棟があるのですが、同じ棟の同じ階の文字通りお隣の部屋でした。隣に僕が住んでいることを知らずにいた高森くんも、物件を見に行って隣の「楠木」という表札を見て驚いたそうです。これぞ偶然の不思議。いよいよ縁を感じまして、彼がお引っ越しをしてきて以来、仲良くさせてもらっています。

緑と縁が豊かであること――僕が大切にしている住環境の条件です。

２０２０年６月

出前の記憶

出不精で家にいるのがスキなので、出前もスキ。コロナ騒動を機会に出前生活が深まってきました。最近の出前を振り返ってみます。まずは手軽なところでＵｂｅｒ Ｅａｔｓ。いろいろと凝ったものも頼めるのですが、Ｕｂｅｒで注文するのは結局のところファストフードばかり。家人がいるときはダメなので、一人の食事のときに利用しています。

マクドナルド：「それだけ定食」というのがわりとスキ。マックの場合注文するのはフライドポテトだけ。バーガーはナシ（潔いな、オレ）。Ｌサイズを３つ。最高のそれだけ定食です。健康度外視。月に１回まで。ま、２回までならイイ。

モスバーガー：どれにしようかといつも考えるのですが、結論はモスバーガーとテリヤキバーガー。これを繰り返し発注。モスバーガーのポテトはいま一つ。

ケンタッキー・フライド・チキン：サンダース大佐の11のスパイスからなる秘密のレシピ。これ、ホントに美味しいですね。骨なしチキン（骨がついているのは食べにくいので避ける）とチキンのサンドイッチ。昨日は一人だったのでこれをやった。本当はコールスローも追加したいところですが、なぜかＵｂｅｒ Ｅａｔｓのメニューにはありません。

クラシックな出前では、近所にある古典的蕎麦屋さんの「布袋家」。冬は鍋焼きうどんですが、今の時期はだいたいかつ丼。子どものころに食べた昭和中期の懐かしい味がします。

出前のピザでスキなのは「ピザーラ」。いちばん薄い生地の伝統的なミックスピザを選択。小型のハッシュドポテトがまた美味しい。

僕はミッド昭和生まれ。子どものころは家族で外食に行くということがあまりありませんでした。今との大きな違いは、ファミリーレストランというものが（ほとんど）なかったということです。

はじめてのファミリーレストラン体験は「すかいらーく」でした。軽井沢に行く途中に東松山という町がありました。ここに初期のすかいらーくのお店がありました。今でもよく覚えています。子ども心にファミリーレストランというのは実にイイものだ……と思いました。大学生になったあとで分かったのですが、すかいらーくの最初の本格的なセントラルキッチンは東松山にありました。そういうこともあって、わりと早い時期に東松山に出店していたのだと思います。

当時住んでいた鷺沼という町は開拓されたばかりの辺境地で、外に食べに行く店もあまりありませんでした。外食が稀だった分、家で出前を取るというのが大いに楽しみでした。うちのような普通の家庭にとって、出前というのはわりと贅沢なことで、特別な感じがありました。

開拓当時の鷺沼に「タキムラ」という大衆食堂がありました。チャーハンもラーメンもポークソテーもライスカレーもあるというオールジャンルの食堂。昭和時代には町に必ず一つこういう店があったものです。タキムラから取る出前のチャーハン、これが実に美味しいものでありまして、ごくたまに「出前でも取るか……」という好ましい風向きになると、大喜びでチャーハンを注文しました。

祖父母の家に行くと、出前を取ってもらえる確率がぐっと高まります。父方の目黒の家では「松か津」という蕎麦屋をよく利用していました。育ち盛りの大食いだったので、大好きなかつ丼だけでは足らず、たぬきうどんをサイドディッシュに注文していました。岡持ちに入った出前が届き、玄関で受け取ると、そばつゆの美味しそうなにおいが漂い、これから始まる出前食事への期待と混ざり合って、陶然となりました。

母方の祖父母のところは普段から頻繁に出前を取る家で（祖母があまり料理をスキでなかったらしい）、「香月」という天ぷらとか鰻のお店から出前を取っていました。僕が好んでいたのは「天ぷらご飯」。天丼ではなくておかずの天ぷらとご飯が別になっているやつ。

母方の祖父は医者で、銀座で小さなクリニックを開業していました。ここに昼時に遊びに行くと、近所の料理屋から「お刺身ご飯」を取ってくれます。天ぷらご飯もお刺身ご飯も、ご飯にゴマがふってあって、それがとても嬉しかった。普段から食べている白いご飯なのに、出前のゴマの載ったご飯はなぜこんなにも美味しいのか――今でも不思議です。

鮮明な記憶として残っている出前経験があります。小学校高学年まで僕はアフリカで育ちました。いよいよ日本に帰国することになり、父の仕事の関係で、南アフリカからドイツ、フランス、スイス、イタリアと経由してついに羽田空港に到着（当時は成田空港はなかった）。目黒の父の実家についたのはお昼時で、お鮨を取ってくれました。

アフリカにいる間、お鮨はもちろん、日本食はごくまれでした。大きな桶にはいったたくさんの握り鮨を目の前にして、アタマがくらくらしました。こんなに美味しいものがあるか！　と興奮し、次から次にお鮨をいただいたのを覚えています。このときのお鮨ほど美味しいものはいまだに食べたことがありません。

で、夜ご飯は鰻重。これまた脳がとろけるほど美味でした。わが祖国日本の素晴らしさよ、これからこんなに美味しいものを食べられる、なんて幸せなことでしょう――欣喜雀躍しました。ところが、帰国した日のお鮨と鰻重はお祝いの特別出前でした。翌日からは普通の食事になりました。

２０２０年５月

無気力体験

コロナの緊急事態宣言が発布されて以来、次のような質問を頂戴することが多くなりました。「ずっと家に籠もっていて、メンタルに支障はないのか」「何をするにも億劫になるという無気力状態に陥り、それを克服した経験はあるか」――。

僕の場合はメンタルに支障があるということはありません。仕事の性質上、コロナ以前から一人で部屋に籠もっていることが多い。あまりギャップを感じていない（というかほとんど一緒）。コロナ以前に活動的な仕事や生活をしていた人ほど、いまの生活とのギャップが大きく、不調になるのかもしれません。

これまでの55年の人生を振り返ると、何回か無気力状態に陥ったことはあります。いちばんの底は大学院生のころでした。大学院での勉強生活というのは、鬱々とする条件がすべてそろっているといっても過言ではないほど暗いものでした。

第1に、仕事をしていない。人の役に立っていない。ずっと一人で「勉強」している。第2に、長い。博士課程までやると5年はかかる。第3に、やったところでその先に職があるかはきわめて不確実。第4に、これは僕に顕著だっただけなのですが、無目的。僕は就職せずにふらふら自由でいたいということを主たる理由として、流れるように大学院に進学してしまいました。追求したい研究テーマとか学問的使命感は一切ナシ（そういうものがうっすらと見つかったのは10年後のことで、すでに30代になっていた）。

生まれ変わっても今の仕事をするか、と聞かれることがあるのですが、絶対にイヤです。今の仕事そのものには満足していて、来世でもやりたいような気がします。それでも、その過程で不可避の大学院生活は二度とやりたくない。それほどイヤなものでした。

大学院生時代の僕は頻繁に無気力状態に陥り、そういうときは図書館と自宅の往復に明け暮れていました。ひたすらスキな本（研究や勉強の本ではない）を読んでいました（いまと変わらないかな?‥）。

いちばんひどかったときは本を読む気力もありませんでした。で、どうしていたか。パチンコです。ギャンブルに興味がないのに、このときだけはなぜかパチンコにのめり込みました。毎日こういうルーティンをきっちりきっかりと回し続けていました。

8：00　起床　ぼんやりとテレビのモーニングショー（芸能人が離婚したとか結婚したとか、そういう話題を延々と展開する番組）を観る（テレビもまったく観ないのだが、このときだけはなぜか観た）。

9：45　バイクで走り出す（盗んだものではない）。行先もわかるまま（近所のパチンコ屋）。明るい朝の騒音の中へ。誰にも縛られたくないと逃げ込んだパチンコ屋に。自由になれた気がした25の朝。

9：55　パチンコ屋到着。開店の列に並ぶ。

10：00　パチンコ開始。やるのは低リスクの羽モノの台のみ。なぜかというと限られた予算で長くやりたいから。で、ずーっとパチンコをやる。何も考えずひたすらパチンコ。途中何回もアイスカフェオレを飲む。

22：00　パチンコ終了。なぜかというとパチンコ屋が閉店してしまうから。盗んだものではないバイクで走り出して帰宅。

22：15　簡単な食事。食事は一日一食。

24：00　コーヒー牛乳を飲みつつ就寝。
翌日8：00　起床　ぼんやりとテレビのモーニングショーを観る（以下、ループ）。

パチンコ屋というのは（いまはどうか知らないが）定休日がないので、延々このルーティンを繰り返すことができました。

で、どうなったか。2週間ほどで飽きてしまい、より軽度な引きこもり生活（ベッドで読書）にステップアップしました。で、これをしばしば続けたのち、また学校に行ってゆるゆると勉強する生活に復帰しました。

この経験から僕が学んだことはただ一つ。重度の無気力に陥ったときは、無気力を全面的かつ全力で受け入れ、徹底的に自堕落な生活に浸るのがいちばんイイということです。最悪なのは、無理して気力を取り戻そうとすること。「パチンコをしているときがラクなのだが、1日3時間だけにしておこう」というのも禁物。できること（僕の場合はパチンコ）だけをひたすらやる。究極の川流れ状態。ダメなときはどうやってもダメ。それでも、そのうち体が無気力生活に飽きてしまう。だとしたら、飽きるまで徹底してダメになるのに若くはなし。

いまでも軽度な無気力になることがあります。そういうときは、1日か2日、生産的な活動を完全に停止して、ひたすらダラダラするようにしています（↑得意中の得意）。これを私的専門用語で「完廃」（完全廃人化）と言います。あー、気力がないなと感じると、手帳の週末のところに「完廃」と予定を書き込んでおきます。最近も3日間にわたって完廃しました。

人生そんなものです。完廃に乾杯！

2020年5月

世界の中心で自分が叫ぶ

大学生のころ「クリスマス」というのがイヤでイヤでたまりませんでした。宗教的な儀式なのに、ほとんどの人がキリスト教徒でない日本でなぜ世の中がこうも盛り上がるのか。「バカじゃやねえの……」と一人で怒っていました。

同じく「バレンタインデー」にも「バカじゃやねえの……」と一人で怒っていました。僕のような者には誰もチョコレートをくれなかったわけですが、それはまあイイ。それよりもみんながその意味内容も考えずにチョコをあげたりもらったりしているのがたまらなくイヤでした。もちろん「ホワイトデー」（最近はなくなったのかな？）にも一人で怒りを爆発させていました。

いま振り返ると自分の未熟にイヤになります。クリスマスに心が1ミリも動かされないことは変わりません。相変わらず誰もバレンタインにチョコをくれない（で、そのほうがイイと思っている）ことも変わらない。単純に「自分の趣味でない」というだけの話です。六本木ヒルズのけやき坂がライトアップでワンワンやっていても、そこで「ステキ！　写真撮らなきゃ」というカップルを目にしても、「あーそういえばその時期か……」とだけしか思わなくなりました。

ようするに個々人の好き嫌いが違うだけ。自分の好みと合わないだけのことを「悪いこと」「間違っている」と思い込み、ヘンな考えにとりつかれていました。若いころの僕は自分という存在が大きすぎた。世界の中心で自分が叫ぶ。ジッサイは中心でも何でもないのに。あのとき君は若かった。

今となっては、世のことごとの90％は好き嫌いの問題と思えるようになりました。良し悪し基準で論じるのは間尺に合わない。趣味が違うだけ。他者の好みや考えが違っても、自分にとってはどうでもイイ。かかわらない。つながらない。コメントするなら「スキですな」の一言。気持ちよく放置。ビバ！　多様性。

裏を返せば、この世の中で自分にとって本当に重要なことはそう多くはありません。みなさまにおかれましては、それぞれの生活の実質を大事に、平穏な日々をお過ごしください。

２０１９年12月

小諸への旅

と言っても、長野県小諸市ではありません。「小諸そば」です。僕の仕事場から徒歩２分のところにある立ち食い蕎麦屋です（椅子に座って食べる席もある）。

平日の昼食をとるならば、断然ここ。僕は仕事があるときはなるべく昼食をとらないようにしているのですが（そのほうが集中して仕事を継続できる）、昨日は早朝からわりとハードに働きました。13時にもなると空腹がつのります。たまらず小諸へと旅立ちました。

うまい、早い、安いといえば吉野家。若いころはよく利用しておりました。ところが、この年になるとさすがに牛丼は食指が動きません。小諸そばは吉野家よりもさらに早い。しかも安い。仕事場からの移動で３分。迷わず券売機で「冷やしたぬき２枚もり」（税込４１０円）を買い、待つこと１分、食べるのに３分。十分うまい。薬味のネギが取り放題なのも嬉しい。で、仕事場に戻るのに３分。全部合わせて10分しかかかりません。仕事を中断して食事をし、10分後にはフルスロットルで仕事ができる。これぞ驚異のファストフード。マクドナルドもイイのですが、立ち食い蕎麦のほうがぐっとナチュラル。カラダに対する負荷も小さい。立ち食い蕎麦こそ最強のファストフードです。

少し肌寒くなると、「冷やしたぬき２枚もり」を「温かいたぬきそば大盛り」に変更。小諸で秋を感じます。ただし、温かいたぬきそばにすると全工程で13分かかります（食べるのに多少時間を要す）。

それにしてもたぬきはウマい（そばのほうで動物ではない）。これを考えた人は天才と言って差し支えない。冷やしも美味しいが温かいたぬきはさらに美味しさが際立つ。おつゆと天かすが混然一体となった部分の味わいに絶句します。きつねもイイが僕はたぬき派です。４１０円で天国直行。13分で行って帰ってこられる天国。素晴らしいの一言です。

で、「温かいたぬきそば2枚もり」を食べている間に僕が考えたことを共有させてください。きつねとたぬき、だれが考えたのか存じませんが、このネーミングはつくづくうまくできています。両方とも動物。しかも対置したときの座りがイイ。いずれも三文字。これがキツネとネコとかタヌキとイヌだと、発語的にも動物のイメージとしてもどうもうまくない。「きつねとたぬき」、完璧なペアリングです。

話はちょっとそれますが、マグロの赤身の海苔巻きをなぜ「鉄火巻き」と言うのか。これは博打から出た言葉だそうです。博打をやっていておなかが減る。博打で忙しいので、片手でひょいと食べられる海苔巻きがいい。鉄火場で生まれたから「鉄火巻き」。サンドイッチ伯爵がポーカーしながら食べたという話と同じです。では、海苔巻きとお稲荷さんの詰め合わせを「助六」というのはなぜか。答えは歌舞伎にあります。助六の相手の花魁は「揚巻」。だから「揚げ」と「巻き」で助六寿司となるわけです。

以上の話は三木のり平氏の著書『のり平のパーッといきましょう』で知りました。この人はとにかく話が面白い。例えば――「楽屋でよくやったのは、そこらに新聞があるとさ、適当な幅に切ってさ、それを勝手に取って、その破った新聞の記事の中にかかれているお金の金額が大きいほど勝ちっていう賭けだよ。『鉄道料金が改定された』なんて見出しがあったりすると、『いいぞ』と思ったりね。今まで30円のところが今度の改定で35円になったなんて記事で喜んでいると、ほかのやつの記事には『銀行強盗』の記事があって、被害総額２００万円なんてあったりする。ああ、こいつの総取りだって思うと、最後のヤツの記事の中に、国家予算が書いてある……」――なんてことない話ですが、たまらなく面白い。

話をきつねとたぬきに戻します。どうしてこういう名前になったのか。調べたわけではありませんが、それぞれにこういうことなのは間違いない。

お揚げ→お稲荷さん→きつね

天かす→天ぷらのタネがない→タネ抜き→（短縮して）たぬき

面白いのは、動物の比喩に至る経路が両者でまったく違うこと。きつねのほうはストレートな比喩（2段比喩）ですが、たぬきは具象的な記述に言葉遊びを重ねたもの。結果的には「きつねとたぬき」という完成された対置になるのですが、思いつきの系が違うので、この2つのネーミングが同時に生まれたとは考え難い。どちらかが先にあって、もう一つが後で定着したと推理します。

僕の仮説はきつねが先でたぬきが後、というもの。なぜかというと、きつねよりもたぬきのほうが比喩のステップに飛躍があるからです。先にきつねというネーミングがないところで「タネ抜き→たぬき」はちょっと無理がある。このつなぎはラグビーにおけるオフロードパスみたいなもので、なかなか出てくるものではありません。「きつねそば」（うどんでもイイけど）という言葉が定着していたからこそ、「天かす→天ぷらのタネがない→タネ抜き→たぬき」というオフロード連発のパスが通ったのではないか。したがって、きつねが先でたぬきが後、という仮説に至るわけです。

「たぬき」を思いついた人はこのときとても嬉しかったはず。一見何の関係もない「タネ抜き」と「きつね」が「たぬき」を介して結びつく。「うーん、きつねならぬたぬきか。うまいこと言うね！」ということで江戸時代（？）に一気に広まって定着したのだと思います。しかもできあがりの「きつねとたぬき」は実に自然で無理がない。これぞイノベーション。シュンペーターの「イノベーションとは新結合である」という定義を地で行く事例です。

僕は日々、こういうことを考えながら暮らしております。

２０１９年10月

第2部

仕事編

楠木建の頭の中
仕事と生活についての雑記

受注仕事

自分の考えを提供する――僕の仕事は、一言で言って受注仕事であります。

一橋大学の職員としての仕事は「この講義をしろ」「この会議に出ろ」「ここに行って話をしてこい」と上層部から割り当てられていたので受注仕事ではありませんでした。しかし、これは僕の仕事の一部に過ぎません。それ以外のほとんどの仕事（本や雑誌・新聞・ウェブメディアへの寄稿、講演、セミナー、経営助言など）は注文が来ないことには始まりません。昨年フルタイムの教授職を辞してからは、単年度の契約で講義をしています。契約が更新されなければ大学での仕事はそれでおしまい。現在はすべての仕事が受注ベースとなりました。

駆け出しのころは、誰も僕のことを知りません。何ができるかも知るわけがない。どこからも注文が来ません。だからといって営業もできない。向こうが勝手に僕を見つけて注文してくるのを待つしかない。看板を上げてから仕事が立ち上がるまでにわりと時間がかかる。受注仕事の難しいところです。

しかも、需要は不安定。組織に雇用されている限り、毎日何らかの仕事が割り当てられます。ところが、受注仕事の場合は明日も注文が来るとは限りません。「開店休業」と背中あわせです。

一方で受注仕事には数々のイイところがあります（だから僕はこの仕事を選択したわけですが）。とにかくイイのは、仕事を受けるかどうかをこちらで決められるということです。イヤな仕事は断ればイイだけ。組織に雇用されていれば、「ちょっと気乗りしないから……」と業務命令を拒否することはできません。

僕が苦手とするのは地上波のテレビの仕事です。自分の考えている分野についてのまとまったコメントであればお引き受けしますが、ニュースバラエティーのコメンテイターの仕事は数回やってみて懲りました。求められるのは反射神経だけ。何も意味のあることを言えません。

受注仕事は値段もこちらで決めることができます。企業向けの仕事は種類と場所、時間に応じた標準的な料金を設定していまして、どなたさまにも同じ対価を請求しております。たまに値引き交渉をするお客さまがいらっしゃいますが、原則的に応じません。一物一価の原則を保持しております。

受注仕事を長くしていると、ときどき思ってもみないところから注文が入ります。これもまた受注仕事の妙味です。しばらく前のことですが、航空自衛隊の機関誌に寄稿を求められました。ギャラは戦闘機のパイロットが着用しているジャンパーとのこと。即答でお引き受けしました。

最近では裁判で法廷に提出する意見書の作成の依頼がありました。依頼主は法律事務所です。詳細はお話しできないのですが、とある事案で理不尽な損失を被った企業が原告の民事訴訟です。依頼内容を聞いてみると原告の提出している争点が、僕が専門としている競争戦略のど真ん中に来る問題でした。イイ球来たな、とばかりに大喜びで引き受けました。

受注仕事を始めてすぐに気づいたことがあります。受注仕事に敗者復活戦はないということです。組織の中で割り当てられる仕事であれば、一度失敗しても次の仕事は回ってきます。その人に何もさせないでいると、雇用が無駄になるからです。

受注仕事ですと、そうは問屋が卸しません。最初の打席で何らかの成果が出て塁に出ないことには話が始まりません。ホームランでなくてもイイのですが、最初から確実にお客様の期待に応えなければならない。一打席目がアウトだったらそこで仕事は終わり。そのお客さまに限って言えば、次の注文はまず来ない。「ワンアウトゲームセット」の世界です。

厳しい話に聞こえますが、顧客の立場で考えればそんなものです。例えばレストランで食事をするとき、初めて入った店の料理やサービスが今一つだったとします。多くの人はよっぽどの事情がない限り二度とその店には行かないでしょう。最初の仕事で相手の期待を満たすことができなければ、二度とこいつには頼まないとなるのは必定です。

でもそれでイイ。なぜならば組織の中の仕事と違って、受注仕事のお客さまは潜在的にはものすごくたくさんいるからです。一つの試合でしくじったとしても、いくらでも試合に出ることができます。

しかも、です。僕の仕事で言えば、塁に出ることができるかどうかはお客さまの好みに大きく左右されます。同じ人間が同じ頭を回して同じことをやったとしても、期待した以上の価値があると思う人もいれば、「だめだこりゃ」という人もいる。お客さまの好みは操作できません。フィットするかどうかで仕事の価値が大きく変わってきます。

ワンアウトゲームセットとなれば、さっさと店じまいして次の試合に行くに若くはなし。これを繰り返しているうちにだんだん自分の仕事の価値が自覚できるようになります。実際に仕事をしてみるまで、お客さまの好みや需要の詳細はわかりません。事前にあれやこれやと考えるよりも、まずは打席に立って自分のフォームでフルスイングするのがいちばんイイ。

お客さまの期待に応える。願わくは期待を超える。その繰り返しで次の注文がやってくる――要するに目の前の一つ一つの仕事に正面から向き合うしかないという、当たり前の結論に帰着するのでありました。

２０２４年10月

よこはま・たそがれ

初めてコンサルティングの仕事（のまねごと）をしたのは26歳の大学院生のときでした。クライアントはとある通信会社。どういう経緯で僕のところにその仕事が回ってきたのか、今となっては判然としません。

僕に与えられた課題は次のようなものでした。アナログ交換機がデジタルに切り替わり、結果としてアナログの技術者が大量に余ることになる。その人材をどうするべきか――。

僕にとってこれほどどうでもいいこともないというぐらい、まったく興味がない問題です。しかも知識がない。エンジニアでもありませんし、交換機なるものを見たこともありません。本来であればお断りすべきところですが、僕は躊躇なくこの仕事を受けました。どうしてもお金が欲しかったからです。

インターネットもない時代です。図書館で一通り調べ物をし、いくつかの経営学の理論を援用してなんとか報告書をまとめました。中身はとっくに忘れてしまいましたが、ろくなものではなかったという自信があります。当たり前ですけど。新宿にあった本社オフィスでプレゼンテーションをやりました。この出来がひどかった。質疑応答も含めてしどろもどろの受け答えに明け暮れました。当然ですけど。

で、プレゼンテーションのあとでその部門の役員の方との会食がセットされていました。この手の会食の経験がなかった僕は、よく知らないおじさまと当たり障りのない話をするということがうまくできませんでした。話はまるで盛り上がらず、ひたすら苦痛な時間が流れました。

先方にとってはいい迷惑だったでしょうが、僕にとってはこの仕事は非常に大きな収穫となりました。多少のお金が入ったというだけではありません。この最初の経験一発で「コンサルティング」が自分に向いていないということをよどみなく理解できたからです。

コンサルティングは本質的にマーケットインの仕事です。先にクライアントの側に解決すべき課題がある。所与の問題に対する答えを出さなければならない。問いが自分にとって面白いか面白くないかはどうでもいい。お客さまが求めているのであれば、期待された成果を出さなければいけない。それが僕にとってはどうにもイヤで仕方がない。

果たして自分はどういう仕事がスキなのか。初めのうちはそんなことはわかりません。これに対して、自分がキライなことはわりとつかみやすい。はっきりとキライなことを知れば、逆説的に自分のスキなことが見えてくる。

通信会社の本部長のお話を上の空で聞きながら、自分がやりたい仕事の条件がプロダクトアウトにあるということを思い知りました。僕が直感的に研究の道を選んだのも、自分にとって重要だと思える問題を自分で設定して、それに対して自分なりの答えを捻り出すというプロダクトアウトの仕事だからでした。このことを遡及的に理解しました。

インチキ仕事でお茶を濁したにもかかわらず本部長はとことん親切でして、帰りのタクシーまで用意してくださいました。タクシーのラジオから歌謡ショーの実況中継が流れてきました。「次はお待ちかね、五木ひろしさんの登場です。曲は『よこはま・たそがれ』！」――ターラータララ、タラララタララ、例のイントロが流れてきます。拍手喝采の中で五木氏が歌い出します。「よこはま、たそがれ、ホテルの小部屋」――。

この瞬間に「これだ！」と思いました。これぞプロダクトアウト。自分の歌を自分の好きなように歌っている。しかも人々がそれを求めている。その歌を何回も聴いたことがあるはずの聴衆がイントロが流れてきただけで大喜びしている。僕にとってのプロダクトアウトの理想の姿がそこにありました。

五木氏はかつて盛り場の流しの歌手でした。当時は酔客のリクエストを受けて歌い、チップで生計を立てていた。レコード歌手としてはなかなか芽が出ず芸名を何度も変えて再スタートを繰り返す。長い下積み生活のあげく、ようやくヒットが出て自分の持ち歌を観衆の前で歌うことができるようになったわけです。

「あの人は、行って行ってしまった、もうおしまいね」――歌を聴きながら僕は自分に言い聞かせました。いわゆる一つのコンサルティングはもうおしまい。自分が自然と興味を持てることでなければ考えても仕方がない。自分で立てた問いに自分なりの答えを出して、いつかはお客さまを前にして自分の歌を思い切り歌えるようになりたい――なんとか人前で自分の持ち歌を歌えるようになったのはそれから20年後のことでした。

というわけで、タクシーの中で聴いた「よこはま・たそがれ」は僕にとって決定的なインパクトがありました。ずっと後になって、五木ひろしさんにお目にかかる機会を得たときにこのエピソードをお話ししました。五木さんは「どんな仕事も同じですね」とおっしゃいました。

２０２４年10月

性能は客が決める

『自己中心の文学』という本を面白く読みました。著者の青木正美氏はもともと古書店経営者で、10年ほど開業した後に神田の有力古書市の経営員になります。有名無名の人の蔵書が売りに出る。そこに日記が紛れている。そのうちに日記に興味を持つようになり、著者は膨大なコレクションを持つに至ります。

日記をつけるのは人間の本性。戦前から日記帳の製造販売は一つの業界をなしていました。明治後期の時点では大出版社だった博文館は『当用日記』を売り出します。これが大きな市場シェアを占めるようになり、日記と言えば博文館という地位を確立しました。僕も日記帳は博文館のものを使っています。

著者の日記についての造詣は尋常一様ではありませんで、日記帳の発展と変遷の歴史が述べられていきます。博文館のヒット商品で日記帳市場が拡大すると、さまざまなバージョンの日記が市場化されていきます。「文藝日記」や「小学生日記」、「軍人日記」、携帯できる「懐中日記」というのもありました。

特に面白かったのは、戦前の日記帳には何十ページにもわたって広告が入っていたという事実です。例えば『明治三十年当用日記』には40ページもの広告が入っていました。写真機、タバコ、家具、メガネ、双眼鏡、目薬、医療機械などが絵入りで宣伝されています。

日記帳は使用者にとって毎日（とは限らずとも頻繁に）手に取って開くもの。ということは顧客接点として頻度が高い。アテンションを獲得しやすい。考えてみれば当たり前ですが、当時としては抜群に性能がいい広告メディアだったということです。

ポイントは使用者が特段の意識を持たずとも、毎日の生活行動の中で手に取るということにあります。顧客の自然かつ頻繁な行動をとらえ、そこにうまく乗っかる――ロジックは現代のFacebookやYouTubeと同じです。

しばらく前のことですが、月刊誌『文藝春秋』が１００周年を迎えるにあたり、経営者の肉声をこの１００年間のアーカイブから選んで考察を加えるという特集記事を寄稿しました。膨大な量の過去記事に目を通しているうちに、ちょっと面白い話を見つけました。1955年6月号にある井植歳男（三洋電機創業者）の随筆です。

当時、洗濯機には大別して2つの洗濯技術の方式がありました。攪拌式と噴流式です。前者は槽と同じ程度の高さのある大型の羽根をゆっくり反転させて水流を発生させる方式で、後者は洗濯槽にパルセーターと呼ばれる羽根を持ち、それを高速回転させて激しい水流を発生させて汚れを落とすというもの。井植は国内外のあらゆる洗濯機を集めて比較検討し、攪拌式よりも噴流式のほうが性能が圧倒的に優れているという結論に至ります。攪拌式は大きくなり、原価が高くつく。故障も起こりやすい。洗濯するのに時間もかかる。当時、ヨーロッパ諸国では噴流式が主流になっていました。当然のことながら、井植は自社の洗濯機もまた噴流式でいこうと決めます。

ところが、世界最大の経済大国にして消費大国のアメリカでは、ほとんどの家庭が攪拌式洗濯機を使っていました。万事合理的なアメリカがなぜ性能的に劣後する攪拌式を使っているのか。ここに井植は注目します。

彼の結論はこうです。アメリカでは「洗う」という行為の意味が日本やヨーロッパとは違う。洗うからには汚れたからだろうと思うのが貧乏国民の常識。ところが、アメリカの家庭では汚れようが汚れまいが、一日着たらとにかく全部一度洗濯機に入れる。たいして汚れていないから洗浄力は弱くてもいい。ゴシゴシ揉んで洗うような攪拌式は大切な服を傷めてしまうとわれわれは考えがちだが、生活が豊かで、服を豊富に持っているアメリカ人はそんなことは気にしない――。

面白いことに、井植の考察から70年近くが経過した今でも、アメリカでは攪拌式が依然として主流で、日本を含むアジアでは噴流式が進化した渦巻式が一般的になっています。

この短い随筆は、ビジネスの一つの本質を浮き彫りにしています。すなわち、性能は客が決める。商品やサービスの価値は顧客の使用文脈の中で初めて決まります。どんなにグローバル化が進んでも、顧客を取り巻く文脈には国や地域で大きな違いがあります。文脈から切り離してひたすら「良いもの」を追求すると、しばしば供給側の独りよがりに陥ります。ようするに「顧客の視点に立って考える」という当たり前の結論になるわけですが、これが難しい。いよいよ市場が成熟したいま、この商売の原理原則はますます重要になっています。

商売と経営の基盤にあるのは「人間に対する洞察」です。優れた経営者の一義的な条件は人間に興味があり、人間に対する理解が深いことにあります。

２０２４年８月

入学試験

フルタイムの教授として大学に勤めていたときは、業務命令で大学入試の監督業務に毎年出動していました。入試監督業務の最大の難点はヒマだということにあります。受験生は限られた時間で問題を解かなければならないのでやたらに忙しいのですが、こっちはただ見ているだけ。自分の娘よりもはるかに若い受験生がカリカリと答案用紙に解答を書き込んでいる様子を眺めていると、40年以上前の受験生だったころを思い出します。

試験問題はさっぱり覚えていないのですが、その後の合格発表のことはうっすらと記憶に残っています。結果を見に行きますと、合格していました。それなりに嬉しかったような記憶があります。受験勉強が一段落した気持ちと、これからの大学生活に期待するものがありました。

試験監督として僕が眺めていた受験生も、合格発表でそれなりに喜んだり悲しんだりしたのでしょう。合格した人は、当時の僕と同じように、何となく自分の将来が開けていく気分になったと思います。

甘い。実に甘い。甘すぎるといっても過言ではない。

大学受験の合格とか不合格というのは、その後長く続く人生を考えると、どうしようもないぐらい取るに足らない話です。誰もがそうであるように、僕も受験生だったころには思いもよらなかったようなそれなりの起伏を経験しました。とりわけ20代の10年間は滑った転んだに明け暮れました。人生がどういう方向に進んでいくかはホントにわからないものです。

受験生が一生懸命試験問題を解いているのを見ると、ちょっと複雑な気持ちになります。「諸君、今は受験が一大事に感じるかもしれないけれど、こんなことなんでもないのよ！　これからもっと大変なことが次から次へと押し寄せてくるのよ！　俺はもうだいたい済ませたけれども、諸君はこれから人生を丸ごと引き受けて、自分で何とかしなければならないのよ……！」

若いころだけには戻りたくありません。当時はそういうものだと思ってユルユルとやっていましたが、今から考えると「キミ、それはちょっと辛くないか？」と声をかけたくなります。神様が時間を戻してやるといってきても、丁重にお断りします。これまでの経験や初老の技巧を全部残したまま戻してくれるというならば、40年前に戻ってもOKですが、神様はそれほど寛容ではないでしょう。戻すとしてもせいぜい2年ぐらいにしてもらいたい。いや、3年ぐらいならいいかな。でも4年は勘弁してほしい。

話を戻します。大学に勤めだしてからというのも、毎年試験監督はやっていたのですが、そのうち監督に加えてときどき入試問題（小論文や社会の政治・経済）をつくって採点するという仕事も回ってきました。採点するのがとにかく大変なので、最近の仕事が少しでも楽しくなるように、受験生の意見がストレートに出るような問題をつくるのに凝っていました。

文章を書く仕事をしていると、自分の書いたものが入試問題になることがあります。なぜ分かるかというと、著作権の事後承諾の連絡が来るからです（入試の場合、事前の著作権使用の申請ができないため）。日本大学からはお礼にバームクーヘンをいただいたことがありました。日大はいろいろと問題を抱えているようですが、この点は大きく評価したい。

僕の文章だと使われる科目は国語か小論文のどちらかです。小論文では文章の一部を引用して、「これこれについてのあなたの考えを論じなさい」という出題になります。1995年に書いた「大学での知的トレーニング」という古い文章（本書にも収録）がわりと人気があり、これまでにいくつかの大学の入試問題で使われています。最近は『好きなようにしてください』という本からの引用が多い。

国語の場合は一応の「正解」があります。文章のある部分に傍線が引いてあって、「ここで著者が言いたいことはつぎの4つのうちどれか」というような選択問題になっている。どの選択肢も著者である僕が言いたいこととズレている、ということがあります。もちろん数学のような正解はないので、作問者の自由といえばそれまでなのですが、どうにも腑に落ちません。

最近、2つ面白いことがありました。ひとつは私立中学の入試問題に僕の文章が使われたこと。『絶対悲観主義』という本からの出題です。僕の文章が使われるのはこれまで大学か大学院の入試がほとんどで、中学校の入試で使われたのはおそらく今回が初めてです。問題を解くのは小学生。「絶対悲観主義」はテーマとしてどうかと思うのですが、出題者は小学生にも読める平易な文章と判断してくれたわけで、著者としてはありがたい。

もうひとつは西大和学園という私立高校の国語の入試問題です。学生の多くが東大や京大に行くような超進学校らしい。『ゲンロン12』に掲載された「無料についての断章」が使われています。一見して驚きました。超絶難問のオンパレード。いくら難関校でも中学生には酷だと思いました。8つの問いが設定されているのですが、そのうちの3つは手も足も出ませんでした。

僕はおそらく西大和学園高校には合格できないと思います。

2024年7月

人気と信用

　商売にとっていちばん大切なものは何か。僕の答えは信用です。昔から「信用第一」と言いますが、その通り。信用第一は不変にして普遍の商売の原理原則です。

　信用とは何でしょうか。それが何かを考えるとき、僕はまず対概念――それではないもの――を考えるようにしています。信用の対概念は「人気」です。私淑している昭和の大女優にして文筆家、高峰秀子さんの本で学んだことです。

　高峰さんは信用と人気を峻別しています。需要がないと仕事にはならない。ただし、その需要は決して人気であってはいけない。女優は文字通り人気商売です。凡百の女優は人気を求める。人気があるうちは、周りが何でも言うことを聞いてくれる。全能感にとらわれ、何でも思い通りになるような気がする。

　しかし、人気はあくまでも一時的なもの。最後に残るのは信用しかありません。「この人だったら期待に応えてくれる」「この人が出ている映画だから大丈夫だ」――これが信用です。映画出演でも本の執筆でも、高峰さんは仕事生活の根底に信用を置いていました。

　人気と信用の違いは、時間軸で考えてみるとはっきりします。「人気取り」というように、人気はいま・ここで取りに行くものです。時間的な奥行きがありません。一方の信用は目先にあるものを取るわけにはいきません。長い時間をかけて少しずつ積み重ねていくものです。振り返った時に気づいてみたらそこにある。これが信用です。一夜にして成功を収めるには20年かかるということです。

　考えてみると、マスプロモーションを一切しないというのが商売の究極の姿なのかもしれません。今どきの大きなローファームは立派な事務所を構え、ブランディングに余念がありません。個人向けの弁護士事務所も、電車のサイネージに広告を出したり、テレビでCMを流したり、熱心にプロモーションをしています。ところが、僕が尊

敬している ある弁護士の事務所にはホームページがありません。彼は「弁護士がマーケティングをはじめたら、その時点で終わり」と言っています。本当に仕事を依頼したいのであれば、住所や電話番号を自分で調べて、向こうからやってくるはずだ――言われてみればその通りです。信用さえあればお客の方から来る。そして、仕事を引き受けた以上は決して期待を裏切らない。

その究極が「ゴルゴ13」ことデューク東郷です。SNSを駆使したプロモーションやブランディングに余念がないゴルゴ13は信用できません。仕事を頼む気になりません。

そもそも人気と信用はベクトルの向きが異なります。人気は自分を向いています。人気があればちやほやされる。ちやほやされれば自分がイイ気分になれる。利を得るのは自分です。これに対して信用は自分以外の他者を向いています。信用は自分の外にいるお客の中に形成されるものです。まずは相手に利得を与えなければならない。相手をたっぷり儲けさせた後で自分が儲ける。これが商売の正しい順番です。

信用第一を原理原則とする商売には人間を錬成し成熟させる作用があります。信用を獲得するには行動に規律がなければなりません。約束を守る。相手の立場に立って考える――自然と人間ができ上がっていきます。

商売に限らず、社会には人間を教育する面があります。まともな人でないと相手にされない。人間は社会的動物です。ほとんどの人は多少なりとも社会と折り合いがつかないと生きていけません。社会的状況に置かれると人間は相対的にまともになります。まともに振る舞うことを社会が強制すると言ってもいい。

逆に言えば、社会との関わりが限定されている子どもはだいたいワルです。自己中心的で自己利益ばかり考えている。人を騙してでも目先の利益を追求する。しかし、社会に出ればその調子ではやっていけない。やがて現実を思い知らされる。こうして人は大人になるという成り行きです。

誰かの何かの祝賀会に出向くと、集まった人々が和気藹々、みんなニコニコしてお祝いしている。「実にイイ人が集まっているなあ」と思わされます。しかし、です。これは因果関係が逆でありまして、集まっているからイイ人になるわけです。社会的な場面では「イイ人である度合い」が３割増しになります。ジッサイのその人はそれほどイイ人ではない。僕ももちろん例外ではありません。僕も人に読まれる文章を書くときは、本当の自分よりもイイ人のふりをしています。この文章でもそうです。

でも、それでイイんです。世の中で生きているうちに、３割増しの外面に本当の自分が近づいていく。これを繰り返していくうちに、徐々にだんだんイイ人になっていく。社会は人間を錬成し成熟させる。これが世の中のわりとよくできているところです。その中でも最強のものが商売であり仕事だというのが僕の見解です。

２０２３年12月

ＡＩとは勝負にならない

対話を通じた文章や画像の自動生成が人工知能（ＡＩ）の主戦場になってきました。すでに名門大学の入試で合格するレベルの回答をする水準になっているそうです。

ＡＩの本質は自動化にして省力化です。すなわち「そのことを自分ではやらない」。プロセスをすっ飛ばして、結果だけを手に入れる。すなわち、これまで人間が自力でやってきたことを外部化しているわけです。

ＡＩに限らず、昔から技術の本質は外部化にあります。蒸気機関という技術は産業革命をもたらしました。蒸気機関を使えば、これまで人間が持ち上げられないほど重たいものをやすやすと持ち上げてくれる――モノを持ち上げる能力の外部化です。蒸気機関車を使えば、人間や馬よりもはるかに速いスピードで移動できます。歩く・走るという人間がやってきた仕事が技術に外部化される。その結果、人間ができないことができるようになる。技術進歩とはそういうものです。

外部化された結果、それまで技術なしに人間がやってきたことよりもパフォーマンスが向上する――ここに技術進歩の本来の動機と目的があります。ＡＩは人間を凌駕するか、という議論が盛んになっていますが、技術進歩の本質からして、ＡＩが人間を凌駕するのは自明です。そうでなければ技術として意味がありません。

これは何も今に始まった話ではありません。新幹線は人間が走るのよりも速い。飛行機は空を飛べるが、人間は飛べない。グーグル検索は人間ができない（やろうと思うと異様に時間がかかる）ことを０・１秒でやってくれる。だからといって、新幹線や飛行機やグーグル検索を敵視する人はいません。便利な手段として使っているだけです。

ＡＩにしても、この基本的な図式は変わりません。事務的な文書作成や顧客対応のチャットといった領域では、ＡＩはこれ以上ないほど便利です。入試問題を解くのも得意中の得意。入試問題には正解（にどれだけ近いか）という一元的な良し悪し基準があります。こういう仕事ではＡＩとは勝負になりません。しかし、だからといって人間に完全に代替するとか、人間社会の敵になるわけでもない。道具は使うものであって、競合するものではありません。

技術への外部化は人間を楽にしてくれます。しかし、です。外部化が価値をもつのはその活動なり仕事が利用者にとって楽しくない（やりたくない・できない）ということが前提になります。僕は税金を払うための申告作業を税理士の先生に任せています。きちんとやる知識や能力がないだけでなく、僕にとってはまるで楽しくない。だから自分でやらずに、税理士の先生に外部化する。将来この作業をＡＩがやってくれるのであれば、お任せするのにやぶさかではない。

その人にあった服装を提案してくれるファッション・コーディネーターという仕事があります。こういう人を雇うのは、おそらくファッションに興味がない人だけでしょう。なぜならば、ファッションに興味がある人は、何が自分に合うのか、自分のスキな服を探索すること自体を喜びとしているからです。この楽しいプロセスを外部化してしまうのは当人にとってタダの損失。カネを払ってでも勘弁してもらいたいはず。

僕は考えごとを言語化し、文章に書くという仕事をしています。ＡＩに核となるアイデアだけ入力し、何ステップかの対話をすれば、即座に文章にしてくれる時代がすぐそこまで来ています。ただし、です。どんなにＡＩが進歩したとしても、僕は書く仕事を絶対に外部化したくありません。書くプロセスこそが僕の喜びだからです。

ゲラの修正は文章をゼロから生成するよりもずっとＡＩが得意とする作業です。しかし、僕にとってはこれほど面白い仕事はありません。ああでもないこうでもないと自分の文章を推敲し、赤ペンで書き込む――三度の飯よりこれがスキ。心行くまでゲラ直しに集中したいときなど、福岡に行くのにスカイマークを使わずわざわざ新幹線に乗って行くほどです。この至福のプロセスをＡＩに任せてしまえば、何のために文章を書いているのかわからない。どっちにしろＡＩとは勝負になりません。

ある会社がＡＩに僕の文体を機械学習させて文章を自動生成してくれました。言葉遣いを思いっきり僕のスタイルに寄せているのですが、面白くも何ともありませんでした。議論の展開がユルユルで、肝心なところでスベりまくりやがっています。「いいかげんにしなさい……！」とツッコミを入れたくなりました。

文章を書く仕事で、僕はＡＩに負ける気がしません。なぜならば、本当に優れた文章は思考と言語化のプロセスそれ自体を無上の喜びとする人から出てくるからです。

技術は日進月歩ですから、そのうちもっとまともな文章を生成できるようになるでしょう。僕にとっては「しめしめ……」です。技術が進歩するほど、人はＡＩに依存するようになる。書くプロセスの喜びを知らない人が増えてくる。もっと言えば、書く手前の考えるプロセスまで外部化するようになる。世の人々の考えて書く能力が劣化していくのは間違いない。ということは、僕にしてみればますます商売繁盛――ＡＩさまさまです。

２０２３年９月

現金書留

過去五年間で現金書留を利用したことがある人はほとんどいないのではないでしょうか。今となっては現金書留という送金手段の存在自体を知らない人もいると思います。先日、何十年ぶりかで現金書留を受け取るという貴重な経験をしました。

とある地方都市に仕事に行ったときのことです。スケジュールにちょっとした変更が生じたため、あらかじめ買ってあった新幹線の切符を買い直す必要がありました。みどりの窓口で新しい切符を受け取ってホームに向かおうとすると、「少々お待ちください」――どうしたのかと思ったら、切符が機械の中で物理的にスタックしてしまい(プリンターの紙詰まりのイメージ)、払い戻しができないとのこと。出発時刻間近だったので後は電話で、ということになりました。電話番号だけお伝えして、ギリギリのところで新幹線に乗りました。

すぐに電話がありました。「銀行に振り込んでください」と申し上げると、「確認して、お電話します」。翌日。「現金書留で送金するので、住所を教えてくださいますか」「現金書留だと家に不在のときに受け取れないので、振込でお願いします」「確認して、またお電話します」。その翌日、「やはり現金書留でお願いします」――埒が明かないので住所を伝えました。

しばらく経ってから、現金書留が届きました。久しぶりに目にした現金書留封筒はデザインが実にイイ。渋い色の封筒に緑の枠。あちこちに割印が押してあって、「この中にお金が入っているよ！」という重厚感を醸し出しています。「本来であれば、お客様のお申し出に従い、銀行振込とすべきところではありますが、郵送でのご返金とさせていただきましたこと、どうかご容赦ください」――駅長の丁寧な手紙が添えられています。

５３０円分の切手が貼ってあります。送る方も受け取る方も手間がかかり、送金コストも高くつく。あらゆる点で銀行振込の方が合理的です。なぜそこまでして現金書留にこだわるのか。がぜん興味が出てきた僕は駅長に理由を尋ねる葉書を出しました（僕がいかに葉書がスキかについては前に書いた）。

すぐに駅長から返事がありました（残念ながらハガキではなくて封書だった）。「安全に確実にお客様の元にお返しすることを前提としており、返金お渡し完了事実が確実に確認できる点や万一住所誤りがあっても返送されるため、現金書留による返金対応とさせて頂いております」――駅長や窓口の方が真面目なのは疑いようがありませんが、どう考えてもこれは詭弁です。銀行振込も十分に安全で確実。万一口座情報に誤りがあったとしても、事前・事後に対応は可能です。ようするに、返金対応は現金書留という社内規定を曲げたくない。これが本当の理由だと推測します。

30年ほど前のことです。とある先輩から面白い話を聞きました。彼はL. L. Beanのカタログ通販（僕もスキで当時はよく利用していた）で買ったシープスキン製のクルマのシートカバーを気に入って使っていた。暖かい季節になってカバーを外そうとしたらなかなか外れない。無理やり外したらアタッチメントの部分が壊れてしまった。カタログには「いつでも返品OK」とある。1シーズン使った後にもかかわらず、事情を説明するメモを添えて返品した。すぐに新品が送られてきた。その先輩（具体的にはハーバード大学教授の竹内弘高氏）は「これはラッキー！」とばかりに新品を受け取った。

しばらく経って、いつもの通りにL. L. Beanのカタログが届いた。開けてみると手紙が同封してある。「お客さまの貴重なフィードバックを受けて、今シーズンのシートカバーは外しやすいように設計を変更しました。お客さまの貢献に感謝します」――「さすがL. L. Bean！」と竹内さんは感動したそうです。

この話のポイントは、竹内さんがこのエピソードを（彼一流の魅力的な話術で）僕以外にも（おそらく100人ぐらいに）している（に違いない）ということにあります。僕にしても、いろいろな人にこれまでに100回はこの話をしていると思います。これはごく一例にすぎません。何千、何万もの顧客に対してこういう対応を繰り返してきたはずです。こうした取り組みがL. L. Beanの評判と信頼を高め、強力なブランドを構築していたのは間違いありません。

僕の払い戻しのトラブルはどうでもイイ。小さな話です。それにしても、ＪＲの対応は実にもったいない。サービスの会社として絶好の機会を逃しています。ピンチの裏にチャンスあり。トラブル対応にこそ顧客満足獲得のカギがあります。交通手段というほとんどの顧客にとって無味無色のサービスを提供する会社にとっては、なおさらそうです。顧客がはっきりと満足を意識する機会は、トラブル時にしかないといっていい。

問題が発生したときこそ、顧客の立場にたって、顧客の要望に耳を傾け、柔軟に対応するべき。ほとんどの場合、それに要する手間やコストはたかが知れている。結果的に得られる顧客満足の大きさを考えれば、費用対効果には絶大なものがあるはずです。

２０２３年４月

学恩

この仕事をはじめてからというもの、多くの先達先輩から直接・間接に影響を受けてまいりました。最大の学恩を負っているのは、いうまでもなく学生時代に手取り足取り指導してくださった榊原清則先生その人です。しばらく前に榊原先生はお亡くなりになりました。授けてくださった学恩の大きさを思うにつけ、何のお返しもできなかったと忸怩たる思いです。

学生として直接教えていただくことがなくても、本で読んだり話を聞いたり、その人の言動や立ち居振る舞いを観察することによって学ぶものがヒジョーに大きい。その意味で、僕にとって重にして大な学恩を感じているのが吉原英樹先生です。先日、吉原先生がお亡くなりになったことを知りました。少しでもご恩返しするためには、僕なりの仕事に精進して取り組むしかありません。吉原先生の訃報に接し、気持ちが引き締まる思いがしました。

この世界に入った当初から、学会などで機会があると吉原先生をひたすらウォッチしていました。というのは、先生が研究に関してずば抜けた目利きであるとひそかに目をつけていたからであります。人の研究を評価する視点が明解。コメントが率直で爽快で素晴らしい。研究発表の場で先生のコメントを聞くと、「よい研究」の勘所がわかるような気がしました。吉原先生のセンスに惚れ込んだ当時の僕は、機会があれば先生の近くに陣取って話を聞くようにしていました。

自分の研究発表に対する吉原先生のコメントはもちろん貴重でした。先生は気さくな方で、当時の僕のような超目下のチンピラに対しても、ここがよくない、ここが足りない、でもこの辺は脈がある……と研究発表の後で必ずスパスパスパスパっと30秒ぐらいで的確なコメントをしてくださいます。僕が何か応答しようとすると、じゃ……という感じですーっと去っていってしまう。

いつぞやは僕の仕事場に何の前触れもなくわざわざいらしたこともあります。唐突に「近くに来たから寄ったんだけど、キミはこういうところがダメだ。このまま行くとダメになる」と、いきなり本質的な批判をして、すーっと帰ってしまう。この唐突さと言いっぱなしがイイ。しかもその批判が自分でもよどみなく腑に落ちるものでした。

しばらく前の話です。学会で吉原先生にお目にかかりました。学術的なフォーマットで論文に書いたり、研究者のコミュニティで研究発表をしたりということを、僕はずいぶん前から完全に停止していまして、学会にも出席しなくなっています。ところが、この日は『ストーリーとしての競争戦略』という僕の本について議論するという企画セッションがありまして、久しぶりに学会に出向きました。

会場にいらした吉原先生は絶好調。僕の前のセッションで、ある方が研究報告をしたときのことです。発表が終わると、例によって吉原先生がすぐに手を挙げて質問しました。「キミの本を読んでも、何が言いたいのか分からなかった。これは僕がボケているのか、キミの本が悪いのか、どちらか」

正調吉原節全開です。僕は大ウケしました。超率直で簡潔にしてストレートな物言い。早速僕は「それは先生がボケているのでも本が悪いのでもなく、先生がこのテーマに関心がないからではないですか」とコメントしました。で、僕の本のセッションになったのですが、もちろん吉原先生はコメントをくださいます。「キミの仕事は結局のところ学術的には評価されていない。学会賞も取っていない。こうした評価は自分で正当だと思うか」――

僕は仕事生活の途中で、学術的なフォーマットに乗った仕事に興味関心がない、あっさり言えばスキではない、この真実にイヤというほど気づきまくりやがりまして、「学術的な評価」とは縁遠いスタイルに切り替えました。そもそもこの路線転換のきっかけが吉原先生その人との対話でした。

「まったくもって正当な評価でありまして、ようするに目的とお客が違います。仕事の評価はお客がするものです。僕は経営をしている人や商売をしている人に直接自分の考えを届けて役に立ててもらおうと思って仕事をしております。学術的な評価を得ないのは当たり前だと考えています。僕はこの学会にいる人に向けて仕事はしておりません」と申し上げました。

学会のセッションが終わって、吉原先生に改めてお礼を申し上げようと思ったのですが、いろいろな方とご挨拶をしているうちに見失ってしまいました。で、帰りに駅のホームで電車を待っていますと、反対側のホームに吉原先生を発見。「先生、今日はありがとうございました――!」と言うと、気づいてくださった先生は「キミはこのまま自分の道を行け!　自分の持ち味を生かして、これからもやっていけ!」。

胸がいっぱいになりました。「先生もお元気で!」としか言えませんでした。これが吉原先生にお目にかかった最後でした。

２０２２年６月

コロナ時代の仕事論

川の流れに身をまかせ

コントロールできないものをコントロールしようとする。ここに不幸の始まりがある。何がコントロールできて、何ができないのか。自分のアタマで線引きをする。コントロールできないことについてはジタバタしないに限る。世の中には「どうしようもないこと」というのが確かにある。冷静に受け止め、受け入れるしかない。

コロナ騒動はその最たるものだ。僕のような普通の人ができることは限られている。手洗いやマスク着用など公衆衛生のための基本動作を徹底する。外出を控える。外に出たときは、社会的距離を確保する。リモートワークに切り替える。個人情報を積極的に提供する。できることはこれぐらいで、あとはどうしようもない。

戦争、天災、疫病は人間社会にとって永遠の三大災厄だ。その一つがいま押し寄せてきたわけで、まことに厄介な状況ではある。ただし、どんな不幸にも「不幸中の幸い」がある。第1に、戦争と違って、新型コロナウィルスは破壊の意思を持たない。連中は粛々とウィルス活動をしているだけで、われわれをやっつけてやろうという気持ちはない。太平洋戦争末期の空襲と比べればはるかにマシだ。

第2に、コントロールできることは少ないけれども、「いまやるべきこと」は戦争や自然災害で必要となるアクションと比べて桁違いに簡単なことばかり。ようするに家で静かにしていればいいのである。寝っ転がって本を読んでいてもいいし、ぼんやりとテレビやネットを見ていても何の差し支えもない。これが実にありがたい。僕にしても、緊急事態宣言下であるにもかかわらず、こうして呑気に「不要不急」の原稿を書いていられる。地震や津波だとこうはいかない。

第3に、いつかは終わる。それがいつかは分からない。それでも、時間は確実に過ぎていく。敵についての情報や知識は時間の経過とともに確実に増えていく。2020年3月18日のメルケル独首相（当時）の演説は政治指導者が国民に発するメッセージとして理想に近い。ひとつの基準を明確に示している。「できることは、ウィルスの拡散スピードを緩和し、数か月にわたって引き延ばし、時間を稼ぐことだ。これが私たちのすべての行動の指針である。研究者が薬とワクチンを開発するための時間、発症した人ができる限りよい条件で治療を受けられる態勢を整えるための時間だ」――時間はリスクではない。最上のクスリだ。

第4に、新型コロナウィルスはこの地球上のあらゆる人々に降りかかる災厄だ。戦争や地震のように、ある地域に限定して災難をもたらすわけではない。局所的な災厄だと「何で自分の住んでいるところに限って……」となり、直撃された人々の心理的な傷はより深くなる。今回は違う。他人事で済ませられる人は誰もいない。

メルケル氏は先の演説でこう言っている。「第二次世界大戦以来、これほど市民による一致団結した行動が重要になるような課題がわが国に降りかかってきたことはなかった」――その通りだ。ただし、第二次世界大戦と違って、コロナという敵の前に連合国も枢軸国もない。実際の武力による戦争や貿易戦争と比べて「市民による一致団結した行動」の範囲ははるかに広がる。昔から「国際機関がまともに機能するとしたら、宇宙人が地球に攻めて来たときしかない」と言う。図らずもそれに近い状況が生まれている。諍いが絶えない人の世にあって、こういう案件は滅多にない。ワクチンの開発をはじめ、対策の性能向上に向けて文字通りグローバルな一致団結が期待できる。

今日のわれわれは人類史上空前の「無痛社会」に生きている。「自粛要請」（というのもヘンな言葉で、自ら粛するのであればそもそも要請不要のはず）が続くだけで、辛いだの不便だの不安だのという話になる。ごく近過去ではあるけれども、昭和というのは人がやたらと怒鳴られたり殴られたりしていた時代だった。昔と比べて世の中の「理不尽」は明らかに少なくなっている。それはそれで社会の進歩だ。

その一方で、いつの間にかわれわれは「何でもかんでもコントロールできる」と思い上がっていたのかもしれない。思い通りにならないことがあるとすぐに「何かが間違っている」「誰かが悪いはずだ」「どうしてくれるんだ！」――これではあまりに幼稚である。世の中はコントロールできることばかりではない。コロナ騒動は、この当たり前の事実を再認識し、生き方を内省する好機だと思う。

戦争や疫病と無縁な平時でも、思い通りにならないのが人の世。仕事やキャリアも例外でない。仕事と趣味は違う。趣味であれば徹底的に自分を向いてやればいい。自分が楽しければそれでいい。一方の仕事というのは、自分以外の誰かのためにやるものだ。「まず誰かを儲けさせて、その後で（そのことによって）自分が儲ける」、いつの時代も変わらない商売の原理原則だ。他人の役に立ち、他人の得になって初めて仕事と呼べるのであって、自分だけのためにやるのは趣味でしかない。

仕事に限って言えば、自己評価には意味がない。「お客」（文字通りのお客であることもあれば、組織の中で自分の仕事を必要とする仲間や上司部下であることもある）の評価がすべて。「お客」をコントロールすることはできない。つまり、仕事とは定義からして思い通りにならないものだ。

たまに「ストーリーとしてのキャリア戦略」を話してくれというリクエストを受ける。「計画無用、戦略不要」としかいいようがない。仕事生活は長く続く。とくに若い人であれば、10年、20年後に自分が何をもってお客に価値を与えられるか、そんなことがわかるわけがない。キャリアは滑った転んだの経験の中から事後的に見えてくるものだとしか言いようがない。

だとしたら、そのときどきの自然な流れに逆らわず、流れに乗って流れていく。キャリアとはそういうものだと心得ている。美空ひばりいわく「川の流れのように」。テレサ・テンいわく「時の流れに身をまかせ」。合成すると「川の流れに身をまかせ」。ひばりとテレサの豪華デュオが天国から聞こえてくる。若い世代には意味不明だと思うが、この方が自然で、結果的にも実りの多い生き方だと思う。

ただし、川の流れに身をまかせるにしても「良い流れ方」というものがある。仕事の定義からして、目の前にあるお客をきっちりと満足させる。できれば、期待を超える。それを日々繰り返し、気長に積み重ねていく。これが良い流れ方だと思う。

何も「無私の精神」とか「滅私奉公」というわけではない。何よりも自分の「得」のためにそうするのである。人間はわりと単純で、お客に喜ばれたり、感謝されたり、頼りにされる、これがいちばん嬉しいようにできている。利他と利己が自然に溶け合う。ここに仕事の深みがある。

俗にいう「下積み」とも違う。何も我慢してやるのではない。お客を喜ばせ、満足させることは楽しく、生きがいを感じることでもある。それを繰り返しているうちに、知らず知らずのうちに実力が蓄えられ、機会を得たときに花開く。余人をもって代えがたい存在になり、「この人でなければ」と自分の名前で頼りにされ、信用されるようになる。ますます仕事が面白く楽しくなる。これが理想の成り行きだ。

「川の流れ」は過程だ。手っ取り早く成功しようと「キャリア大作戦」を立てる人は、自分の損得と行く手の望みで頭が一杯で、そこまで行く過程というものを考えていない。そういうのは結局どうにもならない。行く先の望みだけで仕事をしていると、ちょっと思い通りにならないことが苦痛で仕方がない。だから、すぐ挫折してしまう。自分が楽しみながら、日々生きがいを感じながらでないと持続しない。

もちろん、すぐにはうまくいかない。時間がかかる。流れていく過程では思い通りにならないことも多い。理不尽な思いをすることもあるだろう。しかし、仕事にはエゴを阻止するものが何かあったほうがいい。それが成長の原動力となる。自分の土俵でいい仕事をして、お客にそれをどうしても欲しいと思わせる。それが実績となり、信用となり、自信となる。

この3つさえあれば、他はどうでもいい。多少の危機に見舞われても、ジタバタせずに済む。

絶対悲観主義

仕事にはコントロールできることとできないことがあるという話をした。無理が通れば道理が引っ込む。コントロールできないことを無理やりコントロールしようとするとロクなことにならない。無駄なことに注意や時間や労力を突っ込んだ挙げ句、空回りに明け暮れる。

だとすると、ここから2つのポイントが見えてくる。第1に、何をどこまでこちらでコントロールできると考えるかは人によって相当に異なる。仕事の中身やそれを取り巻く状況、自分の能力や持ち味に合わせて、どこまでコントロールでき、どこを所与の条件として受け入れるか。この見極めにその人の個性や仕事のセンスが表出する。

仕事上での重要な成長のひとつに、この見極めが早く、的確になるということがある。自分でコントロールできると自信を持てる領分が大きくなっていく。これもまた成長である。それでも、独裁国家の元首じゃあるまいし、全部が全部コントロールできるということにはならない。

第2に、仕事においてはその人に固有の哲学が問われる。さきほども話したように、あらゆる仕事には相手がある。仕事というのはお客（＝自分以外の他者）に対する価値提供に他ならない。ところがお客ばかりはコントロールが効かない。常に結果が思い通りになるわけではない。上手くいくかどうかはやってみなければわからない。それでも、こちらの「事前の構え」は固められる。ここにその人の仕事哲学が出る。すべてがコントロールできるのであれば、哲学はいらない。哲学がものを言うのは、コントロールできないことに直面したときだ。順風満帆の状況下では本当の自分が分からない。人間の本質は逆境においてのみ姿を現す。

僕の仕事哲学を一言でいうと、「絶対悲観主義」。物事が自分の思い通りに上手くいくという期待をなるべく持たないようにする。何事においても、「ま、上手くいかないだろうな……（でも、ちょっとやってみるか……）」と構えておく。こういうマインドセットを絶対悲観主義と呼んでいる。

「事前」と「事後」、「上手くいく」と「上手くいかない」、この2つの軸を組み合わせると、仕事には4つの成り行きというかパターンがある。

1．事前に上手くいくと思っていて、やってみたところ実際に上手くいった
2．事前には上手くいかないと思っていたが、やってみたところ上手くいった
3．事前には上手くいくと思っていたが、やってみたところ実際は上手くいかなかった
4．事前に上手くいかないと思っていて、やってみたところやはり上手くいかなかった

このうち僕がスキなのは、なんといっても2だ。上手くいかないだろうと悲観的に見積もっていただけに、上手くいったときの嬉しさは大きくなる。喜びが上振れする。1には感動がない。2のほうがずっとイイ。最悪なのは3。上手くいくと思っていたところの失敗だから、ダメージが大きい。これと比べれば4のほうがはるかにマシだ。1よりも4のほうがスキなくらいだ。

ベルナール・フォントネル（フランスの思想家）はうまいことを言う。「幸福のもっとも大きな障害は、過大な幸福を期待することである」。民主主義にして自由主義、レッセフェールの時代である。これだけ多くの人がそれなりに利害をかかえて自由意思で動いている。そんな世の中、自分の思い通りにならないのが当たり前。思い通りになることがあったとしたら、そっちの方がむしろ例外だ。負けることの方がずっと多い。もちろん、うまくいくに越したことはない。それでも、負けは負けでわりと滋味がある。「そうは問屋が卸さない、か……」などと呟きつつ、うまくいかなかった理由に思いをめぐらせるのはしみじみと味わい深いひとときだ。

いくら経験を重ねても勝率はたいして上がらない。それでも負け方は確実に上手くなっていく。年季の入った人の中には、負け方が実にキレイな人がいる。僕はこういう人を信用する。「負け戦、ニヤリと笑って受け止める」――これが本当のプロだ。

絶対悲観主義が優れているのはその運用が著しくシンプルなことにある。やるべきことは、マインドセットのツマミを悲観方向に回しておくだけ。しかも、結果と違って事前の構えだから、自分のスキなようにスキなだけ操作

できる。ここぞというときは、ツマミの可動領域いっぱいまで思いっきり悲観に振っておく。2になったら望外の喜びだ。4に転んでも（実際はこっちのほうがはるかに多い）、はじめからどうせ上手くいかないだろうと思っているのだから、素直に易々と負けを受け止められる。一石二鳥、実にお得である。

はじめから仕事の結果はそうそう思い通りにならないと思っていれば、何事も自然体で気軽に取り組める。絶対悲観から楽観が生まれる。反対に、「上手くやろう」と構えると息苦しくなる。「上手くやろう」はまだしも、「上手くやらなければならない」となると、どうしても肩に力が入る。

「リスクを取れ！　挑戦しろ！」というけれど、そもそもリスクというのは認知の問題に過ぎない。事前に成功を期待し、成功を前提とするからリスクを感じる。絶対悲観主義に立てばリスクから一気に解放される。主観的にはリスクがないから、フルスイングできる。で、だいたい空振りする。それでも、バットを振らないことには何も始まらない。絶対悲観主義は気持ちよく川の流れに身をまかせるための実践的哲学だ。

邪魔になるのはプライドだ。プライドがある人はすぐに傷つく。傷つくのが怖いから、動けなくなる。動くときも失敗を避けようとしてヘンな計画を立てたりする。で、ますます疲弊する。

僕の見るところ、若い人ほどこの落とし穴に嵌りやすい。若くてヤル気のある人はやたらと「挑戦します！」というのだが、総じてプライドが高い。しくじることを受け入れられない。だから挑戦といいつつも、結果が心配で仕方がない。僕のような者でも「こういうことに挑戦しようと思うのだが、何かアドバイスをくれないか」と聞かれることがある。僕はこう言うようにしている。「心配する必要まったくなし。きっと上手くいかないから」――決まってイヤな顔をされる。しかし、それが現実だ。

仕事には矜持を持たなければならない。プライドは大切である。しかし、それはある程度の成果を出し、実績を積んでからの話だ。自分（だけ）は特別だと思い込む。それが若者といえばそれまでだが、しょせん99％はフツーの人。「自分はまだ何者でもない」という認識からスタートするに越したことはない。

若者にこそ絶対悲観主義の構えを勧めたい。気軽にフルスイングし、どんどん空振りするに若くはなし。若いときほど失敗におけるサンクコストは小さい。若者の特権は「これから先が長くある」「柔軟性がある」ではない。「まだ何にもない」ということにある。

他人と自分を比較しない

和田英『富岡日記』という名著がある。明治6年、16歳で富岡製糸場の伝習工女となった著者が、当時の富岡での生活と思索と行動を32年後（1905年）に回想した記録だ。明治女性の冷静な観察眼が冴える。彼女は長野県松代出身で、父は松代藩士の横田数馬。武家の娘として筋金入りの教育を受けた女性だった。弟の一人は後に大審院長（いまの最高裁長官）にして明治大学総長、もう一人の弟も鉄道大臣になっている。

富岡製糸場というと『女工哀史』『あゝ野麦峠』のイメージが強い。しかし、それはずっと後の大正時代の話だ。英が女工として製糸業に従事したのは、明治維新の真っただ中。世界最大規模の機械化された製糸工場をいきなり日本に作ってしまうというのが凄い。富岡製糸場は富国強兵政策の中核を担う国家プロジェクトだった。初代場長・尾高惇忠の言葉「繰婦は兵隊に勝る」がそれを象徴している。

英のような「伝習工女」には、先端的な製造技術と技能を獲得し、その後日本全国で展開されるべき製糸業の指導者としての役割が期待されていた。「天下のおため」を自覚した16歳の英は、まなじりを決して松代から富岡に出立する。気合の入り方が尋常ではない。少女でありながら、日本という国を背負い、日本の発展に力を自ら力を尽くすという気迫に満ちている。明治維新という難事業が、政治指導者のみならず、英のような数多くの気概を持った人々によって成し遂げられたことを知る。

新型コロナウィルスのパンデミックの現下、「未曽有の危機」と大騒ぎになっているのだが、『富岡日記』を読むとわれわれがどれだけ豊かで平和な時代を生きているものかと再認識させられる。弛緩しきった生活に明け暮れている僕は、読んでいて背筋が伸びる思いがした。

この10年ほどでよく使われるようになったフレーズに「イラッとする」がある。いまの時代を悪い意味で象徴する言葉だ。何を象徴しているかというと「大人の幼児化」。偏見かもしれないが、「イラッとする」という言葉には底抜けの幼児性を感じる。和田英は当時16歳。いまの基準ではタダの「子ども」だが、現代のその辺の大人よりもはるかに大人だった。決してイラッとしない。

幼児性の中身には以下の3つがある。1つ目は世の中に対する基本的な認識というか構えの問題だ。子どもは身の回りのことごとがすべて自分の思い通りになるものだという前提で生きている。物事は自分の思い通りになるべきであって、思い通りにならないことは「間違っている」。これが子どもの世界認識だ。

繰り返すが、仕事においては「世の中は自分の思い通りにならない」という前提が大切だと心得ている。これだけ多くの人間が、それぞれ違う好みとか目的をもって、利害のあるなかで生きている。そういう世の中で自分の思い通りになることなど、ほとんどない。そういう前提で生きていれば、思い通りにならなくてもいちいちイラッとすることもない。

本来は独立した個人の「好き嫌い」の問題を手前勝手に「良し悪し」にすり替えてワアワア言う。これが幼児性の2つ目だ。誰かが「オレは天丼が好きだ」と言うのをカツ丼好きが聞いたとしても、あまりイラッとしない。イラッとするのは、「カツ丼のほうが正しい」と思っているヘンな人だけだ。本当は「好き嫌い」に過ぎないことを勝手に良し悪しの問題に翻訳する。だから妙な批判をしたり意見を言いたくなったりする。

悪い意味での「意識高い系」にもそうした手合いが多い。口では「多様性が大切！」とか言いながら、自分とちょっと考えが合わない人に対してすぐにイラッとする。世の中は文字通り多種多様な考え方の人々が集まって構成されているのに、そこに考えが及ばない。この種の人は意識は高いかもしれないが、アタマが悪い。「意識の高い（大人の）子ども」ほど厄介なものはない。

第3に、大人の子どもは他人のことに関心を持ちすぎる。なぜそうなるかといえば、本当にその人に関心があるというよりも、自分のなかに何かの不満や不足感があって、その埋め合わせという面が大きいのではないかと思う。自分の仕事や生活に鬱憤や鬱屈がある人は他人の欠点や問題、もっといえば「不幸」を見て刹那的な心の安らぎを得るところがある。ようするに「他人の不幸は蜜の味」、ここに幼児性の最たるものがある。

「出る杭は打たれる」。世の中、そういうこともある。これはこれでうすらさびしい言葉だが、それ以上にイヤなのが「出すぎた杭は打たれない」というフレーズだ。「うまいこと」を言っているつもりなのだが、ますますセコい話に聞こえる。この比喩から浮かび上がる光景をイメージしてほしい。杭が横一線にずらずらと並んでいる。色も形もすべて同じ。マットな暗い茶色の杭が黙って並んでいる。多少引っ込んでいようが出ていようが出すぎていようが、傍から見れば一介の杭であることには変わりない。出すぎたら打たれないかもしれないが、「それでも杭は杭」だ。

出るとか出すぎるというのは、つまるところ周囲と比較しての差分を問題にしている。ある物差しを当てて、その上で人の能力なり成果を認識する。平均値や周囲の誰かとの差をもって優劣を競う。こういうアプローチを取っている限り、ロクな仕事はできない。ひどいのになると、「俺は『出すぎた杭』だからさ……」とか言って悦に入っているバカがいる。こういうのに本当に仕事ができる人がいた試しがない。

人と比較してばかりの人は嫉妬――おそらくもっとも醜く、非生産的で、意味のない人間感情――にさいなまれる。「イラッとする」のも、つまるところ嫉妬であることが少なくない。

嫉妬が生まれる条件は「比較可能性」にある。自分も知らない国で生活しているような外国人や歴史上の偉大な人物など、時空間で遠く離れた人には嫉妬しない。シーザーや始皇帝や織田信長や聖徳太子に嫉妬して歯軋りしているような人はまずいない。そもそも自分との比較の対象になりえないからだ。

面白いことに、嫉妬に駆られている人は対象となる人物の良いところ、恵まれているところしか見ていない。一見大変な魅力と能力で成功しているように見える人でも、その人の仕事や生活の総体——それは外から見ているだけでは決して分からない——を知れば、わりと不運や不幸に苦しんでいるものだ。しかし、彼らに嫉妬する人にはそういう負の面は見えない。ま、中には何の苦労も矛盾も葛藤もない人もいるだろうが、それはこの際おいておく。

いずれにせよ、人はそれぞれ自分の価値基準で生きている。人は人、自分は自分。ほとんどの場合、比較には意味がない。自分と反対の考えの人がいてもイラッとせず、「そういう人もいるのか。世の中は面白いねえ……」と受け止めたい。

仕事ができる人ほど、出来合いの物差しで他人と自分を比較しない。人と比べてあれができる、これができると言っているうちはまだまだだ。本当にスゴイ人は他人との差分で威張らない。余人をもって代えがたい。ここまでいってはじめて本当のプロといえる。

ただし、全方位的にスゴイ人などこの世の中に存在しない。「この人には敵わない……」と思わせる人でも、ある分野において余人をもって代えがたいのであって、すべてについてスゴイわけではない。「全面的に余人をもって代えがたい」となると、もはや超人だ。レオナルド・ダ・ヴィンチぐらいだろう。

ある分野で圧倒的な能力を持つ人でも、別の分野になると意外なほどヌケているというのが面白い。あることは得意中の得意なのに、別のことになるとからっきしダメになる。

考えてみればこれは当たり前の話。ようするに強みと弱みはコインの両面なのである。何かについて不得手であるということが、そのまま別の何かについて得手である理由になっている。ここが人間のコクのあるところだ。「弱みを克服して、強みを伸ばす」というのは虫が良すぎる。その人の最大の強みは最大の弱みと隣り合わせになってはじめて存在する。両者は切っても切れない関係で結びついている。下手に弱みを克服しようとすると、せっかくの強みまで矯めてしまうことになりかねない。

「みんなちがって、みんないい」（金子みすゞ）というのは名言に違いないが、裏を返せば「みんなちがって、みんなダメ」。余人をもって代えがたいほどスゴイ人ほど、自分のダメなところ、弱いところを自覚している。自分の強みはあくまでも条件つきの強みであり、全面的に優れているわけでは決してないことをよくわきまえている。だから他者にも威張らない。自分を抑制して威張らないのではない。そもそも威張る理由がない、威張る気にならないのである。

自分一人ですべてに秀でる必要はない。世の中にはいろいろな得手不得手の人がいる。そうした人々の相互補完的な関係が仕事を成り立たせている。それが社会の良いところだ。他人を気にせず、自分と比べず、いいときも悪いときも自らの仕事と生活にきちんと向き合う。それが大人というものだ。

２０２０年４月

思考訓練が経営力磨く

「経営者は自らの哲学を持たなければならない」とよく言われる。その通りなのだが、それとは少し違った意味で、哲学は経営にとって有用だと思う。

哲学の特徴はやたらに抽象度が高いことにある。人間の日常の思考や行動を思いっきり抽象化し、本質を突き詰めようとする。これに対して、ビジネスの世界では、「具体」は実践的で役に立つ、「抽象」は机上の空論で役に立たない、と決めつける風潮がある。とんでもない思い違いだ。優れた経営者は抽象と具体との往復運動を、大きな幅で頻繁かつ高速に繰り返す。そこに経営力の正体がある。

具体的な実務経験がどんなに豊かでも、しょせんある仕事や業界の範囲に限定されている。抽象化や論理化ができない人は、同じような失敗を繰り返す。ごく具体的のレベルでは、一つとして同じ仕事はないからだ。抽象化で問題の本質を押さえておかないと、せっかくの具体的な経験を活かせない。

もちろんビジネスでは抽象的なことばかりでは話にならない。ただし、具体のレベルを右往左往しているだけでは有効なアクションは出てこない。抽象度を上げて事の本質を考える。具体的な現象や結果がどんな意味を持つのか、いつも意識的に論理化して考える。経営にとって何よりも大切なことだ。そのために、哲学という思考様式はまたとない鍛錬となる。

２０１３年12月

経営学は科学と実学を両立できるのか(琴坂将広氏との対談)

琴坂将広（慶應義塾大学総合政策学部准教授）
博士（経営学・オックスフォード大学）。上場企業を含む数社の社外役員・顧問、およびオックスフォード大学サイードビジネススクールのアソシエイトフェローを兼務。専門は、経営戦略、国際経営、および制度と組織の関係。

科学とは何か、実学とは何か

楠木建（以下、楠木）　僕は始めから研究の世界に入ったので、自分で実際に商売をしたことはありません。琴坂さんはビジネスもコンサルティングもやってこられ、いまは研究の世界でも活躍していらっしゃる。そうした方にこのテーマでご意見を伺いたいと思いました。

実学的な戦略論も科学的な戦略論もあっていい。結論としては、琴坂さんが『DIAMOND ハーバード・ビジネス・レビュー』のオンライン連載「経営戦略を読み解く～実務と理論の狭間から～」で書いていたように、どちらもそれぞれに有用なわけで、これは議論の余地がないと思います。問題は、この2つの違いはどこにあるか。それぞれに意味があるとしても、「良い実学」と「良い科学」は異なります。それぞれの質の良し悪しの基準はどこにあるのか。こうした論点について議論したいと思っています。

まず、議論の前提として琴坂さんが考える科学と実学の定義から教えてください。

琴坂将広（以下、琴坂）　シンプルに申し上げますと、科学というときの私の視点は、「目の前にいる人間ではなく未来の人間に貢献する」ということです。一方、実学というときの視点は、「いまそこにいる人に直接的に貢献できるものである」と解釈しています。

楠木　なるほど。僕は「経営学」と「経営論」を区別して考えています。科学としての「経営学」は、法則の定立を目的にしています。普遍性、一般性、再現可能性を持った法則の定立です。自然科学のアナロジーででき上がった科学的な方法論にできる限り忠実に、因果関係についての法則を発見しようとする。これが僕の考えるアカデミックな経営学です。

それに対して経営論は、それらの条件を満たしません。目的が違うからです。僕の言う経営論、琴坂さんの言う実学に近いものですが、これはそもそも法則の定立を目指していません。むしろ、経営についていえば、自然科学のような「法則」がなかなか成立しないという前提です。

経営学と経営論の区別は、「将来か、いますぐか」という時間軸の問題というよりは、目的の違いに注目しています。経営学は自然科学に準ずる法則の定立を目指し、経営論は実際に実務家にとって意義や有用性のある思考を提供することを目指す、というわけです。

琴坂　楠木さんは、その2つの関係性をどのように捉えていらっしゃいますか?

楠木　図をつくってきたので見てください。この図で言いたいことは、それぞれが「業界」として相当に違う、わりと相互に独立して存在しているということです。

図1

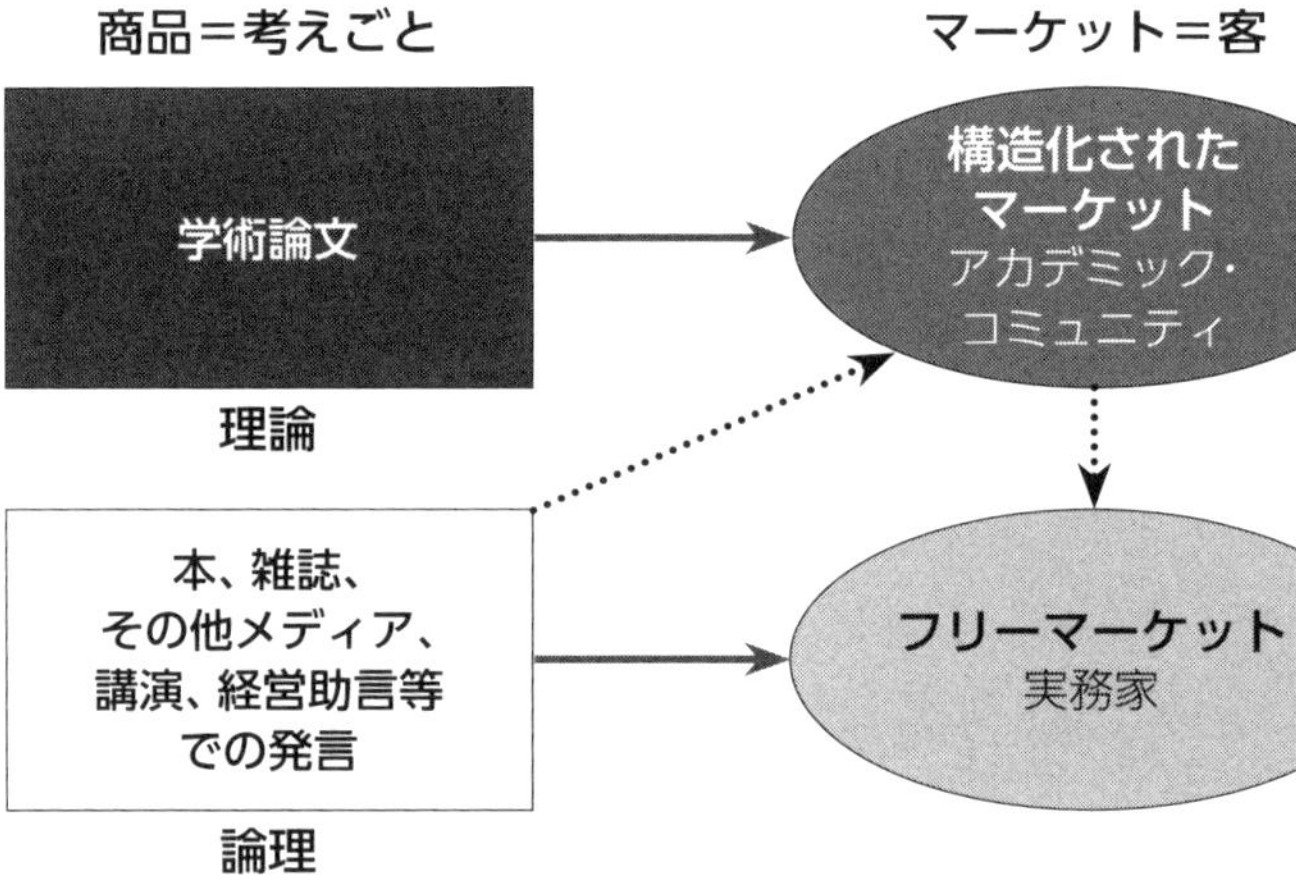

供給者と顧客とに分けて考えると、供給側にいるのは我々のように「考えごと」を生産・販売している学者なり論者です。経営学も経営論も商品が「考えごと」である点は共通ですが、それが流通するマーケットの性質が大きく異なります。

経営学では、プロダクトは学術論文の形をとり、それが流通するマーケットも高度に構造化されています。学会で報告したり、学術雑誌に寄稿したりとフォーマットが決まっている。そこには、良いか悪いかの基準を共有している人たちがいて、その基準で評価が定まります。つまり、同業の専門家によるピア・レビューですね。アカデミック・コミュニティでの評価基準がかなり明確に定まっている。

これに対して経営論はどうか。学術論文のような「理論」というよりも、その人のつくった「論理」がプロダクトです。経営論のマーケットは構造化されていません。きっちりと共有されている評価基準がない。さまざまな買い手がいるフリーマーケットで価値が決まります。経営論の発信方法にしてもいろいろで、雑誌、ウェブ、講義、講演など何でもありです。

この対比でいえば、僕は経営論者です。今世紀に入ったくらいから経営「学」はやっていません。もちろん学術論文も読みますが、自分にとってインパクトのあるものに出会うことはめったにない。目的が違うからです。

アカデミックな学者でも、たとえば琴坂さんの連載を読んでいる人はいるでしょう。しかし、あのような発信のかたちはアカデミックなマーケットでほとんど価値を認められませんね。

琴坂　おっしゃる通りで、学問的にはまったく評価されないと思います。連載自体は学問的にも厳密に進めてはいますが、そこに何か学問的な貢献があるかといわれれば、まったくないと言われても不思議ではないでしょう。

とはいえ、いったんどちらかのマーケットに出たものが、ふたたび「考えごと」という商品に戻っていくことはありませんか。経営学も、経営論も、ある意味では繋がりあっていると感じています。

楠木　自然科学においては、ピュアなサイエンスからエンジニアリングになり、さらにプロダクトやサービスになってマーケットに出るという具合に、川下へとつながっていくリニアな流れがあります。そのアナロジーでいくと、経営学でも学会にアカデミックな知見が蓄積されていけば、それが実務での応用に染み出していくことになります。これは程度問題ですが、経営学の場合、自然科学のアナロジーでわりと上手くいく分野もあれば、自然科学のモデルとはかなり毛色が異なる領域もある。僕が専門としている競争戦略は、とりわけ自然科学のアナロジーが利かない分野だと感じています。

僕は芸歴25年になりますが、当初の10年は経営学をやっていました。大学院の教育を経て、「研究」とはそういうものだと教え込まれたからです。そして、そういうものだと思って学術的なフォーマットに沿って論文を書き、それを発表するということをしていました。たまには論文が学術雑誌に掲載されました。

こういう仕事をしながら、僕は大きなフラストレーションを抱えるようになりました。ごく素朴に考えて、実際に経営をしている人の何らかの役に立ちたいと思って経営学をやっているわけです。ところが、僕の研究が実務家にまったく届いていない。まあまあ有名な学術誌に論文が掲載されても、それを読んでくれる実務家はほぼゼロ。なぜか。僕の論文がたいしたことなかったということもあるのですが、そもそもアカデミックな世界に閉じたマーケットを相手にしているからです。

琴坂　そこは楠木先生のご意見に同意するところが多々あります。私は、実務を8年ほど経験してからこの世界にやって来ましたので、当初はそのギャップに驚き、とても苦しみました。もしかしたら、いまでも苦しんでいるのかもしれません。

ただ、私はまだ両者の架け橋となることを完全には諦めていません。たしかに経営学には、自然科学と比べると空白も議論の余地も大量にあります。その一方で、だからこそとも言えますが、経営学、すなわち科学としての経営学を探求する研究者と、経営論、すなわち実学としての経営学を探求する研究者が、その知見を共有して高めあえば、１人で突き詰めた以上のものを生み出せると信じています。

一人ではなく、集団としての知見、集合知をつくり出すことは手間のかかる作業です。しかし、面でアプローチすることで、そこに非効率さはある反面、まだまだ未知の可能性があると期待しています。

楠木　もちろん需要の側から見れば、学問としての経営学も、実学としての経営論も、どちらもあっていい。

琴坂　はい。どちらも必要であり、かつその両者は密接に関係しているので、お互いがお互いを参照しあうと、それぞれが前に進めるのではないかと思うのです。

ただ、これは楠木さんも指摘されるように、自分自身が実務の道からアカデミックなコミュニティに入って気づいたことは、何と狭いオーディエンスに対して、どれほどマニアックな議論をしているのか、ということでした。それは、80％答えが見えるはずの議論を１００％に磨き込むために途方もない労力をかける作業です。Ｆ１レースに使うレーシングカーを組み上げているようなものでしょう。実用性はまったくない、再利用するためにはすべて組み直さなければならない繊細な議論です。

実際、心が折れそうになり、コンサルタントに戻ろうかと考えたこともあります。それでも踏み止まっている理由は、議論体系の潮流を新しくつくり、学会の流れをつくり、思考の潮流をデザインすることで、「考えごと」全体を変えるという目標を持つことができたからです。

いま、ビジネススクールを卒業した人も、経営論に触れる人も、総じて経営学に対する知見は薄いですよね。そこに影響を与えることができれば、流れは少しずつでも変えていけるのではないかと思っています。

楠木　よくわかります。アカデミックな経営学の世界は、基本的にはジャーナルにアクセプトされた論文がすべてですね。先行研究の蓄積の中から導出された仮説が、極めて「科学的」な手続きと方法でテストされ、自然科学的な意味での法則の定立を目指している。ただし、それをそのまま実務家に提供することは難しい。実務家が必要としているアイデアやフレームワークやコンセプトは、実際のところほとんどが僕の言う経営論の産物です。

琴坂　一時期、経営学の世界が行き詰まった時期があったように感じています。同じような議論が全体を支配して、その議論を少しでも磨き込んだもの、前進させたものが評価されるような時代です。その傾向がいまでも続いているようであれば、私は学者の道は諦めて実業界に戻ったかもしれません。

ただ、2000年代の終わりくらいからでしょうか、経営学のマーケットでも、より多様性が評価される流れに揺り戻しが起きているように感じています。たとえば、トップジャーナルと呼ばれる査読誌でも、定量研究の行き過ぎを懸念して、事例研究などの定性研究を評価する専任の編集者を起用する例が出てきました。論文の構成に実務家への貢献を明記するように強制し始めた査読誌もあります。

また、トップジャーナルと呼ばれる査読誌の中でも、それぞれ評価される論文の方向性が違うため、それによって同じ経営学の中にも異なるコミュニティが形成されています。そこには、経営学の三大理論背景である経済学、認知心理学、社会学以外からも新たな知見が流れ込んでいて、相互の関わり合いも増えています。

こうした潮流を考えると、アカデミックな世界も楠木さんが指摘される問題意識をうっすらとですが共有していて、それに応えるために変革を進めているのではないでしょうか。

楠木　おっしゃる通り、路線を変えたトップジャーナルもありますよね。

琴坂　ええ。このまま進んでいくと実務家に見放されてしまうと理解するようになったのでしょう。

1人の学者が科学と実学の二兎を追えるのか

楠木　琴坂さんはいま、あくまでも科学と実学の二兎を追うというスタンスですね。

琴坂　はい、いちばん難しい道を選んでしまいました（笑）。おそらく、アカデミックだけにフォーカスすれば、もっと学術論文の執筆に時間を割くことはできます。また、私が実務家に助言をするときに学術論文の知見を使っているかというと、残念ながらほとんど使っていません。経営学と経営論の断絶、それは楠木さんのおっしゃるとおりであり、身に染みて感じています。しかし、経営学だけ、あるいは経営論だけと、一方に絞らない生き方もあるのではと、その可能性をまだ信じています。

楠木　そこが僕と琴坂さんの違うところです。僕はいまとなっては経営論と経営学はわりと単純なトレードオフの関係にあると割り切っています。学術論文で得た知識も間接的に役に立ってはいますが、そのままでは実務家に対してインパクトのある仕事にはなりにくい。

琴坂　たしかに、両方から高く評価されている人もほとんどいません。

楠木　いくらトップジャーナルが体質変更したとしても、それは「経営論の要素も持ち合わせた、でもやっぱり学術論文」です。あくまでもそこには自然科学のアナロジーで出来上がった価値基準があり、それはなかなか捨てられない。修飾語のようなものです。市場経済が入ってきた社会主義、社会主義的な資源の再配分をやる資本主義、いずれも両方の要素を併せ持っているのですが、前者はあくまでも社会主義で後者は資本主義です。根っこの部分は変わらない。

琴坂　理想は、お互いを理解したうえで、またお互いを参照しながら役割分担することでしょう。経営論をつくるときは学術論文も参考にしてほしいし、学術論文も経営論と言われるものを軽視してはいけないと思います。学術論文に限らず、優れた経営論は将来も必ず残りますから。

よく「ウイル」(意志)と「スキル」(技術)の議論がされますが、私は現状では、スキル的には経営論のほうがはるかに高い付加価値を出せる状況です。ただ、ウイル的には500年先まで残る思考を生み出したいという強い想いがあり、いまでも試行錯誤しています。

できるかどうかはわかりませんが、経営論から経営学の道に入ることを選択した以上、私はそこを目指し続けたいと思います。そのため、学術論文は本数ではなくインパクトにこだわっています。当たれば爆発するような魔術的な論文を、これから30年の間に3本くらい書き残せれば、十分です。

楠木　それは、あくまでも科学的なフォーマットに則ってですか？

琴坂　はい。そこには現実をもっと見たうえで引き出していかなくてはなりませんし、それを翻訳してアカデミック・コミュニティの現状にも沿う必要があると思っています。社会科学において自分の考えを普及させていくためには、単に考えを発見するだけでは不十分であり、最低限の作法に則って、そのコミュニティの視界に入るところにそれを届けないといけません。エディス・ペンローズやロナルド・コース、ダグラス・ノースのような仕事には強い憧れがあります。ある時点で世界がその価値に気づいて、いつの間にか世界に大きなインパクトを与えるような仕事を残せれば本望です。

楠木　僕は単純に仕事の総量が少ないので、トレードオフを強く意識するのかもしれませんね。琴坂さんのほうが明らかに仕事量が多い(笑)。

もちろんアカデミズムの優れているところもたくさんあります。アカデミックなシステムがとてもよくできていると思うところは、分業に向かっていく自己組織化のメカニズムです。つまり、この人がこの研究をやっているから私はこちらをやるとか、こういうデータセットで仮説を検証している人がいるので複数の国の比較を入れてやってみようなどとなる。それが蓄積されることによって、自然と分業が図られ、自分がどこにフォーカスすべきか促される仕組みができています。

琴坂　たしかに、それはよくできた仕組みである一方で、アカデミックの中だけで仕事をしていると、そうした自己定義に陥るとも言えます。つまり、積極的に棲み分けしようと考えるようになる。その点、実務家というフリーマーケットを意識して、かつそこでも生きていけると思うことができれば、アカデミックな世界での生き残りを意識せずに、それをどうやったら変えられるかにフォーカスできると思います。

そのためのアプローチの仕方として、私は研究の組織化に可能性を感じています。それは理系の研究所では行われていることですが、その仕組みを文系も導入したら、より自分のリソースを快適に使えると思っています。日本も米国もアカデミックな世界では師弟関係が強いんですが、それを超えた研究所として組織化することで、アカデミックなアウトプットとそうでない実学をともに生み出せるんじゃないかと思っています。

楠木　二兎を追っていくときに、研究所が重要なプラットフォームとして機能するということですね。アカデミックな世界に入ってくる人は、組織化とかマネジメントが不得手な人が多い。そういうことをやりたくないから大学にいるという面があります。琴坂さんのように、自分で会社を経営された経験があるからこその能力とアイデアなのかもしれません。

僕は、自分のやっている仕事を、真理の探究を目的とする「学問」だとは思っていません。むしろ、「学芸」という言葉がしっくりきます。本当は学芸大学に行きたいぐらい（笑）。現実世界で商売をしている実務家の本質的なニーズを見つけてきて、それを彼らにとって価値ある論理へ商品化してフリーマーケットで提供する。これはほとんど芸事というか「けもの道」でありまして、その一点に集中していないとなかなか成果が出ないように感じています。

琴坂さんのお仕事にも、経営論を志向したものがありますが、この辺のジレンマは感じませんか?

琴坂　楠木さんは一流の経営者に価値を提供する仕事をされていますが、私は中堅層を意識しています。単純なフアクトを示して考え方を変えさせることを意識していたから、いまのような発想になったのかもしれません。おそらく、世界的な経営者は、研究所で量産される知見にはそれほど面白味を感じないでしょう。そうした層に価値のある仕事をしようとしたら、楠木さんのおっしゃる通り、本質的なニーズを理解して形にする、一流の芸事を突き詰める道が最適解になりえると思います。

楠木　僕はいま、米国のディメンショナルという資産運用会社を手伝っています。でその会社は、ユージン・ファーマやロバート・マートン、マイロン・ショールズが役員やアドバイザーを務めている、ファイナンス理論を忠実に応用する会社です。みなノーベル賞をもらっている大学者ですけれど、こうしたファイナンス科学の大御所と話をする機会がありました。彼らからすると、科学の条件を満たしていない「チンピラ経営論者」の僕の仕事なんて意味不明です。そこには法則がありませんから。「なるほどね、君の考えは面白いけれど、戦略って単純にその人の意思の問題なんじゃないの」と言われる。

たとえばファーマ先生の研究対象は主として上場企業の株式市場や債券市場ですね。そうしたマーケットを対象にした研究成果が、ノーベル賞として評価された効率的市場仮説であり、「ファーマ＝フレンチ・スリーファクター・モデル」なわけです。プライベートエクイティや不動産といったマーケットではない。こうした市場には情報の非対称性が強く残っていて、経済学が想定する「マーケット」の条件を備えていない。科学的に厳密な法則が成り立ちにくいし、効率的市場仮説が当てはまらない。

琴坂　それは、いまの経済学全体の議論をトレースしていますね。

楠木　そうです。経営学よりも経済学のほうがはるかに自然科学のアナロジーに乗りやすい。僕はファーマ先生の研究を、文字通りの「科学」として尊敬します。これぞ「法則」といった感がある。社会科学の中でも、経営学のアカデミックな位置づけは低いですね。そもそも「経営学」という単独のディシプリンはない。英語にすると「マネジメント・スタディーズ」と複数形になってしまい、寄せ集めのように扱われている。

琴坂　経済学も近年、合理的に行動する人間を超えたものを無視したわけではなくて、行動経済学などで違うアプローチからそれを解釈しようと迫っています。経営学も同じように、人間のようなふわふわしたものをそのままで固定化して分析できるのではないか、それをガイドする何かを理論化できるのではと考えています。

楠木　ただ、繰り返しになってしまいますが、リソースの配分を考えたときに、どんなにうまく組織化したとしても、一定のトレードオフはありますね。琴坂さんは、どちらかに絞ることは今後も考えないのでしょうか?

琴坂　それは難しい質問です。先ほども申し上げたように、スキル的にはどう考えても経営論のほうが得意だと自覚していますが、この道に入ったのは経営者やコンサルタントとして活躍するためではないため、それでもウイルを目指したい。そもそも、経営論の方向性に絞るとしたら、実業家としての自分の力を試したいと思うような気がします。逆に、経営学に絞るとしたら、世界の最上は目指せないようにも感じています。両方を活かした道を探り続けることで、私は、ユニークな存在として誰も到達していない場所を目指せると考えています。

楠木　そこが僕にとっては興味深いところです。スキルよりもウイルを追求するのはまったく正しい。僕にしても、アカデミックな経営学を離れたのは、結局のところそちらにウイルを持てなかったからです。ウイルがあればやっているうちにスキルはついてくる。しかし、その逆はありませんね。

琴坂　はい、私もそう信じています。ウイルを捨てないで、いまのスキルを活かすことが、少なくとも現時点での生き残り戦略です。

科学と実学の境界を越えるために

琴坂　ちなみに、楠木さんは『ストーリーとしての競争戦略』（東洋経済新報社）という素晴らしい本を執筆されました。その後の論考も折に触れて拝読させていただいています。その続編、それをさらに進化させた論をすでにお持ちなのではないかと推察していますが、いかがでしょうか?

楠木　論理としては出来上がっています。ただ、自分の生産ラインの動きが遅くてまだ本という形になっていません……。プロトタイプとしては次の次までできています。ようするに、怠惰なだけ（笑）。

琴坂　あれだけの完成度を持ち、実務家を説得した経営論です。それをアカデミックな言語に変換するだけで、世界の経営学のコミュニティにも大きく貢献できるように思うのですが、その気持ちはありませんか？　楠木さんが語られている内容は、やはり経営学の世界でもフロンティアであり、学術的には語り尽くされていない領域だと思います。

楠木　アカデミックな人とのコミュニケーションをするところまでは望むところです。いまでも学会でアカデミックな研究者を前に話をさせてもらうこともあります。ただ、それを学術的なフォーマットで論文にしろと言われたら、資源配分を根本から変えなくてはなりません。現世では無理ですね。来世での課題にしたい（笑）。

アカデミックなジャーナルは決まり事が多くて、それにきちんと対応するにはひとつひとつピースを埋めるようにやっていかなければならない。それはあまり得意じゃないですし、仮にそれを全力でやったとしても、あの本での僕のロジックはアカデミックな雑誌には不向きだと思います。無理に回帰分析などの統計的な実証分析に載せようとすると、意味がなくなってしまうおそれがある。

たとえばファイナンス理論における効率的市場仮説のように、科学に近いかたちで再現可能性を持つ法則もありえます。前にも言った通り、それは議論の対象に大きく依存します。そもそも競争戦略の本質は人とは違うことをやることにあります。そこに一般的な傾向や再現可能な因果関係を見つけるのがそもそも難しい。大規模サンプルの統計的な分析処理から因果関係の確からしさを確認する方法をとっている限り、アカデミックな実証分析に持ち込むのは無理があると思います。

琴坂　私は、そこにプロセス型のアプローチが復権する余地があるように思います。なぜかというと、結果的に出てくるものは予測不可能ですし、予測しようとするとつまらないものになってしまうのですが、そこに見出されるプロセスの集合体からは、一般的な傾向や再現可能な因果関係がある程度わかるような気がしています。

楠木　それは僕もそう思います。それでも相当に難しい仕事でしょうね。

琴坂　そう思います。だからこそ、それが競争戦略のフロンティアではないかと。メジャーな人はやらないので、そこに差し込んだら大きなポテンシャルを発揮できると思います。実は、こういう議論を源流にして、スタートアップの意図していなかった経営戦略が、創発的にどのように生まれてくるのかも探求し始めています。それを考えるうえで参考になったのが、楠木さんの『ストーリーからの競争戦略』でした。

楠木　ありがとうございます。ただ、それはある意味、先祖返りですよね。古き良き時代の経営学者、たとえばジヨセフ・バウアーなどがやっていたことは、プロセス研究というかある種のパターン認識ですから。

琴坂　そうなんです。彼らは早すぎたと思います。当時のマーケットが求めていたニーズは、それではなかった。でも、いまはよりダイナミックに産業が変わっていますから、そのやり方が復権するのではないかなと思っています。

楠木　そういう論文や研究を一流の学会や学術雑誌にアクセプトさせるには相当時間がかかるでしょう。

琴坂　そこにはいくつかのアプローチがあり、いまの時点では、サブマリン的にどこかのジャーナルに埋め込んでおけばいいと思います。一応、みんながレビューするようなジャーナルに載せておいて、地道に布教していく。

楠木　いわゆるハイエンドジャーナルにこだわらずに、ということですか。

琴坂　そこにも一応投げ込みますが、それほど期待はしていません。投げ込んで、だめだった作品は埋め込んでおいて、ひたすらエビデンスをためていきたい。正攻法では面白くないので、私なりに自分のペースで進んでいきたいと思います。

良い経営論と悪い経営論、その境界はどこにあるのか

楠木　琴坂さんと議論したいもう一つの論点を、こちらの図にまとめました。ここまでは、基本的に右の経営学と左の経営論が違うという話でした。これはあくまでも「違い」でありまして、どちらが良いという話ではない。当たり前の話ですが、アカデミックな経営学にもピンからキリまでありますし、実学的な経営論も質の高いものからポンコツなものまでさまざまです。

琴坂　はい。経営学と経営論は独立していて、上下関係にはないということですね。

楠木　そうです。問題はこの図の縦軸の中身ですね。それぞれの良し悪しの基準がどこにあるのか、ということです。アカデミックな経営学では、構造化されたマーケットでプレーヤーがその基準を共有しています。そのため優劣やクオリティを測るとき、「これは一流の研究だ」「これは二流だ」と話がまとまりやすい。単純化すれば、権威があるとされるジャーナルに採用されるのが「一流の研究」ですね。

一方の経営論はどうかというと、流通するのがフリーマーケットですから、それほど明確な良し悪しの基準はない。例えば、ドラッカー、ポーター、クリステンセン、コリンズ、こういう人たちの仕事は多くの実務家に影響を与えましたが、アカデミックな業績ではありません。ただし、結果からみれば、明らかに「優れた経営論」ですね。何といっても実務に対するインパクトがあった。「インパクト」と言ってしまうと、ちょっと感覚的な話になってしまいますが。

僕が琴坂さんのご意見を知りたいのは、優れた経営論の基準とは何かということです。たとえば、単純に本が何冊売れたかでは測れませんよね。いま売れっ子のビジネス書の「経営論」が本当に優れているのかというと、必ずしもそうではない。琴坂さんは、この点どうお考えでしょうか？

琴坂　私も、第一に、影響を与えたかという軸はある程度正しいと思います。ただ、私が考える経営論の基準は、

図2

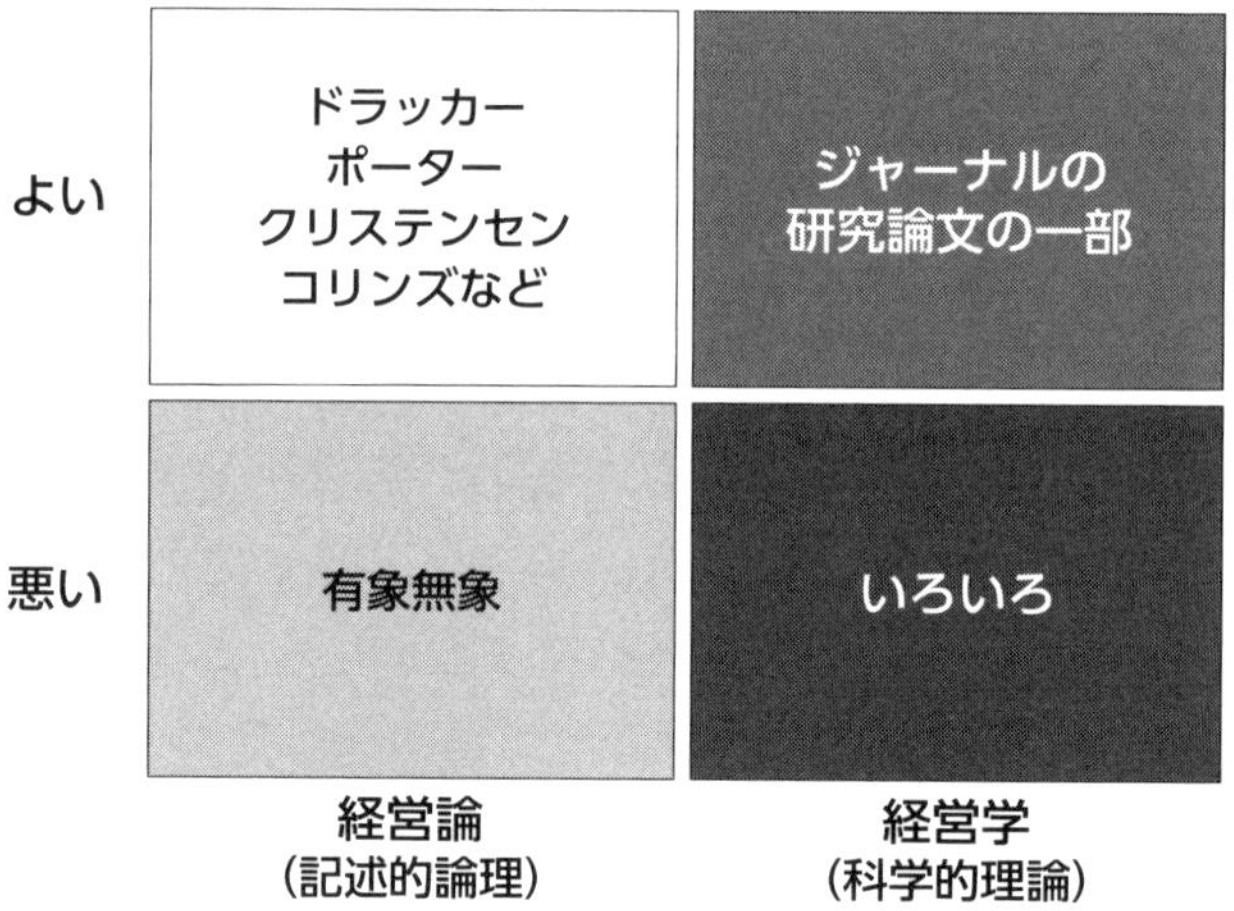

それを読んだり聞いたりした人間のパフォーマンスが、それにより上がったかどうかだと思っています。なぜかというと、その発信に影響力があったかどうかを大きく左右する一因は、マーケットが求めていたかどうかであるからです。

しかし、マーケットがその経営論を求めていたかどうかは、単純にその時代にフィットしたかどうか、ということにも大きく影響されます。たとえば、米国ではトランプ氏が大統領に就任しましたが、それはマーケットが求めていたからではないでしょうか。彼を選びたい人が一定数以上いたことは事実ですが、それが良いか悪いかは、まだ答えが定まっていません。

私の連載では、かなりの字数を使って1つの理論が生まれた時代背景を述べています。それは、ある理論が受け入れられる場合、その時期のマーケットにそれを受け入れる土壌があったからだという解釈に基づいています。すなわち、ある経営論が広く影響を与えたかどうかは、その時代背景にも大きく影響されるので、必ずしもその経営論の質の優劣とは直結しないはずです。

また、影響を与えたとして、それが良い影響であったか、悪い影響であったかは別の問題ですよね。その理論を信じて失敗した経営者もたくさんいるはずです。そのため、その考え方が需要者をあと押ししたかどうか、需要者をサポートする組織を内面から支援できたかどうか、という基準が追加されます。

私が考える経営学の良いか悪いかの基準もやや似ていて、それによって人類全体の理解が進んだかどうか、未来の人間の行動が良い方向に変わったかどうかです。トップジャーナルに掲載されたからといって、それは評価の1つの指標にはなるでしょうが、その論文が良い論文とは必ずしも言えません。

楠木先生のおっしゃるインパクトとは何でしょうか？

楠木　琴坂さんの言う影響力に近いですね。ただ、僕がインパクトの総量よりも大切だと思っているのは、その持続性です。科学的真理ほど長い時間ではないにしても、長期間にわたって受け手である実務家の頭の中に入っているということです。あっさりいえば、ベストセラーよりもロングセラーを目指す、ということですね。すべての実務家を相手にしなくてもいい。ベストセラーにならなくても、はっきりとターゲットを定め、その人たちの頭に長く残るものを提供するというのが、経営論のあるべき姿ではないかと思っています。

琴坂　マーケットから入るということですね。マーケットが何を求めているか、何を知るべきか、というところからアプローチして、それを目指していくという姿だと解釈しました。それに比較すると、私はどちらかというと身勝手なところがあり、「オレの言うことを聞け」に近いことを言っているのかもしれません。

楠木　それはおそらく、供給サイドの「身勝手さ」がどのように表に出るかの違いだけでしょう。僕の場合は、完全に顧客をターゲティングしています。ターゲットから外れると、読んでいただいても「金返せ！」という反応になる。実際にそういう匿名のメールをときどきいただきます。

ずいぶん昔、僕が駆け出しの研究者だったころに神戸大学にいらした加護野忠男先生から聞いた話です。加護野先生がハーバード・ビジネス・スクールにいらっしゃった際、前にも話題に出てきたジョセフ・バウアー先生に「先生のおっしゃる命題はどうやって正しいと証明するんですか？」と聞いたそうです。するとバウアーは、「筋のいい実務家に話して、“I see.”と言われればそれが証明だ」と言った、というんですね。
僕は、この話を聞いて非常にスッキリした気分になりました。これが経営論の健康な基準だと思い、アカデミックな研究から路線変更をするきっかけになりました。

琴坂　なるほど。楠木さんは、オーディエンスを徹底的に理解して、その理解をもとにした経営論をオーディエンスに打ち返し、それが評価されるか否かでその質を図っているのだと理解しました。だからこそ、一流の経営者にも評価される「芸事」としての経営論を生み出せるのだと思います。楠木さんは、経営論を極めることによって、どのような人に最も影響を与えたいと思っていますか？

楠木　僕のターゲットは、規模や産業を問わず、また会社の肩書きに限らず、ある「商売の塊」を任されている人々です。事業経営者といってもよいですね。僕は究極的には、その商売の持続的な収益力の向上に少しでも役立ちたいと思っています。個別の事業でしっかりと儲けが出るから、雇用もつくれるし、税金も払える。国や社会にしても税収が増えれば意味がある。マクロでいえば、僕が少しでも役立ちたいと思っているのは、税率を上げずとも税収が増大することですね。ようするに、メインターゲットは特定の機能領域のスペシャリストやプロフェッショナルというよりも、経営者です。

琴坂　私の場合、自分の経営論のオーディエンスとなってくれているのは事業開発をしている人です。スタートアップをしているか、新しい事業をつくっている人たち。まさに、創発的な戦略を練り込んでいくと役に立ちそうな人たちです。そうなると、私の経営論のあり方は、楠木さんの経営論のあり方とはまた違ったものになりそうですね。

楠木　経営論の質が良いか悪いかの判断は、そうした自分のターゲットや土俵の定義とは無関係ではありませんよね。そこが経営学と経営論の良し悪し基準における根本的な違いだと思います。

東西2正面から攻め込まれる「ドイツ第三帝国」

楠木　僕の立ち位置は末期のドイツ第三帝国みたいなもので、西側の実務家からは「机上の空論」と言われ、東側の研究者たちには「理論がない」と言われ、東西双方から攻め込まれる（笑）。やろうと思えば、いまでもアカデミックなジャーナルに載っけることはできるかもしれない。ただ、やる気がない（笑）。大学は基本的に経営学の評価基準で動いている組織ですので、まあまあ肩身が狭い。ただ、もうこの年まで経営論という「学芸」をやってきて、いまさらアカデミズムのインナーゲームにつき合うつもりはありません。

琴坂　しかし、それをやらないと学者として生き残れない。ありがたいことに、私はおそらく純粋な研究者とは異なる価値基準で評価をいただいているので、生き残っています。ただ、純粋な研究者としてキャリアを進んでいる人が「論文の数は気にしない」とおおっぴらに話していたら、この世界からつまはじきにされてもおかしくはありません。特に最近は、欧米から3周遅れぐらいで、査読付き論文の引用件数やインパクトファクターといった議論が日本でも盛んに取り上げられるようになってきたので、その傾向は強いと思います。

楠木　東のスターリンに叱られる（笑）。でも、それぞれの立場で相手を批判的に思うのは仕方のない面もあります。なぜなら、経営論も経営学もピンキリで、尊敬に足る仕事はそう多いわけではない。経営論にも有象無象があります。いま旬のビジネス本でも、5年経ったら誰も覚えていないようなものが少なくありません。

一方、学術的な雑誌に採用された論文が全部素晴らしいかというと、もちろんそうではない。とにかく自分の業績リストを長くするためだけにやっている人もいます。「自分以外の誰かのためになること」、これが仕事の原理原則だと思いますが、端から自分だけを向いている。こうなると、仕事ではなくてもはや趣味ですね。

琴坂　本当にそうですね。トップジャーナルに載せた人がどうやって載せたかというプレゼンテーションを何度か聞いたことがあります。一度驚いたのが、冒頭から該当する研究領域の編集者と査読者の一覧を載せて、その人たちがどういう研究者か、どういう研究が好みかという説明を連綿と語る解説でした。その後には、そのジャーナルの査読の傾向と対策、これから流行が予想される研究のトピックと調査手法が推奨されていました。なんというか、大学受験と同じで、試験を突破することにすべてがエンジニアリングされていて、個人的には最も大切だと思う、何に対する興味から研究したのか、その研究の社会的な意義が何かが、さっぱり抜け落ちているように感じました。

楠木　ＳＥＯ（サーチ・エンジン・オプティマイゼーション）みたいなものです。

琴坂　そうです。ＳＥＯとまったく変わりません。ただ、その理由も理解できます。載せるか載せないかで報酬も昇進も決まるからです。載せなければ、人間として扱われないし、そもそもある時点で仕事がなくなる。そういうゲームをするようにインセンティブが設計されています。私はもう少し広い世界を見てきたので、この重圧にさらされてもある程度は平気な顔をしていられますが、それでも出版への焦りはもちろんあります。

楠木　そういうものなんですよね。そうした基準を若い時に植えつけられて、人よりも優れていることを示すためにそれをやらなければいけないと前のめりになる。

琴坂　経営論も似たようなところがありますよね。時流に乗ったテーマをどんどん出版している人がいて、そうした人の本はたしかに売れて、そうではない大半の本は半年も経たずに消えていく現実があります。

楠木　その通りです。ですから、経営学と経営論それぞれに、良いもの、価値があるものを見るのが大切ですね。アカデミックな経営学をやっている研究者であれば、どうしても経営論の有象無象に目が向いて、やっぱり厳密な学問でないとダメだと思ってしまう。一方で、経営論をやっている人は、学術雑誌に載っている論文は体裁は整っているけれども面白くない、となってしまう。これはよくないですよね。

琴坂　そうですね。私が意識しているのは、良いものを積極的に紹介することです。経営戦略の連載では、まずは歴史を紐解いて、孫子をはじめエポックメーキングになったものはすべて紹介しました。ポーターのファイブ・フォース分析も、その土台にあるクオリティが極めて高い論文をちゃんと理解してもらえば、経営論側の見方が変わるのではないかと期待しています。資源ベース理論やコア・コンピタンスの解説についても、その形成過程を学術論文にまで踏み込んで、ていねいに解説しました。フレームワーク自体の議論はもう十分なので、理論と理論をちゃんとブリッジしていきたいなと考えています。

楠木　そのブリッジをかけていく作業は、あくまで学術研究ではなく、経営論、実学としてのお仕事という位置づけですか？

琴坂　ある意味では経営論なのかもしれませんが、これは教育活動の一環というほうが正しいかもしれません。私は、経営学と経営論の対立に問題意識を持っています。その対立を解消するために、大学での経営戦略の授業も、アカデミックな話をしたあとで実務の話をします。自分の中では、それは研究や発信というよりも、これでお金をもらっているんだから少しは社会に還元しようという気持ちが強いです。

楠木　素晴らしい志ですね。僕はトレードオフを強く意識するほうなので、なかなかそこまでできません。本日はありがとうございました。琴坂さんとの議論は、とても勉強になりました。

琴坂　私も大変勉強になりました。本当にありがとうございました。

２０１７年３月

個の時代のキャリア論

早崎公威（忠北大学天文宇宙科学科准教授）
宇宙物理学者。専門はブラックホール宇宙物理学・天文学（理論）。京都大学基礎物理学研究所研究員、韓国天文研究院フェローを経て現職。

――始めに、お二人が学問の道を志した理由を教えてください。

早崎　小学校のとき、親が惑星の写真集を買ってきて、そこから宇宙に魅せられる人生が始まりました。宇宙は何て不思議だと感動して、小学校4年生のとき、アインシュタインの本を読んだことがきっかけで、研究者を志しました。

楠木　今も分野は同じですね？

早崎　そうです。宇宙物理学です。ただ、物理の中で興味は変遷します。大学時代は素粒子物理学に興味があったのですが、結局、宇宙を志しました。

楠木　素粒子物理学とはどういうものですか？

早崎　モノを構成する基本理論を研究する学問です。本質的なことに対する理解をつかみたいという思いから専攻したのです。

楠木　研究の対象は変わっても、本質をつかみたいという底のところでは一貫している。自然科学者の王道ですね。

早崎　自然科学者の王道なのかどうかわかりませんが、とにかく子ども時代から好奇心がすごく強かったんです。小学校のときに読んだのが、『アインシュタインが考えたこと』という岩波ジュニア新書なのですが、夏休みの自由研究も、この本にしてしまうほど、のめり込んでいました。

楠木　『零の発見』を読んで数学者になったり、ツタンカーメンの発掘記を読んで考古学者になったりするのと同じパターンですね。一方、僕は完全に邪道です。たいした好奇心もなく、形から入っていますから。

当時（バブル直前の80年代半ば）は一橋の学生は、商社や銀行に就職するのが当たり前でした。でも、僕はちょっと違うな、と。今だったら、スタートアップ、起業などの選択肢もあるでしょうが、当時の僕はそういうオプションは考えませんでした。いまでも考えないと思います。そっちの路線は自分には向いてない。好きな本を読んだりしながらフラフラ生きていける仕事はあるのかと考えました。一番の理想は、貴族（笑）。ただ、貴族は職業じゃありません。貴族に近い仕事は何かと考えた。で、学者が思い当たりました。とくに社会科学系の学者は上司も部下もいなくて、自由で楽で面白そうだと考え、それで、というかそれだけで学者になりました。もともと経営学に強い関心があったわけではない。完全に形から入っている。

　僕みたいに、自分の好きなことをフラフラ1人でやっていたいなと考える人は、いつの時代も世の中には一杯います。早崎さんのように「本質を知りたい」もたくさんいます。いずれも、人間の本性だからです。必然的な成り行きとして、常に学者の世界は人材が供給過剰になる。学者の仕事は、世の中全般から見ると「超間接業務」です。エッセンシャル・ワーカーの対極にある。荷物を運ぶ人が足りないという運送業界や、介護をする人がいないという介護業界とは異なり、人や社会からのあからさまな需要がありません。「給料を払うから、自由に研究してくれ」という奇特な組織や人はほとんどいません。だから、動機がどうであれ、学者が良さそうだ、学者になりたいと思っても、現実にそれを仕事にするのはわりと大変です。

早崎　それで、人があぶれてしまうのです。大学院を終えた後、教職につけなくて、ポスドクという2～3年契約の研究者を3回くらい約10年、繰り返していると、40歳近くになります。それでも安定した職に就けない人が多くいる。これがポスドク問題です。特に自然科学分野が顕著です。1つのポストに100～200人も応募しています。その意味では、安定した学者になれるかどうかは、運の要素も大きいということです。

楠木　博士号という学位を取るためには、確かに頭がフツーに良くないとダメです。しかし、博士号を取った人は、それこそ掃いて捨てるほどいます。学位を取るだけであれば頑張ればいいだけ。なんとかなる。

早崎　そうですね。クルマの免許証みたいなものです。誰でも一定の時間をかけたら取れます。

楠木　学位は最低限の能力のスクリーニングにはなっています。しかし、仕事として世の中で折り合いがついてそれが仕事になるかどうかは、まったく保証してくれません。似た例は、芸術家や映画監督です。人間の本性として、なりたいという希望を抱く人は多くいますが、世の中では芸術家の募集はまずありません。自力で切り開くことが宿命づけられています。

これからは「個人を立てた仕事」の時代になると言いますが、我々は組織に所属しているけれど、職を得ることの意味も、働き方も、ずっと昔から自分の名前で個人としてやっていくしかない。

早崎　僕は北海道大学で博士号を取ってポスドクを2～3年やり、その後京都大学へ移って、また5年くらいポスドクをやり、次に韓国の天文研究機関（ポスドク）に移り、その3年後に今の大学（忠北大学）へ移って、やっと安定した職に至りました。

楠木　学者の仕事は寿司職人に似ています。つまり、得意なこと、やりたいことがあって、自分の腕を磨くのに適したハコを渡り歩く。ただし、自分が「ここでやりたい」といくら希望しても、相手が「いいよ」と言わないとダメ。ここが難しい。

早崎　その折り合いをつけるのが、とても難しいですね。

楠木　僕が最初に職を得たのは一橋大学ですが、所属部門は何度か変わっていきました。

早崎　とはいえ、楠木さんはいきなり安定した教員の職を得ている。

楠木　僕の場合は、第一に運が良かったのですが、第二には小器用だったんですね。僕の中ではキャリアの途中で、仕事への構えが大きく変わっているんです。駆け出し時代の僕には、それを仕事にする以上、「周囲に認められなければダメだ」という気持ちがありました。「これができる、あれができる」と言っているうちは、どんな業界でも、タダの人です。みんな大学院で論文を書いて学位を取っています。その後、何が違いを生むかというと、やはり何らかの意味で需要にこたえなければならない。そういう意識はなんとなく持っていた。

早崎　「英語で論文が書ける」というスキルは当然だけれど、その先はニーズをいかにつかむかで決まる、と。

楠木　大学院に入ってすぐに分かったのは、「みんな頭はとてもいい」ということです。みんな英語で論文を書けるし発表もできる。ラグランジュ未定乗数法も使えるし、統計分析もできる。そんなことは、やればいいだけなんで。

早崎　博士課程に上がる段階で、スクリーニングされていますからね。

楠木　その時の僕の考えは、先ほども話したように、早崎さんみたいに本質を追求したいということではなくて、１人で自由に仕事をする場が欲しいということでした。ですから、自分の研究の中身そのものには思い入れがなかったんですね。こだわりは中身ではなく、自由そうに見える働き方だった。

もちろん経営学でも王道を行く人は少なからずいます。組織や消費者行動など、何でもいいのですが、なんらかの経営現象にすでに関心を持っており、それを突き詰めたい、という人です。僕は悪い意味で研究内容にこだわりがなかった。王道コースの若手研究者は自分の興味まっしぐらに突き進んでいく。

早崎　確かに、自分の興味本位で動きますね。

楠木　僕の場合、そういう内在的な問題意識というか使命感が欠落していた。その分、需要を意識できた。こういうことを研究すれば「ああ、この人はいい研究をしているな」と思われるんじゃないかという、まったくもって小賢しい考えがありました。

早崎　「ここに席が空いている」ということが見えたんですね。見えない人が多いですが。

楠木　それが「小器用」の意味です。ところが、僕の場合、需要のとらえ方が間違っていた。本当の需要ではなく、目先の需要というか、周囲の人々の「食いつきのよさ」を仕事の需要だと勘違いしていたんですね。その後、すぐに行き詰まるという暗黒期がやってくる。小器用なだけでは、プロの世界でやっていけるわけないんですね。

大学院を出た次の年、１９９３年のことですが、ハワイで開催された「ＭＩＴ－ジャパンカンファレンス」という会議で研究を発表したのが、僕の国際的な場での研究者としてのデビューでした。若手の経営学者中心に20人くらい集まりました。半分が日本人で半分がアメリカ人。いま考えると非常に豪華なメンバーで、のちに『イノベーションのジレンマ』で有名になるクレイトン・クリステンセンや、戦略論の研究で有名になるウィル・ミッチェルといった錚々たる研究者が参加していました。

クリステンセン氏は、学者としてはキャリアをスタートさせてばかりだったのですが、当時すでに長いことコンサルティングの経験があって、完成されたプロでした。彼の博士論文が後に『イノベーションのジレンマ』の本になるのですが、このカンファレンスではその元になった大学院生時代の研究を発表しました。もちろん素晴らしい研究です。

僕は大学院時代にやっていた、組織のありようが基礎研究の生産性に与える影響を分析した論文を発表しました。このテーマにそれほどの興味があるわけでもないのですが、オリジナルなデータが取れて、仮説検証もできて、それなりに面白い発見事実も得られたので、この論文を発表したのです。2日間の会議の最後に投票が行われて、ベスト論文に選ばれたのが僕でした。

早崎　そこまでくると、もう需要だけじゃないレベルです。

楠木　すぐに化けの皮が剥がれるので、ご安心ください（笑）。ちゃちゃっとデータを集めて、仮説も気が利いている。いい感じで既存の研究を裏切りつつ、これまでの研究とも連続性があり、それなりのファインディングもある。そういう小器用さでやったら一等に選ばれた。

今から考えると、クリステンセンさんと僕は、文字通り大人と子どもでした。年もクリステンセンさんが1周り上なのですが、それ以上に人間としての成熟度が比較にならない。僕はもう自分のこと、自分がうまく発表して評価されることしか考えていませんでした。ただのバカです。

結果が発表されたとき、クリステンセンさんは僕に「よかったね」と親指を立てたサインを送ってくれました。初めての国際会議でうまいことやって、こっちはもう有頂天。これが勘違いの始まり。「ちょろい世界だな」と。地獄の一丁目でしたね（笑）。

早崎　いきなりトップだったら、誰だってそう思いますよね。

楠木　当たり前の話ですが、クリステンセンさんは本当に世の中の役に立ちたくて、イノベーションのジレンマに注目して、真摯に研究をして、自分の考えを本にした。この本の主張は後に多くの実務家にインパクトを与えることになりました。

一方、僕の場合は、次の論文もうまいことやろう、テーマはこれが通りやすいんじゃないか、その次はこれ、という小手先の仕事の連続です。学会ではそこそこ評価されるのですが、5年くらいそうやっているうちに、完全に行き詰まってしまいました。

――なぜ、行き詰まってしまったのですか？

楠木　自分が本心からやりたいこと、大切だと思っていることではなかったからです。とりあえずその場では受ける宴会芸をやっているような感覚。

早崎　動機がなくなったということですか？

楠木　というよりも、動機が邪《よこしま》でした。皮肉なもので、やればやるほど、こうすれば評価されるという小知恵がついてくるのです。刹那的宴会芸がどんどんうまくなる。そのうち、これは本当に仕事なのか。目先の自分の業績だけを考えていて、実際のところ誰の役にも立っていない。これでは仕事とは到底言えない。自分をだましだましやるのにも限度があって、嫌になってしまった。

早崎　アカデミックな社会科学の研究をして、論文発表して完結する。それは学会内ではインパクトがあっても、世の中的にはインパクトはないということですね。

楠木　私利私欲だけでやっているだけだとすぐバレる。このまま突っ走ったらどうなるのか。さすがの僕も立ち止まって考えたということです。

早崎　他人に指摘されたわけではなく、内省して思い立った？

楠木　そうです。とにかく虚しい。もう目先の出し物はやりたくないと。ここでようやく、果たして自分は本当に研究がしたいのかどうか、内なる声が出てきた。講師から助教授になった32歳ぐらいのころ。気づくのが遅いんですね。

早崎　「リトル・ホンダ」みたいな心の声が囁いた？

楠木　そうです。もともと自由でふわふわした生活がしたいだけ。本当は研究なんかしたくないんですね。元も子もない話です。いったん学者をやめて、別の道に行こうかなとも考えたのですが、それほどの根性もない。そういうオプションも考えながら、改めて「リトル・ケン」に問うと、職種は同じでも、自分以外の誰かに提供する価値のあると思えることをやったらいい、という当たり前の答えが出ました。

それで、それほど興味をもてなかったテクノロジーマネジメントの分野での研究を手仕舞いにした。自然と興味をもてたのが競争戦略の分野です。で、そっちに移った。大学院での講義科目も変えてもらいました。所属も商学部から当時新設された国際企業戦略研究科（現在の一橋ビジネススクール国際企業戦略専攻）に移籍しました。アカデミックなオーディエンスでなく、実務家に直接自分の考えを届けるというように、ターゲットも完全に切り替えました。30代半ばのことです。学者の仕事の特徴として、何をやるかは自分で決められる。自分の気持ちさえ固まれば、シフトは簡単でした。

早崎　それは宇宙物理学でも同じで、自分の研究テーマはなんでもいい。でも、選んだテーマによって、需要の関係から、仕事があるかどうかが決まってしまいます。だから、テーマ選びは非常に重要です。需要に合わせてチューニングしていけばいいという話もありますが、一つのテーマを10年以上突き詰めるから軌道修正は効きません。

楠木　テーマ選択の自由だけでなく、成果の基準も自由に決められます。論文をどこの雑誌に出すかという客観的な指標はあったとしても、自分でこういうのがいい仕事と決めないとやっていかれません。強烈な自由は、同時に強烈に苦しい。

早崎　アンビバレントだと思うのは、最初に貴族という自由を求めて、実際やってみたら、地獄だと気づいた。

楠木　そうです。自由ほどある意味で苦しいものはない。エーリッヒ・フロムの『自由からの逃走』が身に染みてわかりました。「自分の基準はこれだ」と定まってから、やっと自由を享受できるようになりました。自分の中に基準がないうちの自由は、本当に苦しいですね。

早崎　動機を見失った中での自由は辛い。しかし、一旦やるべきことが明確になると、自由はありがたく、エネルギーになるということですね。

楠木　早崎さんは、最初から宇宙物理にモチベーションがあって、そのモチベーションが尽きることはなかったのですか？

早崎　動機が尽きることはありません。ただ、修士のときに選んだテーマに失敗しまして。そのとき、苦しみましたが、宇宙物理自体に興味を失うことはなかった。ドクターになった頃、新たなテーマを見つけて邁進していくことになりました。

楠木　それ以来、ずっとテーマは一貫している？

早崎　学位のときのテーマは、現在のブラックホールではなく、白色矮星でした。ブラックホールの研究を始めたのは学位を取った後です。

楠木　初めて会った十数年前、早崎さんはすでにバイナリーブラックホールを研究していましたね。

早崎　２０１６年にレーザーと鏡を使って初めて重力波を直接観察することに成功して、宇宙には2つのブラックホールが繋がっているものがあるという認識が広がりました。しかし、僕がブラックホールに興味を持った20年前は、ブラックホールはまだシングルとして研究がされていました。

楠木　ブラックホールが2つならいろいろなことの説明もつくと？

早崎　当時は、そこまで思い至っていないのですが、バイナリーブラックホールは、まだ誰も研究していない。だから、いろいろな解明ができる。いい仕事になるだろうとは思いました。

楠木　その話を十数年前に聞いたとき、素人ながら、バイナリーじゃなかったら、どうするんだろう。フルスイングで空振りの学者人生になってしまう。そう思って、当時早崎さんに尋ねたのですが、「空振りでもいい」と言っていましたね。

早崎　あまりよく覚えていませんが、そのころは本当に自分のことしか考えていなかったと思います。

楠木　若い時分は、いかに自分が評価されるか、うまくやるかしか考えない。でも、それだと絶対に長くは持たない。早崎さんにも、そういう変化はあったのですか。

早崎　はい、変わりました。

楠木　どう変わったのですか?

早崎　ブラックホールはバイナリーである、2つあることにこだわってしまっていましたね。それが科学としてのこだわりではなく、個人として、やるしかないというこだわりでした。結果、発表すると、そういうわがままぶりが伝わってしまうのです。本来、サイエンスは、知識をみんなで共有して、進歩するという性質のものです。そういうスピリッツが土台にないと、評価されないんですね。でも、当時の自分は、「これは自分のオリジナルなんだ」という思いが強すぎました。

楠木　そうすると、無駄に競争的になって、誰かが近似したことをやっていると、張り合ってしまったりする。

早崎　当時は、そういう意識が強くて、うまく回らなくなってしまいました。いくら画期的なアイデアでも、自分が思っているだけでは評価されないからです。だから、教員にアプライしても、レジュメに自分意識が溢れ出ているから採用されません。

楠木　社会科学と自然科学という分野違いであっても、結局、仕事の本質の部分では共通している。「自分以外の誰かのため」という仕事観になっていないと、結局、本当の評価もついてこない。この当たり前のことに気づくまで、僕の場合はずいぶん時間がかかりました。

早崎　そんなことに気づくまで、僕もずいぶん時間がかかりました。それで、安定した職になかなかありつけない。でも、研究者を続けたいという気持ちは強く、日本だとポスドクもマーケット規模が小さいため、世界に出ないとダメだと、韓国の研究機関に移りました。この頃から、我（自分意識）が収まってきましたね。忠北大学に移ったのが、36歳のときです。当時、日本ではぜんぜん評価されていない感覚でしたが、韓国で研究をアップしたとき、すごく受け入れられた感覚がありました。

――なぜ、韓国では受け入れられたのですか？

早崎　僕自身やっていることは変わらないけれど、たまたまレピュテーション（認知、評価）が広がって、受け入れられた感じがしたんです。ここから、自分的には謙虚になっていったと思います。受け入れられないと「なんでだ！」と、ますます意固地になりますが、受け入れられると、人は謙虚になれるんですね。

――ここまでお二人のキャリアについて、振り返ってもらいました。組織に属しながら個人で戦う学者の仕事と、これからのビジネスパーソンの仕事スタイルは似てくるという話が出ました。改めて、どう似てくるのでしょうか？

楠木　学者の仕事にはいくつか特徴があります。供給が超過剰であること。組織に所属してはいるけれども、初めから自分の名前で仕事をしなければならない。

早崎　確かに、愛校心みたいなロイヤリティはゼロですね。

楠木　私も一橋大学自体に特段の思い入れはありません（笑）。仕事をする器、自分という芸者を置いて働かしてくれる置屋としてイイと思っているだけです。

早崎　より良い環境があったら、すぐに移りたい。そういうマーケットに自分を晒すという感覚は常にありますね。

楠木　今後の日本の労働市場もそうなっていくという面があると思うのですが、学者の仕事は昔からそうなっている。

早崎　転職は自分の市場価値を問うことであって、自分を改良していくという行為ですね。

楠木　社会科学の場合、実験設備は不要なので、フリーになればいいという考え方も可能です。紙と鉛筆だけあればよいので。

早崎　僕の場合も、実は紙と鉛筆だけでいいんです。理論研究ですから。

楠木　では、なぜ大学を辞めないかというと、大学にいないと、講義という常設のお座敷が持てないからです。講義は自分の考えを提供して役立てていただくという、学者にとって超重要な販売チャネルとなります。これが規律になる。

そもそも大学を辞めると、自由が大きすぎて、もともとユルユルな僕の場合、果てしなく緩くなってしまいます。フリーか、あるいは大学という置屋かという選択を迫られたら、いまのところ僕のチョイスは大学に籍を置くことです。僕にとって、一橋大学という置屋は、とても心地よい。「これはやりますが、これはできません」という僕の得手不得手を周囲の人が理解してくれている。とはいえ、もし自分の「芸」を決定的に阻害される要因が発生したら、即座に他大学へ移ると思います。

――では、大学の中で出世していくという選択肢は？

楠木　成功の形や基準は個人の自由な判断ですが、役職上の「出世」を野心的に求める人は、実際にはほとんどいません。そんなことはあり得ませんが、もし、僕が「研究科長をやれ」「学長をやれ」と言われたら、即座に辞めます。僕の基準とはまったく違うからです。自分の場合、役職ではなく、常に一芸者として、舞台でいい仕事をしたい。これが絶対の基準です。

――研究派閥はないんですか？

早崎　研究者として大学に所属していれば、派閥ではなく、業績を積み重ねていくだけです。その一方で、組織ですから、必ず雑用がついて回ります。だから、どの雑用はやる、やらない、を交渉で決めていくことになります。昔だったら、物理なら湯川秀樹先生がいて、弟子に各分野をアサインするから、影響力があったのでしょう。しかし、もうそういう先生は亡くなられて、学者の世界も成熟して、もう妙な派閥はなくなり、純粋な競争になっています。

――派閥はなくなり、純粋競争になる。それは企業も同じですね。

楠木　雇用主の大学からすれば、「雇う以上は役に立ってくれないと困る」。なので、外の人が思っているほど派閥はないですね。それほど暇じゃない。

早崎　大学外の人から見ると、大学の総長は凄いなというイメージになってしまう。でも、僕らからすると、絶対にやりたくないという感覚です。総長が偉いという感覚はありません。一人の研究者として、その分野を突き詰めていきたいという感覚が強い。総長は、研究ができなくなるくらい、いろいろな雑用があります。

楠木　結局、大学では個人の名前で仕事をしているため、組織のヒエラルキーはあまり関係ない。「部長の芸者」「課長の芸者」というのはない。

早崎　学部長になると、多少サラリーは上乗せされるでしょうが、他の教授と大差はありません。

――では、組織にいながら、世間に個人名を売る方法とは？

楠木　個人の名前でやる仕事の特徴として、一定の評価が定着するまでにすごく時間がかかるということがあります。100メートル走と違い、いきなり日本新記録で全員が知るようになるということはまずありません。

早崎　リピテーション（評判）で、すべてが変わるのですが、業績を出してから評判が伝わる速度が遅いのです。

楠木　評価がずっと後からやってくるという感覚ですね。

早崎　平気で10年、20年はかかります。

楠木　なので、論理的に言って下積み期が避けられない。下積みというと、修行中というイメージですが、やっていることはずっと同じです。能力がついてから、認められるまでの期間が非常に長いというだけ。

早崎　同じことをずっとやっていると、評価がいつの間にか変わるという感覚です。周りからの自分に対する見方が、あるとき突然、変わるのです。

楠木　下積みが良い悪いという話がありますが、下積みにもタイプがあります。我々みたいなタイプの下積みは、個人の名前でやるような仕事にはつきものではないかと思います。

早崎　今後、個人のバイネームが増えていくとしたら、リファレンス（照会、問い合わせ）の重要性が相対的に増すのでしょう。採用も、評価できる人に問い合わせるという形になっていくと思います。

楠木　これをやったら評価が絶対的に上がるというものではありません。自分ではいい仕事をしたつもりでも、反響がないことももちろんあります。逆に、知らないうちに過大評価されていることもある。主観と実際にギャップが常にある。

早崎　ところで、NewsPicksを見ていると、楠木さんは不動のポジションに見えますね。どうやって、そのポジションを取ったのですか？

楠木　NewsPicksが始まった頃、コメントは匿名制でした。それで記事を書いたら、読者からボロクソに叩かれたんです。「机上の空論」、「試合に出たこともないくせに、何を言う」「延々と素振りをしていろ」という感じで。なかには「存在自体が醜い」というものもあった（笑）。

しかし、僕の言っていること自体は、今とまったく変わりません。こういうときに、絶対的に大事だなと思うのは、マーケットからの即時的な反応は気にしない、ということです。いまでも僕はいろいろなところで、「机上の空論」と言われ続けてきました。「実務経験もないお前が偉そうなことを言うのは、童貞が女の口説き方を説くに等しい」。必ずといっていいくらい言われます。

だからといって、「じゃあ、自分も経営を実践しようか」となってしまうと、すべてをぶち壊してしまう。ある程度の経験を積めば、自分のことは自分がいちばんわかっている。そういうことができないから、いまの仕事でなんとか社会に貢献したいと思っているわけです。

僕の仕事生活の知恵は、即時的な批判やコメントに「反応しない」「適応しない」「自分を変えない」です。自分の考えを延々と、慌てず、騒がず、言い続ける。僕を嫌いな人はそれでいい。それでも、中には好んでくれる人も出てくる。

早崎　主張を変えずにやっていても、やはりブランディングできる人と、できない人はいると思います。楠木さんの場合は、やはり著書『ストーリーとしての競争戦略』が注目されたことの効果が大きかったのではありませんか？

楠木　あの本は、その前十数年間、いろいろなところで教えたり話したり書いてきたことを機が熟したタイミングでまとめただけです。

早崎　あの本が出て以来、あっちこっちで楠木さんの名前が出るようになりましたね。

楠木　十年間、同じ話を講義したり、部分的に書いたりしていたので、僕にとってあの本を書くことはいたって自然な成り行きでした。そもそもあの本は、その前の十年間の仕事の中で、いちばん手ごたえのあった部分だけを集めているんです。

早崎　だとすると、十数年の地道な積み重ねがブランディングのベースだということになりますね。

楠木　ブランディングを意識したわけではなく、ただ日常の仕事としてやってきました。そういうライブをずっとやり続けてきて、お客がもう一回やってくれと、アンコールを受けた曲だけをレコーディングしたようなものです。当てようと思って書いたのではありません。僕の中では「当たっているもの」だけを入れているんです。

早崎　楠木さんらしいやり方ですね。きっと独特の嗅覚があるんでしょう。そもそも僕の場合は、まったく同じことをずっとやることができない。

楠木　それは分野が違うからです。僕の場合、物理学という真理の追究ではなく、答えのない社会現象や人の考えを扱っているから、ずっと同じことができるだけです。

――楠木さんは最初に学者になったときのテーマは、基礎研究における組織論だったのですよね。それが競争戦略に移った理由とは？

楠木　数年学者をした後で、ようやく好奇心が出てきたということです。好奇心は持てと言われて持てるものではありません。「品格を持て」と言う人に限って品格がないのと同じです。だから、自然と好奇心が出てくるまで、迷走していればいいんです。何事も、焦らず、自然に流していればいい。僕は、そう考えるタイプですね。

――今の時代は、短期的に結果を出したい人が多いと思います。

楠木　社会に出た当初は、自分ファーストになるのは人間の本性だから当然です。でも、そのままでは世の中が許しません。さきほどお話ししたように、必ず立ちいかなくなります。

――組織のため、人のため、社会のためという動機は、どうやって湧いてくるものなのですか？

楠木　「人のため」というと利他的に聞こえますが、本当のところでは、やっぱり「利己的」なのです。「自分のため」で頑張っていると、あるとき続かなくなる。それは苦しい。だから自分を救済するために、「自分以外の誰かのため」という気持ちが自然と湧いてくる。それは行き詰まりを経験すると、自然に分かることです。

早崎　僕の場合は、世の中から評価を得たとき、自分を客観視できるようになりました。お金がないと、お金から解放されないのと同じです。評価が得られるまでは、「欲しい欲しい」だから、主観でしか見られません。しかし、ひょんなことから評価されると、余裕が出て、自分のやっていることが見えてくる。

楠木　自分を客観視する、他者のためという動機を持つことは、人間として不可避です。とはいえ、みんな基本は「俺ファースト」。ごく稀に、本当に立派な人もいて、人や世の中のなんたるかを知っている人もいます。でも、それは例外と考えたほうがいいですね。

早崎　もう一つ言うと、自分を客観視できて、自分が貢献するんだという気持ちが湧いてきて、そういう気持ちで実際仕事をしたとき、どうなるか？　何かが必ず返ってきて、より自分が良い状態になるのです。それを経験できるから、人は変わることができる。すると、もっとこうやると、もっと大きく良い状態になるなと具体的にイメージすることができます。

楠木　個の名前を出してやる仕事には「俺ファースト」になりやすい条件が揃っています。これからは個で働く時代になる。自由度が高い分、組織のおぜん立てはない。行き詰まりを感じる人が増えるでしょう。行き詰まりを感じたときこそ俺ファーストからの脱却のチャンスです。そこからようやく個人の名前で仕事ができるようになる。逆説的な言い方になりますが、俺が俺がと個を立てているうちは、本当に個が立った仕事はできない。これが僕の経験に基づく結論です。

２０１９年８月

考える力

――楠木さんは、最近のご著書『好きなようにしてください』で悩めるビジネスパーソンのキャリア相談に応えていました。彼らの「考える力」についてどのような印象を持たれていますか。

僕は編集部から定期的にもらう相談内容でしか知らないので、その人のことを本質的に理解しているわけではないんですよね。ある種、僕自身が関心のある方向に持っていっているので、相談者の関心からはズレているかもしれません。

その前提で申しあげれば、「手っ取り早く理解したい」「すぐに成果を出したい」という人が多いように感じます。何か課題を解決するための手段として、即時即物的に役立つ「情報」を取りに行くことばかりをしている。これは、若さのある側面でもありますね。

僕は、人間はたとえそれが何かの直接的な手段になっていなくても考えるものだと思うんです。「考えることを放棄する」のはあまりに動物的で、人間に生まれたのにもったいない。結局、教養とは「自分の考えを自分の言葉で、自分以外の誰かに伝えることができる」ということです。

――楠木さんご自身はどのように情報を収集されているのでしょうか。

「情報を収集しない」ということに注意を払っています。もちろん必要に応じて、インターネットなどでデータを調べることはありますよ。けれども特に「情報収集」はしないようにしています。スマホはもちろん、インターネットも必要に迫られたときぐらいしか使いません。

僕の場合、「自分の考えを自分の言葉で、自分以外の誰かに伝えること」が仕事になっていて、それはつまり論文や講義、著書としてアウトプットするということ。その〝原材料〟として情報をインプットするわけです。

それでも身ひとつですから、アウトプットできるキャパシティは決まっています。いくら情報をインプットしても、処理できる情報量は変わりません。やみくもに情報を取得しても、解釈しきれない情報が手つかずの部品というか原材料として〝工場〟に溜まっていくだけ。アウトプットとしては形を成し得ません。これは生産者である僕にとって不健康な状態です。原材料は実際に使うだけあればいいわけです。

――インターネットを介してある種「情報の洪水」に取り込まれてしまっている多忙な現代人の姿とは一線を画していらっしゃるのですね。

そもそも、はたして現代人が多忙なのかどうか。かつて農耕生活を送っていた人びとは自然を相手に、常に仕事に追われていました。休むのは年末年始にお盆くらい。あとは毎日農作業や炊事、洗濯と大忙しで、考える暇なんてなかった。今は技術革新によって知的作業に充てられる時間が増えた。「情報の洪水」なんて言っているのは贅沢な悩みです。四の五の言わずに働いていた昔とくらべれば、今のほうが間違いなく暇ですよ。

――目から鱗です……。楠木さんの「情報を収集しない」方法について、さらに詳しくお聞きしたいのですが。

重要なのは「順番」。まず情報に触れる際、頭の中に自分の関心があるかどうか。関心があって、自分の注意が振り分けられることで情報を得ることができる。解釈というものは常に動いていて、情報と情報が合わさることでまた解釈が変化していきます。

情報の99％は自分の関心とは関係のないものなんです。それを判断するためには、自分の関心がはっきりしていないといけない。私の場合、専門は競争の戦略ですので、関心は、競争の中でなぜある商売は儲かり、別の商売は儲からないのか、その論理を考えるということ。

関心を明確にするためには、とにかく考えることが重要です。そうしなければ、解釈や注意の貧困が起こります。

僕の場合は考えることそれ自体が仕事になっているので、とくにそう思うのかもしれません。

――多くの人は、ぼんやりと情報に接しているか、情報を取得しては鵜呑みにしてしまいます。そういった方々が情報を取捨選択し、解釈していくにはどうすればいいのでしょうか。

要するに、一日24時間をどう配分していくかということですね。考える時間を確保するために、情報を得る手段を絞るというのは一つの方法です。僕の場合、テレビはよほど非常事態でないかぎりは観ません。仕事も早朝からはじめて、夕方にはいったん締めます。お酒は飲みませんし、18時には帰宅します。そうすれば、22時に寝るとしても3時間は読書の時間がある。

インプットとして圧倒的に多いのは読書です。新聞や雑誌、インターネットなどは即時性の高い断片的な情報の集積ですが、もっとまとまっているもの、ロジックがあるものとしては本が最上です。なぜなら本は「考えている」人が書いているものだから。僕は仕事に直接関係のないものを除いても、年間３００冊くらいは読んでいます。

読書したときに自分自身が考えたことをノートに書き留めておきます。要約や引用ではなく、どんなことを考え、何を得たかということですね。そしてそれをよく読み返します。僕は「考えるために考えている」んです。

――インプットにこだわって、毎月何冊も本を読む人がいますが、意外とそういうことをしている人は多くないかもしれませんね。

たまに即時即物的に役立つことがあっても、あくまでそれは情報の氷山の一角です。なぜ自分の考えを書き留めるのかというと、「言語化」することが目的なんです。タイピングでも音声入力でもかまいません。書くことで自分の考えを定着させることができる。

よく「違和感がある」という言葉を使いたがる人がいるけれど、これは言語化をなまけていますよね。情報に接してはいても考えておらず、考えが浅い。思考というのは「違和感」の先や奥にあるものです。

――**「テレビを観ない」「ネットの接触を最小限に留める」など、情報取得の手段を絞ることにはなかなかそこまで割り切れなさそうです。**

情報を収集しないと不安になると考えるのは自然なことです。僕も何が必要で何が不要なのかは中年になってからようやくわかった。そういう事後性が強い事柄について、若者にああだこうだ言っても仕方ありません。けれども、「その時代を乗り越えた先人たち」の話を聞くことは重要です。読書の本質的な恩恵は事後性の克服です。一通りの経験をした人がいろいろ考えた上で行き着いたことが書いてある。完全には事後性を克服できないにしても、事前に「なるほど、そういうものかな……」という予感を持つことはできる。知性とはそういうものです。

考えを醸成し、解釈する力を培ううえで、人と会うことも価値がある。なぜかというと、人と対話する過程で、言語化を強制されるから。思考とは言語化です。人に伝えられないと考えは考えではない。自分の意見はこうで、それはなぜなのか……その反芻こそが「考える」ということなんです。

２０１６年６月

リスキリングの先にあるもの

あっさり言えば、仕事は労働市場における価値交換です。自分の仕事能力を相手に買ってもらう。小売業がお店で商品をお客に売るのと同じです。お客にとってまるで価値のない商品を店頭に並べても、買ってくれる人はいません。どこにでも大量に売っているものであれば、こちらにとって良い条件で買ってくれるお客は現れません。ようするに、需要と供給の交わるところで価値交換は成立します。

今売っているものにどうもお客が満足していない――これは自分の売り物とお客が買いたいものの間にズレがあるということです。需要がないところにいくら供給しても無理があります。その場合、売り物を変える必要がある。すなわち、リスキリングです。

リスキリングと言うと、デジタル人材になれとか、プログラミングを習得しようとか、データ分析ができるとか、もう少し古典的なもので言うと、外国語が使いこなせるとか、財務や法務の知識があるとか、そうした方面のスキルにばかり目が向きがちです。しかし、営業やバックオフィスの仕事もまた立派なスキルです。足で稼ぐアナログな営業の能力があり、その人の存在が買い手である会社にとって不可欠なものと認識されているのであれば、何もリスキリングの必要はありません。下手に土俵を変えることなく、営業の分野でスキルに磨きをかけていけばいい。ようするに、買い手から必要とされるかどうかがすべてです。

スキルを向上させ、自分の仕事能力の価値を高めていく。いうまでもなく大切なことです。ところが、です。現実に仕事ができる人は依然として少ない。試みに周囲を見回してみてください。「ああ、この人は確かに仕事ができるなあ」と思わせる人はそれほど多くないと思います。いかにもスキルがあるにもかかわらず、仕事ができない人がいます。

「仕事ができる」とはどういうことか。あっさりいえば「頼りになる」ということです。「安心して任せられる」「この人なら何とかしてくれる」、もっといえば「この人じゃないとだめだ」、そう思わせる人が本当の意味で仕事ができる人です。

この意味での仕事能力は、「あれができる・これができる」というスキルを超えています。それを総称して、僕は「センス」と呼んでいます。外国語を駆使しても、肝心の仕事の場で外国人相手に意思の疎通ができない人がいます。さまざまな戦略分析のフレームワークに精通しているのに、戦略を描けない人がいます。ロジカルシンキングとプレゼンテーションのスキルがあるにもかかわらず、話がものすごくつまらない人がいます。こういう人は「作業」は得意でも「仕事」ができない。スキルはあってもセンスがないのです。

「あれができる、これができる」と言っているうちはまだまだです。代わりになる人はいっぱいいる。極論すればマイナスがないだけ。ゼロからプラスをつくっていけるかどうかはその人のセンスに強くかかっています。

なぜスキルの先にあるものが大切なのか。その最大の理由は、仕事生活がわりと長く続くということにあります。スキル一本槍でも、途中まではわりと順調に行ける。しかしある時に厚い壁にぶち当たります。当人は「スキルで突破できる」と思っていても、いつかどこかで「あれ？　おかしいなぁ、こんなに頑張っているのに……」ということになります。

スキルがあるというだけで買われる状況は、人が足りないときに限られます。そのジャンルの人が足りないという状態ではスキルがものをいう。昨今のプログラミングのように「旬のスキル」というのはいつの時代にもあります。多くの人が旬のスキルに目を向ける。ところが、人間すぐには死にません。仕事は長い間続いていく。いずれはその分野のスキルを持つ人は増えていきます。平均点に高い評価を与える人はいません。

「ポータブルなスキルを持て」と言うけれど、その分野にはまらないとスキルは使えません。汎用性があるのはむしろセンスの方です。職位や職務領域を超えて、しかもどんな局面でも四六時中使える。リアルの営業でセンスがある人は、オンラインの営業でもだいたい上手くいく。相手が本当のところ何を欲しがっているのかを見抜く力がその人の営業力の中核にあるとしたら、そのセンスは人事の仕事にも活かせるはずです。センスは長い仕事生活を通じた拠り所になります。

スキルであればそれを開発する定型的な方法、すなわち「教科書」があります。リスキリングというと大変なことのように聞こえますが、やるべきことは決まっています。定評のある優れた方法を選び、継続的に努力を投入すれば、かならずスキルは向上します。やればいいだけ――こんなにうまい話はありません。

センスには標準的な教科書はありません。それでも生得的な能力ではありません。センスは自らが経験を重ねる中で錬成するものです。他者が「育てる」ものではなく、当事者がセンスある人に「育つ」しかありません。だとしたら何ができるのか。その第一歩は、身の回りにいる「センスがある人」を一人選び、その人をよく見るということです。「センスの良さ」は一言では言語化できません。それでも、センスがある人とない人の違いは容易に見分けがつきます。ある局面や状況で、なぜその人はそうしたのか。なぜこうしなかったのか。漫然と見るのではなく、考えながら見る。この作業を続けていくうちに、センスの輪郭がだんだんと見えてきます。

スキルが特定の物差しの上での量の多寡の問題（例えば「私はＴＯＥＩＣ９００点です」）であるのに対して、センスは千差万別です。センスがある人（と同時にセンスがない人）の行動を注視し、ひとつひとつの文脈で「センスの良さ」を読み解き、掴み取っていく。見て、見続けて、見破る――センスを磨くためにはこうした帰納的方法しかあり得ません。

だからこそ「仕事ができる人」はいつも稀少な存在なのです。

２０２２年12月

大学での知的トレーニング

このエッセイは僕が一橋大学の学内の雑誌（『一橋論叢』）に、30年近く前に寄稿した学生向けの文章です。成長していないといえばそれまでですが、僕の考えは今に至るまでたいして変わっていません。この機会により多くの方に読んでいただきたく、再録します。一橋ローカルで読者にとってわけの分からない部分を削除し、一部の用語を修正しました。それ以外は当時のままです。

はじめに

新入学のフレッシュマンはもちろん、多くの学生が多少なりともフレッシュな気持ちで新学期を迎えたことだろう。クラブ活動に打ち込もうとか、新しいバイトを始めようとか、それぞれの人が新学期のプランをもっていると思う。ところで、みなさんのプランの中に「勉強」は入っていますか。

1年生のうち多くの人はそれなりに大学での勉強に夢と期待を寄せているだろう。しかし、大学で勉強するということがいったいどういうことなのか、なんとなく雲をつかむような気持ちでいる人が多いのではないか。3年生や4年生であっても、今年こそ勉強しようと（多くの場合、過去の反省から）決意を固めている人が少なくないだろう。

とはいうものの、ほとんどの上級生にとってこの手の決意は「いつか来た道」なのではないか。新しい学年が始まると「今年こそ」と思う。しかし、そうこうしているうちに夏休みになり、秋になってキャンパスに戻ってきた頃には勉強意欲がすっかり萎えてしまい、さらにクリスマスとお正月が追い打ちをかけるようにやってきて、これじゃいけないと思っているうちに学年末試験になり、「お前この授業出てる?」「ノートならツテがあるよ」「じゃあ一杯おごるから俺にも情報流してくれない?」という会話がキャンパスのあちこちで飛び交い、ダメモトでばたばたと試験を受け、これじゃいけないということになり、また新学期になると「今年こそ」と思う。新入生は笑うかもしれないが、これを繰り返す人が少なくないというのが現実だ。

声を大にして言いたい。そんなことで大学生活が虚しくないのか。するとみんなは答えるかもしれない。「クラブ活動で充実しているし、バイトやデートで忙しいし、友達もたくさんできたし、そりゃあ勉強はいまいちかもしれないけれど、大学生活マジ最高っすよ!」

本当にそうだろうか。スポーツや遊びやバイトやデートだけをするのであれば、大学はそれほどよいところではないはずだ。スポーツだけに打ち込みたいのであればなにも大学まで来て講義に出たり試験でひやひやするのは割に合わないし、チャラチャラ遊びたいのであれば一橋大学のロケーションはあまりに田舎だ。

クラブや遊びがよくないと言っているのではない。それはそれで大切なことだ。ただし、知的活動が生活のコアになっていなければ、４年間（あるいはそれ以上）のまとまった時間を他ならぬ「大学」で過ごすことの意味がわからなくなってしまう。

この小論で強調したいことは、次の３つである。

1．大学での勉強は「知的トレーニング」であり、自分の軸足をおいた分野での明確な目的に向かったトレーニングとして取り組むべきである。

2．大学で知的トレーニングを積んだか積まないかははっきりとした差として現れる。

3．そして、大学で経験できる知的トレーニングは実は他の場所ではなかなか受けることができない。それだけに大学で過ごす時間は貴重である。

ここまで読んでなにか心に引っかかるものがあった人はぜひ以下の文章を読んでほしい。これはそういう人たちに対するメッセージである。何にも引っかかるものがないという人はもうどうしようもないので、とっとと遊びにでも何でも行ってください。きっと後悔するであろうことを予言しておく。

講義とデートとアルバイト

一橋大学の朝は8時30分スタートの1限から始まる。起きるのがつらい、できたら寝とばしたいとベッドの中でぐずぐずしたあげく、そのまま本当に寝とばしてしまった経験はないだろうか。躊躇するぐらいならまだいい方かもしれない。１限は出席しないものと端から決めてしまっている人もいるだろう。

ところがこれが彼女もしくは彼氏とのデートだったらどうだろう。かりに8時半に彼女との念願の初デートの待ち合わせがあったとしよう（そんなに朝っぱらからデートするというのはよっぽど訳ありのカップルだろうが、あくまでも仮定の話）。こういうときは相当早くから自然と目が覚める。入念に歯を磨き、シャワーの一発も浴びてから服装をチェックし、それでもまだ時間が余るから鏡の前でにっこり笑顔の練習までしてしまい、準備万端整えていざ出陣、という人が多いのではないだろうか。

なぜ講義とデートではこうも違うのか。そんなのは当たり前だという人は、たとえばアルバイトだったらどうだろう。もちろんデートと違って起きるのはつらい。つらいけれども、ひとしきりぐずぐずしてから結局アルバイトへと出かけていく人がほとんどのはずだ。

体育会系のハード・コアなクラブの朝練の場合はどうか。早起きがつらい上に待っているのは苦しい練習である。考えるだけでもつらい一瞬だ。講義に出るよりもよっぽどつらいだろう。それでも「今日はいいや……」とそのまま寝とばしてしまう人は稀だ。

「講義がつまらないから」と言う人に聞きたい。それではなぜ受験勉強にあれほど努力したのか。受験勉強は面白かったですか？　マニアックな人は別にして、受験勉強はもっとも面白くない作業のひとつだろう。

僕は受験勉強のためにある英単語の参考書を使っていた。そのまえがきに著者のメッセージとして「夏の海でガール・フレンドと戯れるのも青春の姿であるが、一人黙々と部屋で勉強するのも貴重な青春の一コマである。どちらが有効な時間の使い方かはいうまでもない」というような意味の文章があった。いうまでもなく、前者の方が貴重である。

高校生だった僕はこの人をおちょくったような文章に直面して怒りを禁じ得なかったものだ。受験勉強はまさに忍耐の世界である。みんなはどちらかというとよく耐えた方だろう。必ずしも面白くないことでも忍耐強く取り組んできたはずの君たちなのに、なぜ講義は寝とばしてしまうのだろうか。

答えは簡単、「講義からは得るものがない」からだ。いや、より正確に言えば「講義からは得るものがない」と思い込んでいるから、である。そこに得るものとか目的が何もなければ、エネルギーや時間を投入しないというのはごく自然な話だ。

逆にいえば、目的があるからこそ人は行動する。もっとも単純なケースがデート。文句なしに楽しい。デートすることそれ自体が目的になっている（場合によっては「手段」にすぎないこともあるが）。

これと比べるとアルバイトは手段にすぎないけれども、そこには明確な目的がある。手に入るバイト代が頭をよぎるからこそ早起きもする。「試合に勝つ」という目的があるからこそ、苦しくったって悲しくったってコートの中では平気なのだ。「合格する」ためにつまらない受験勉強にも進んで耐えるという成り行きになる。

ここで考えてみてほしい。大学で「講義に出る」とか「勉強する」ときに、みんなはそこにどういう目的をもっているのだろうか。あらためて問われてみると、「何となく面白そうだから」とか「強いていえば単位を取るため」という程度のことであって、とくに明確な目的はないという人が多いのではないか。目的が単位を取ることにすぎないのであれば、何も腰を据えて勉強する必要はない。近道や裏技や飛び道具がいくらでもある。

よく見てみると図書館にこもってバリバリと勉強している人もいないことはない。しかし、そういう人に限って資格試験のための勉強をしていたりする。彼らがなぜ勉強しているかというと、司法試験とか公認会計士とかのはっきりとした目的があるからだ。

ただし、こういう勉強は必ずしも大学にいなくてもできることだ。それが証拠にその手の人はしばしば資格試験の予備校にも通っている。聞いた話なので確認したわけではないけれども、商学部のある学年では女子学生の80％以上が公認会計士になるための予備校に通っているとのことだ。もし公認会計士になることが究極の目的ならば、そういう人は時間的、経済的なコストをかけて大学まで来る必要は実質的にはない。

いずれにせよ、目的をもたずに勉強するのは少なくとも普通の人にとってはとても難しい。もちろん、強い知的好奇心があって勉強することそれ自体が楽しくて仕方がないという人もいるだろう。これはデートのように勉強それ自体が目的となっているということであって、それに越したことはない。ただし、はじめから「勉強それ自体を目的としてせいぜいお励みなさい」と突き放してしまうのはあまりにも酷である。ある程度アタマがこなれてきてはじめてそういう境地に達するというのが普通だろう。

知的トレーニング

大学での勉強からは得るものがない、少なくとも明確な目的はない、単位さえ取れれば講義に出ても出なくても勉強してもしなくても大した違いはない、と漫然と考えている人たちに告ぐ。それはとんでもない思い違いであり、損失である。

大学でまともに勉強した人としない人では明らかに差が出てくる。成績がいいとか悪いとか、そういうことをいっているのではない。日経新聞に書いてあることがよくわかるとかいう単純な知識の量のことをいっているのでもない。もっと根本的な論理的思考力というかものの考え方のセンスというか、そういう本質的な部分が決定的に違ってくるのだ。これをここでは「知的能力」ということにしよう。大学で勉強するということには明確な目的がある。それは自分なりの知的能力を育成し獲得するということである。

「知的能力」というと、君たちはすぐたかをくくって「そんな曖昧なものはわけわかんないよ」と反応するかもしれない。たしかに知的能力は公認会計士の資格とか、成績のAの数のように形あるものではない。

しかしここで重要なことは、大学でまともに勉強したかしないか、その結果として知的能力があるかないかは雰囲気とか曖昧模糊とした違いなのではなくて、あくまでも「一目でわかる違い」だということだ。よーいドンで100メートル競走をすれば誰が速いかは一目瞭然だ。大学の友達同士で草野球をやるときに、体育会の野球部員が混じっていれば一発でわかる。経験者の方が目に見えて上手いのは当然だ。

知的能力もそれと同じである。ちょっと話をさせたりものを書かせたりすれば十分だ。社会に出てから見る人が見ればほとんど残酷なまでに知的能力があるかないかはわかってしまう。

これを読んでいる人は何らかの知的能力を基盤にして長い人生を生きていこうという人がほとんどなのだから、知的能力がないということはとても悲しく恥ずかしいことだ。その悲しさはまったく泳げないくせに彼女を含む友達たちとプールに行かざるを得なくて、楽しく泳ぎ回っている友達を眺めながら彼女の冷たい視線を感じつつ一人プールサイドで寂しい微笑を浮かべてひなたぼっこをしている人の悲しさに等しい。いや、もっと深刻だ。プールにいるときだけではなく、それが一生ついてまわるのだから。

大学での勉強は知的能力を育成するという明確な目標に向けたトレーニングである。そして、その成果は幸か不幸か「目に見える」。「トレーニング」というとスポーツを連想するだろうが、ロジックはまさにスポーツと同じだ。日常的にトレーニングし続けなければなかなか水泳は上手くならない。トレーニングがタイムを縮める。もちろんそのプロセスでは苦しいことやつらいこともたくさんあるだろう。

しかしトレーニングの効果はそのうちはっきりと自覚できるようになる。それが目に見える成果をもたらすからだ。目に見える成果のフィードバックがあるからこそ人はトレーニングする。勉強という知的な活動でも同じことだ。それは運動能力と同じで開発可能なものであり、個人が意図的・継続的に開発していくべきものだ。そのためには正しいトレーニングを積み重ねていくことがどうしても必要になる。

もちろんスポーツと同じように個人差はある。そもそも初期段階での知的能力の水準にはばらつきがある。トレーニングの成果がすぐに現れる人もいれば、なかなか成果につながらない人もいる。そもそも、自然と知的能力を身につけてしまうような天才肌の人もいるだろう。

しかし、そういうケースはごくまれであるし、そういう人がいるからといってトレーニングをしなくてもいいということにはならない。もっといえば、俺はそもそも人と違ってアタマがいいと思っている人も（たいていは思いこみにすぎない）、トレーニングという姿勢で大学での勉強に臨むべきである。長嶋茂雄だって現役の頃は猛練習したものだ。

知的能力の3階層

「知的能力」とはそもそも何なのか。それがわからないことには話にならないので、その中身についての僕なりの理解を説明しておきたい。経営学の中には、組織における人間のキャリアや能力の問題を考えるという領域がある。そこでは知的活動にとって必要となる能力の中身を次のように考えている。ポイントは2つである。

一般に知的能力は次の3種類の異なる性格をもつレイヤーで構成されている。これが第1のポイントだ。

1．技術的能力
2．対人関係能力
3．概念的能力

はじめの技術的能力とは、平たく言えば「技能」である。特定の専門分野での知識とかテクニックとか手続きに基づいて問題を解決する力のことを意味している。「専門能力を身につけたい」と漠然と思うときの「専門能力」はだいたいこれを指していると思ってよい。たとえば、会計のことがわかるとか、コンピュータが使えるとか、複雑な方程式が解けるとか、外科手術ができるとか、こういうのが技術的能力の例だ。

たとえばクラブ活動で比較的大きな予算があって、それをうまいこと配分していかなければならないというとき、会計という専門に根ざした技術的能力をもっている人がいるのといないのとではずいぶん違う。そのクラブで試合中に大怪我をした人が出たとしよう。このときに必要とされるのは、なによりも救急治療の領域での技術的能力をもっている人（医者）だ。このように、組織や人がある種の問題に直面したとき、それを解決するのに直接的に役立つ特定の専門領域での能力が技能である。

技術的能力はその具体的な中身についての標準化された理解が社会に定着していて、共通の言語が発達しているのが普通だ。ということは、「わたしの技術的能力はこれこれです」と簡潔に表現できるし、そういわれた方も「ああ、君のできることはあれあれなのね」と容易に理解できるということだ。

2つ目の「対人関係能力」。これは人と人とがさまざまなやりとりをするときに必要となる能力だ。これは単純に「口が上手い」とか「人づきあいがいい」ということではない。対人関係能力は「人にものを伝える能力」とか「説得力」といいかえてもいい。

たとえば、主旨としては同じようなことをいっているのに、なぜか妙に説得力があったり、話がすいすいと自分の中に入ってくるというタイプの人がいる。筋道を立てて説得的に話すのが上手いとか、人の意見に謙虚に耳を傾けるとか、その理由はさまざまだろう。そういう知的な側面での人間的な魅力の源泉となっているのがここでいう対人関係能力だ。

最後に「概念的能力」。こいつがなかなか難しいのだが、たとえばこういう能力だ。物事の部分ではなくて全体をみることができる力。全体を構成する部分の間のつながりを理解し、それをあるパターンをもった全体へとまとめあげる力。そのなかで、何が本質的に重要なのかをつかみ、優先順位をつけることができる力。そして「ようするにこれだ！」というコンセプトを創造する力だ。

「コンセプト」とは、われわれが興味をもっている対象とか現象とか物事の本質を凝縮した形でえぐり出した言葉のことだ。概念的能力は「問題の全体像を理解して、そこから本質的な問題を導き出す力」を指している。技術的能力があらかじめ設定されている特定の問題を解決する力であるとすれば、概念的能力は解くべき問題を発見して設定する力だ。コンセプトは組織や個人をつき動かす方向性とかパワーの大もとになる。

もう少し具体的な例でいうと、今ここに経営不振に陥っている会社がある。その理由はさまざまで、いろいろな問題がぐちゃぐちゃと入り組んだ形で山積している。「何が問題なのかが問題だ」という状況だ。こういうときに、「われわれの進むべき道はこれだ！」という方向を明確に打ち出すということ、そして「なるほど、そうだよね」

とみんながうなずいて元気が出てくること、「おーし、それでいくか」と周囲の人々がつき動かされるということ、それがコンセプトづくりであり、そこで必要となる力が概念的能力である。

概念的能力を使って問題が立った後に、それをさまざまな部分で解決していくのが技術的能力の担当となる。社会の中にいる以上人間の活動は個人で完結するということはないので、そこでは技術的能力だけではなく対人関係能力も重要になる。

もう一つの重要なポイントは、人に知的能力があるという場合、３つの能力は漠然と並置ないしは選択できるようなものではなくて、階層をなしているということだ。つまり、①技能が最下層にあり、その上に②対人関係能力が乗っかっていて、一番上に③概念的能力がある。特定の領域での技術的能力があってはじめて対人関係能力を獲得できるのであり、その上にしか概念的能力は育たない。

概念的能力は確かに一等重要で上等なのだけれども、何もないところにいきなり概念的能力をつけようと思ってもそれは甘い考えだ。技能、対人関係能力という積み重ねの上にはじめて概念的能力が生まれる。

だから「自分には何もないけれども構想力だけは自信がある」という人がいたら、あまり信用しない方がいい。「僕は特に何ができるわけではありませんがだれとでもうまくやっていけます」という人、こういう人はたしかに「いい人」かもしれないがしょせんそれだけで、「知的」能力はゼロだ。

繰り返すが、ここでいう知力としての対人関係能力がある人というのは「ただのいい人」では決してない。「いい人なんだけどなあ、でもちょっとね」という人は、技術的能力の裏付けのない「人間力もどき」の人であることが多い。

「自分はこれしかできない。人とのやりとりも下手だし、大きなコンセプトもない」という人は一見狭量で暗そうだが、こういう人の方がまだ健全で筋がよい。なぜなら、この人は技能を備えた人であり、それに立脚して上位のスキルを開発していく可能性を秘めているからだ。

大学での勉強の究極の目的は概念的能力の育成にある。これは大学での勉強に限らず、およそあらゆる知的研鑽は概念的能力の獲得をめざしているといえる。つまり、大学での勉強は、まず技術的能力のトレーニングからはじめて、だんだんと階層を上っていき、最終的に概念的能力の獲得に至るという流れをたどるわけだ。この順番をしっかりとアタマに入れてほしい。

まずは技術的能力から

大学での勉強に専門とか専攻というのがあるということは、程度の差こそあれ何らかの技術的能力がターゲットになっているということを意味している。このことはとても重要なことなのだが、残念ながら多くの人が誤解していると思う。技術的能力というと電子工学や医学、生化学、数学といったみんなの言葉でいう「理系」のほうがイメージしやすい。こういうことをやっている人には普通の人がなかなかできないような「これができます」というものがあるからだ。

いわゆる「文系」であっても、法律や会計などは技術的能力っぽいかもしれない。しかし商学部の勉強を例に取れば、みんなにとって技能の中身をイメージしやすい会計学はもちろん、金融やマーケティング、企業の経済学などなどすべての領域にはそれぞれに固有の技術的能力がある。僕の専門の戦略論にもきちっとトレーニングを積んだ人だけが使いこなせるいろいろな分析のフレームワークがある。それは数学を勉強した人だけが複雑な方程式を解けるのとまったく同じ意味での価値ある技術的能力である。技術的能力が重要だということについては文系も理系も関係ない。

ようするに文系と理系という二分法がよくないのだ。ありがちな図式だと、理系の人は技術的能力に強く、文系は対人関係能力で勝負する、ということかもしれない。しかし、それは勘違いである。先ほどの階層構造を考えれば、そういう「分業」が理系と文系の間にあるというのはちゃんちゃらおかしな話だ。技術的能力の支えのない対人関係能力などというものは、あったとしてもあまり尊敬されない。「あなたっていいひとね、さよなら」で一巻の終わりである。

どんな知的活動だろうと技術的能力の獲得からはじまることには変わりがない。これがなければ理系だろうと文系だろうとものにならないと考えるべきだ。「あたしは文系だし〜、自分の専門とかもないし〜、一所懸命勉強しても別に就職とか関係ないし〜」とか考えている人は、よく反省してもらいたい。

スポーツでいえば、優秀な野球選手になるためには体力をつけたりルールを理解したり正しいフォームを固めることがはじめに大切になる。それと同じで、技術的能力はすべての出発点であり、ある領域でまとまった知的能力を構築するためにどうしても必要となる「言葉」とか「文法」のようなものだ。それは意図的なトレーニングをしなければ獲得できないスキルである。

逆にいえば、正しいトレーニングを根気よく続けていけば技術的能力は必ず身につく。これが技術的能力のよいところだ。僕が知的「トレーニング」という視点を強調するとき、直接的にその対象となるのは技術的能力である。トレーニングによってゼロからいきなりコンセプチャルな力を獲得することはとても難しい。昔からある「滝に打たれる」というのはもしかしたらいきなり概念的能力を獲得しようとする「トレーニング」なのかもしれないけれども、それで本当に力がつくかどうかはよくわからないし、だいたい風邪をひいてしまう。あまり得策とはいえない。しかし、テクニカル・スキルのトレーニングから積み上げていけば、優れた概念的能力を獲得する可能性はぐっと高まる。

技術的能力のトレーニングはそれなりに長く厳しい道のりである。僕のゼミの学生を例に取れば、毎週かなりの量の英語の文献を読んで（英語で専門書や論文を読めるようになるというのもひとつの技能ではある）、基本的な概念や分析のフレームワークを勉強しなければならない。いろいろな授業に出るのももちろん重要なトレーニングの機会である。朝1限から出て、自分のやっていることに関連する知識を学習しなければならない。「知識」とは単に「知っている」というレベルではなく、その原理や論理を本質的に理解するということである。それだけではもちろん十分ではない。技術的能力は問題解決能力であるから、「理解する」だけでなくその知識を「使える」レベルまでもっていかなくては本当の力とはいえない。

あらゆる勉強には常に「理論」と「実践」とか「基礎」と「応用」の2つの側面がある。これもよく誤解されるところだ。たとえば、「経済学は理論的で抽象的だよねー」、「でも経営学は実践的だよねー」、「それなー」などと学生がよく話しているけれども、そんなことは決してない。経済学にも理論と実践があり経営学にも抽象と具体がある。

知識は自然と使えるようになるのではない。「知る」と「使える」の間には実は天と地ほどの差があるので、知識の習得と並行して、知識を使う練習を積まなくてはならない。僕のゼミの例でいうと、さまざまなケース・スタディをこなしていくのがこの練習に当たる。それに加えて、将来自分で問題を立てて分析するときにどうしても必要となるデータ収集と分析の方法論を勉強しなければならない。

こういった技術的能力のトレーニングを毎週重ねていくことがどれぐらいハードかというと、その質はちょっと違うけれども体育会のクラブと大体同じくらいハードと考えればよい。知的能力のトレーニングはスポーツのトレーニングと同じ論理だということは前に言ったけれども、まさにゼミは「知の体育会」だ。

実際ゼミの学生にいわせると、クラブが終わってから夜の2時、3時まで勉強することが珍しくないという。だからテレビを見る時間はまずないという。大学でこんなに勉強するとは思ってもみなかったという。ノイローゼ寸前だという。もう死にそうだという（ただしこれは教師である僕に対する自己申告なので、多少割り引いて考えた方がいいかもしれない。でも相当に勉強しているというのは本当）。

トレーニングの軸足

なにも彼らはもとから勉強熱心だったというわけではない。ゼミに入った頃は、エー、まことに申し上げにくいのですが僕は知的活動とは2年間ご無沙汰しておりました、ドーモすいません、体だけは大事にしてくださいという人がほとんどだった。脳味噌が豆腐のようにぐにゃぐにゃになっている人や、体育会のクラブのみに打ち込んできたため脳まで筋肉になってしまいましたという人が少なくない。

ではなぜ彼らはいまハードに勉強しているのか。理由は簡単で、こういった勉強が特定の専門に根ざしたトレーニングになっているからだ。彼らが目的意識に目覚め、勉強を技術的能力のトレーニングと受けとめているからだ。

考えてもみてほしい。さあ勉強しなきゃ、ということで背中を押されるような気持ちでやみくもに講義にでても、出席をしたとか授業中寝なかったとか良い成績がとれたという程度の自己満足が残るだけ。本当の意味での面白味や達成感を感じることはあまりない。勉強は自分自身でやるものなのさ、とクールに悟りを開いてそれらしい本を読み始めても、苦痛なばっかりで終わってしまう。

僕に言わせれば、これはなにも自分のやりたいことがないのに、ただ黙々と走り込みや筋トレをしているのに等しい。おもしろくないのが当たり前だし、途中で挫折しない方がおかしい。なぜハードなトレーニングができるかというと、野球がうまくなりたい、100メートル自由形のタイムを縮めたい、というような目的があるからだ。いいかえれば、そこに「野球」とか「水泳」という特定の種目があり、その分野で上達するための技術的能力が見えているからだ。

ようするに軸足のないトレーニングはあり得ないのである。「幸せは歩いてこない、だから歩いていくんだよ」というのは至言であるけれども、水前寺清子はやや詰めが甘いといわざるを得ない。歩き出す前に、まずどこに歩いていくのかを決めなくてはならない。「まずは技能から」と僕が強調する理由もここにある。知的トレーニングはまず自分のやりたい「種目」、すなわち専門分野に軸足をおくことから始まるのだ。自分で軸足を定めてはじめて勉強に目的が生まれ、その成果を自ら体感することができる。

トレーニングであるから、はじめは多少苦痛であっても四の五の思い悩む必要はない。よいコーチについて黙々とやっていればすぐに成果が現れる。能力がついてきた自分に気づくはずだ。そうなればしめたものだ。授業に出るにしても、本を読むにしても、友達とディスカッションするにしても、知的に貪欲になってくる。そういうことが苦痛でなくなる。ようするに勉強が本当の意味で楽しくなってくる。これが「軸足を定める」ということの意義だ。

この軸足問題は大学の勉強と高校までの勉強との差でもある。高校の勉強は間違いなく大学での勉強の基礎となるものであり、大学での勉強に最低限必要な「言葉」を提供するものだ。だから一種の技術的能力のトレーニングであるとも考えられる。

しかし高校までの勉強には軸足がない。少なくとも軸足を固めて勉強するようには設計されていない。これが大学の勉強との決定的な違いだ。だから知的トレーニングとしてどうしても弱い面がある。

一所懸命勉強するとしたら、大方の場合そこには「受験」という他人から与えられた目的があるだけ。これが現実にはニセの軸足として機能しているわけだが、受験に合格して大学に入ったら最後、ニセの軸足はとっぱらわれてしまう。自分で軸足を決めなければそれから先は歩いていくことはできないのだ。悲しいことに、ニセの軸足を取り上げられた善男善女が右往左往しているのがキャンパスの現状である。

では、軸足はどうやって決めればいいのか。結論からいうと、それは結婚と同じようなもので、客観的な選択というよりは主観的な決意というか「思いこみ」に近い。慎重に結婚相手を選んでこの人が最高だと思ったとしても、事前にその人が結婚相手として最高かどうかは本当のところはわからない。結婚してみてはじめてわかる。しかしだからといって一度に複数の人と結婚するわけにはそもそもいかないのだから、この人がベストなのかとか自分と本当に合っているのかなどとぐじぐじと心配したところで意味がないし、その必要もない。前向きに結婚生活に取り組んでいれば結果としてその人は最高の結婚相手になるのである。

大学での勉強の軸足の決定もこれと似ている。素朴な思いこみでいいから、とりあえず自分で決めてみるしかない。自分の思いこみを信じてみるべきだ。そして一度決めたら全力でトレーニングを始めてみるべきだ。で、どうしても自分に向いていなかったりつまらなければ、離婚すればイイ。

高校生の時から何となく専門として勉強したいことのイメージがあった人もいるだろう。たとえば経済学がやりたいとか、日本史がやりたいとか。しかしこういうのはあまりに素朴すぎるので、信用しない方がいいと思う。というのは、こういうイメージは往々にして高校での勉強が与えてくれるカテゴリーに引きずられてしまっているからだ。むしろ大学に入ってからオープンな気持ちで自分の「思いこみの芽」を探していくべきだ。

軸足を見つけるという意味で教養課程の2年間はとても大切な時間となる。現在の教養課程はどちらかというと幅の広い教養を身につける時期として位置づけられている（注：当時の一橋大学の話）。もちろん幅の広い教養を身につけることは大切である。しかしそれだけで終わってしまえば「幅の広い教養」は単なる拡散にしかすぎない。どこかに収斂していくポイントがあるからこそそれだけ幅もまた必要になるのである。

単に義務として講義に出たり、単位が取れる程度に聞き流すのではいつまでたっても「思いこみの芽」は生まれない。大学教育から僕のいう意味での知的能力を得ることは難しいだろう。いろいろな授業に出てみたり本を読んだりするときに、自分の結婚相手を決めるような真剣な気持ちでいることが大切だと思う。こういう姿勢でいれば、「これだよね」という軸足がそのうちかならず見えてくるはずだ。

僕もわずか8年前までは一橋大学の商学部生だった。まだ学生の心を失っていない（はずの）僕の経験は参考になるかもしれない。僕ももちろん例外でなく、大学に入った頃は勉強するということの意味がよくわからず、惰性で授業に出たり出なかったりしていた。ところが2年生の時に偶然に榊原清則先生の前期ゼミに入ったことから異変が起きた。榊原先生とのやりとりはとても刺激的だった。これは……、と思ったところに、伊丹敬之先生と野中郁次郎先生の特殊講義が追い打ちをかけた。ヒジョーに面白かった。「思いこみ」の芽が出てきた。3年生になった僕は榊原ゼミに参加し、この頃になると「思いこみ」は「確信」になっていた。それが結局今の仕事になってしまったのだから、人生どこでどういうことが待ち受けているのかまったく油断のならない話だ。

いずれにせよ、まだ軸足が定まっていない人は是非ともオープンな気持ちでいろいろな授業に出てみてください。もっといいのは教師と直接にやりとりすることだ。こういうことに興味があるんだけど、というようなことを相談したり、自分なりに感じた疑問を直接ぶつけてみるのが一番手っ取り早い。目星をつけて研究室に行けばきっと相談に乗ってくれるだろう。直接研究室には乗り込みにくいというシャイな君には前期ゼミや特殊講義のような少人数のクラスに入ってみることをお薦めする。ようするに自分一人で部屋に閉じこもってうんうん唸っていても、なかなか自分の軸足は見えてこない。

そして、コンセプトへ

ここまで技術的能力のトレーニングの必要性を強調してきたけれども、それはあくまでも概念的能力へ到達するためのステップとしての話である。

大学での勉強が究極的には概念的能力の獲得をめざしているということはすでに話した。「大学で勉強しなくてもいいさ」という人にその理由を聞いてみると、別の場所に代替的な勉強の場があるから、と考えている人が意外と多い。

しかし、それは間違いである。大学には大学でしかできない貴重な勉強の機会がありすぎるほどある。というと、したり顔の大人が「まったく役に立たない、意味のないことを勉強できるのは大学時代ぐらいだから、その意味で大学での勉強には意味があるのさ、ふふふ」などとわかったようなわからないようなことをつぶやいて遠い目をしたりする。僕はこういう人は好きではない。本当にまったく役に立たないようなことだったら、やらない方がいいに決まっている。少なくとも貴重な青春のまとまった時間を費やしてまですることではない。

結論からいうと、概念的能力をまともに射程においたトレーニングができる「場」は大学だけなのである。この点が大学での勉強に固有のいいところだ。もちろん概念的能力の研鑽は大学時代のみならず、一生続けるべきものだ。逆にいえば、知的能力に優れた人ほど社会生活の中でのさまざまな経験から概念的能力を磨いていけるものだ。しかしこれは個人的にやっているということであって、研鑽の「場」があるわけではない。

最近大学と並行していく人も多い専門学校は技術的能力をつける場である。しかし、そこで終わり。技能のトレーニングで閉じており、概念的能力へとはつながっていかない。大学ではむしろ勉強しない方がいい、企業に入ってから十分トレーニングを受けることができるのだから、という世をはかなんだ人も依然として少なくない。

確かに企業でも勉強はできる。企業には各種の研修プログラムやオン・ザ・ジョブ・トレーニング（ＯＪＴ）の仕組みが整備されている。しかしそこで学べる知的能力は圧倒的に技術的能力で、文字どおりの「実務」に偏っている。うまくしてもせいぜい対人関係能力どまり。だいたい企業での勉強は腰を落ちつけてやるというにはあまりにもばたばたしている。企業は企業なのだから、ひとりひとりにじっくりと一般的な思考のセンスを磨かせてくれるほどお人好しではない。

それでは概念的能力につながる知的トレーニングを受けたいと思う企業人はどうするのか。企業を一時的に離れて大学院教育を受けにくる。結局のところ大学に戻ってくるのだ。

前にも言ったように、概念的能力には標準的なトレーニングの方法はない。技術的能力のトレーニングを通じて獲得したハードな知識を使いながら、「思考」とか「問題発見」とか「コンセプトづくり」ということを試行錯誤でやってみるしかないのである。周りが用意できることといえば、結局のところよいコーチをつけるということに尽きる。

一橋大学が世界に誇りうるゼミナールの仕組みは実のところきわめて優れた概念的能力のトレーニングの場となっている。僕らはある意味で当たり前のように思っているけれども、海外の大学の人と話していて一橋のゼミナール制度の話が出ると、そいつはすばらしい！　と感心されてしまう。ゼミでコーチ役である担当教官や友達とじっくりと議論したり考えたりすることは、知的能力をコンセプトのレベルへと引き上げる格好のトレーニングなのだ。

この意味でもっとも重要なのが卒業論文の作成だ。卒論は概念的能力のトレーニングとしてきわめて有効だ。よい卒論を書くためにはまさに概念的能力が決め手になる。技術的能力は必要条件にしかすぎない。求められているのは人から与えられた問題を解くことでなく、自分ですてきな問題を設定することにある。そのためには、思いっきり「生みの苦しみ」を経験しなくてはならない。試行錯誤の連続になる。

しかし、ベースとなる知識を備えた人が卒論のような質の高い知的活動を経験するうちに概念的能力が醸成されていく。概念的能力をつけるためには何か本質的な知的作業を「集中してやってみる」しかない。その成果はもちろん卒業論文として結実するけれども、それ以上に重要なのはその作業を通じて概念的能力が育まれるということだ。

大学での勉強の最終到達点が卒業論文であるということは理由がある。概念的能力の獲得を究極の目的にしているということを如実に物語っている。気合いを入れて集中するべきだ。卒論を流してしまうということは、高級料理屋でふぐちりを食べたのに最後の雑炊を食べずに帰ってしまう、ということぐらいもったいないことだ。これが一番おいしいのだ。ゆめゆめおろそかにしてはならない。繰り返しいうが、こういう知的トレーニングの場は大学以外には世の中どこを探してもあまりない。みんなは自分たちがこういう貴重な場所にいるんだということをよく自覚してほしい。

はじめに知的能力はみんなにとって役に立つということを強調した。人によって差はあると思うけれども、「役に立つ」という意味でも概念的能力が重要である。一見すると具体的な問題解決を可能にする技能の方が社会人として有用そうに見えるかもしれない。もちろん自分の専門分野でつけた技能は社会で仕事をするときにも役に立つ。会計とか法律とかの職業との対応関係が制度化されている分野でなくても、みんなの想像以上に役に立つはずだ。

しかし、だからといって将来の仕事との関係に神経質になる必要はまったくない。すでに話したように、大学、しかも学部レベルでの技術的能力のトレーニングはそれ自体がゴールなのではなくて、あくまでもその先にある概念的能力の獲得をめざしているからだ。

一連の知的トレーニングを通じて何らかの概念的能力を身につけることができたかどうか。これが社会でみんなに問われるポイントなのだ。概念的能力は汎用的な「ものの見方」とか「思考のセンス」であるから、ある意味でオールマイティーな知的能力であり、仕事や職業に関わりなくかならず将来生きてくる知的基盤になる。

逆説的に聞こえるかもしれないけれども、「基盤」があってその上により高級で特殊な「専門」があるのではない。特定の専門で力をつけた上に一般性の高い知的基盤ができるのである。逆にいえば、こういう知的基盤としての概念的能力がゼロであったら、どんな仕事をしたとしてもそれは深刻なハンディキャップになるだろう。

ここまで話しても、大学での知的トレーニングが本当にそんなにいいものなのかどうか、その入り口か途上にいるみんなは半信半疑かもしれない。僕の限られた経験からいっても、しかし、社会人のみなさんと話をしていると「もう一度大学時代に戻りたい」という言葉がかならずといっていいほど出る。なにも仕事が大変だから、大学に戻ってのんびりと遊びたいといっているのではない。「大学でもっと突き詰めて勉強しておけばよかった」という反省というか後悔なのである。卒業してからあらためて大学での知的トレーニングの意義を痛感しているのだ。

もっとも知的スキルの研鑽には終わりがない。どんなに本質的な勉強をした人でも、その重要性を知る人であれば多かれ少なかれかならず自分の大学時代を後悔するものだ。だからこういう後悔には2つの種類がある。ただの後悔と何らかの達成感や満足感を含んだ後悔だ。達成感をもってにっこり笑いながら後悔できるような人になってほしい。

大学は知的トレーニングの絶好の機会を提供している。据え膳食わぬは大学生の恥。1年生のみなさん、君たちの大学生活は明るい。2年生、自分の軸足に目覚めよう。3年生、本番はこれからである。4年生、今からでも遅くはない。5年生以上の人、終わりよければすべてよしだ。

知的トレーニングは自分の中に埋もれている能力を発見していくプロセスであり、一生の財産になる知的基盤を獲得するプロセスだ。明るく楽しくのめりこめますよ。

1995年

ゆっくりと

In any economic climate, how do we build economic security, foster love, and find joy? How do we get rich? Slowly.（いかなる経済状況でも、経済的な安全を確立し、愛情を育み、喜びを見つけるためにはどうしたらよいか。どうすれば豊かになれるのか。ゆっくりと、だ）――スコット・ギャロウェイというマーケティング学者の言葉です。かなりの名言だと思います。

仕事で最初からすぐに大きな成果を出そうと思ってもまずうまくいきません。その理由は論理的に明らかです。成果を出すために必要な条件は二つ。能力と運です。ほとんどすべての人について言えることですが、いきなり飛び抜けた能力を発揮できる人はごくまれにしか存在しません。運がいい人もいますがそれはあくまでも一時的なもので、ずーっとツイてる人などいません。運の量は長期で見ればだいたいみんな同じだと思います。

プロの世界はそれなりに厳しい。仕事を始めたばかりの駆け出しのフェーズではほとんどの人が自分よりも優れた能力を持っています。重要な仕事はなかなか回ってきません。成果にしても、まれに出合いがしらのホームランはあったとしても、持続しません。すぐに大きな成果を出して、周囲に認められようとする――やる気があって優秀な人がしばしばはまる落とし穴です。

お金で考えてみるとわかりやすい。ごく短期間で手っ取り早く金持ちになろうとすればギャンブルしかありません。ツキまくって一時的に大勝ちしたとしても、決して続かない。ギャンブルの能力に多少の優劣はあるでしょうが、圧倒的に優れた才能や技術を持っている人など存在しません。古今東西の資金運用の王道は低リスク・低コストの長期分散投資となるという成り行きです。

ここで注目すべきは「複利」のメカニズムです。一回の儲けが少なくてもそれが元本に加算される。次期の儲けもやはり小さいのですが、元手が前よりも少し大きくなっている。これを繰り返しているうちにどんどん複利が効いてきます。雪だるま式に大きくなっていく。複利効果は日常生活の中で見過ごされがちですがこれほど強力なものはありません。アインシュタインの発言として知られる次の言葉があります。“Compound interest is man's greatest invention. He who understands it, earns it. He who doesn't pays it.”（複利は人類最大の発明。知っている人は複利で稼ぎ、知らない人は利息を払う）

仕事もそれと同じです。最初のうちは一つ一つの目の前の仕事で小さな成果を出せばイイ。仕事の元手は実績です。最初のうちは何の実績もないのですからお客や周囲の人が認めてくれるわけはありません。実績こそが内実であり、実績こそが信用を生みます。仕事の最大の報酬はお金ではありません。仕事そのものです。だんだんイイ仕事が回ってくる。で、ますます実績を出すチャンスが大きくなってくる。日々の仕事の実績を一つ一つ重ねて初めて重要な仕事が回って来るようになります。

小さな実績↓少しだけ大きな仕事↓実績↓仕事↓実績↓仕事……複利効果でだんだんと仕事の実績と成果が大きくなっていきます。もちろんこれには長い時間がかかります。ただし、です。そもそも仕事生活は長い。短距離走ではなくマラソンです。百年前と比べれば人間の寿命や仕事生活ははるかに長くなっているのですから、ますますゆっくりとやればイイ。

焦らず騒がず他人と比較せず、自分にとって重要なことほどゆっくり構える。ま、これがなかなか難しいのですが、仕事の原理原則の一つであることは間違いありません。

２０２４年8月

退職金

黒い巨塔作戦（山崎豊子『白い巨塔』の逆で、大学の経営管理職の仕事を回避しようとする作戦）が無事完遂され、一橋大学を早期退職し、先日退職金が振り込まれました。「実働31年間でこれだけか……」という気もしますし、「給料をもらっていたのに、辞めるときにさらに追い銭をくれるのか、イイね！」とありがたい気もする。ようするに金額の評価は気分の問題ということです。

本件に限らず、たいていのことは「気のせい」だというのが僕の考えです。「気」を左右するのは何といっても言語です。人間は言葉でなければ考えられません。

「退職金」というイベントを「退職金」といういたってニュートラルなネーミングは「気のせい」を増幅させます。「退職」というイベントをとらえているだけ。背後にある意味や（支払う側の）意図が言葉に含まれていません。

これまでの功労の対価を払うという意味での「功労報償金」という名辞だったらどうか。あまり嬉しくない。「俺が大学にもたらした仕事の価値ってこんなもんだったの……？」という気分になります。もっともこれは僕の勝手な見積もりなので、支払う大学に言わせれば「これでも払い過ぎだよ！」という可能性は大いにあります。

退職金は単純に在職年数で決まるので、もとより仕事の貢献を基準としたものではありません。僕の場合は定年退官前の勝手な自己都合退職なので、定年まで仕事をした場合と比べて割り引かれているらしい。「老後生活準備金」だったらどうか。もう少し気分はイイ。もちろん老後生活を丸ごと賄えるだけの金額ではありませんが、少しは足しになります。

僕の考えるベストのネーミングは「礼金」です。ま、いろいろあったけれど、感謝の気持ちとして退職時に金一封をつかわす。これなら相当に気分がイイ。しかもフツーにやりとりされている礼金やお祝い金と比べればはるかに額が大きい。随分と得した気分になります。この際、僕としては退職金に代えて「退職時礼金」というネーミングの採用を提案したい。名前を変えるコストだけ（つまりはゼロコスト）で幸福増大を実現できます。

繰り返しますが、世の中の多くのことが「気のせい」です。「お見合い」というと二の足を踏みますが、「マッチング」「婚活」と言えばその気になる。言葉の選択による気分の操作はヒジョーに費用対効果が大きい。経営はもちろん、人間社会にとってわりと重要な問題だと思います。

そこで政府に対して一つ提案があります。この際「税金」を「社会共通経費」と呼んではいかがでしょうか。支払う金額は同じにせよ、「よーし、仕事して持続的な社会のために貢献するぞ」という前向きな気分になります。

２０２３年６月

すこし愛して、ながく愛して

このところ以前に出した本の増刷がいくつか決まりました。２０１６年に出した『好きなようにしてください』が9刷、２０２０年の『逆・タイムマシン経営論』が3刷、半年前に出した『絶対悲観主義』が6刷、２０１０年の出版と古い本ですが『ストーリーとしての競争戦略』は33刷となりました。少しずつ版を重ね、多くの方々にお読みいただきありがたく思っております。

『好きなようにしてください』のように出版してから時間が経ってからの増刷、これが僕にとってはいちばんありがたいことです。それほど数は多くはなくても、興味のある人に長く読み続けられるような本を作りたい――『好きなようにしてください』はそれに近くなっています。

もちろん僕にしてもなるべく多くの人に読んでもらいたいと思っています。ただし、僕の方針として、以下のタイプの本は書かないと決めています。
1．時事的なテーマ（例えば「ポスト・コロナ」）
2．同時代のキーワード（例えばサステイナビリティとかＤＸ）
3．理論紹介の教科書
4．実務的方法指南書
以上の方針からして、僕の本は内容からして広範な読者を獲得できるものではありません。もとよりベストセラーにはなりません。ベストセラーよりもロングセラーが目指すところであります。競走馬に例えれば、スプリンターでもマイラーでもなく、ステイヤーが僕の距離特性です。２５００メートルでもまだ短い。３０００メートル以上のレースで好走できれば本望です。メジロマックイーンを目標にしています。

「すこし愛して、ながく愛して」。これからも長く読み継がれる本を目指して仕事をして参る所存です。

２０２２年12月

スパイ感覚

しばらく前に出した『絶対悲観主義』という本についてのインタビュー取材を受けました。何事においても「自分の思い通りにはうまくいかない」という前提に立って仕事に取り組むぐらいでちょうどイイのではないか、というのが『絶対悲観主義』のメッセージです。そういう考えに至るきっかけになった仕事経験の具体例は？　という質問がありました。そこで思い出したことがあります。

僕が30歳ぐらいのころの話です。カナダのマギル大学のヘンリー・ミンツバーグ教授の仕事を手伝ってほしいとの依頼がありました。その仕事というのは、カナダをはじめとするいろいろな国から受講者が参加しているエグゼクティブ教育プログラムでした。ミンツバーグさんは独自の道を突き進む経営学者で、当時から僕は大いに尊敬していました。喜んでお引き受けしました。

インターネットが発達していなかったので、当時の仕事のコミュニケーションは今から考えるとかなり大雑把でした。仕事依頼のファクシミリには日程だけ指定してあって、「とりあえずモントリオールに来い。話はそれからだ」――モントリオールに着いてホテルにチェックインすると、ベッドの上に一冊のファイルが置いてあります。そこには資料と地図が入っていました。「明日ここにきてお前が意味があると思うことを何かやれ」とメモがありました。

ホテルの部屋で「こりゃ上手くいかないな……」と思いました。当然ですけど。翌日の仕事は予想とはまったく違う方向に転がってしまい、この手の場数を踏んだこともなかった当時の僕は悪戦苦闘しました。当たり前ですけど。

それでも僕はこういう仕事をけっこう楽しんでやっていたような記憶があります。ホテルの部屋に入ると指示書がある。あとは出たとこ勝負――まるで自分がスパイになったような気分がして、思わずニヤリとしました。

駆け出しのころはこの種の無理難題が次から次へと押し寄せてきました。「どうせうまくいかないけれど、ま、ちょっとやってみるか」でやるしかありません。はじめから「うまくいかない」と思っていれば苦になりません。こうした成り行きで、僕は絶対悲観主義の構えを取るようになりました。

２０２２年10月

アナログの優位はスピードにあり

毎年この時期になりますと、翌年に使う手帳を買っています。この10年ほどずっと「ほぼ日手帳」を使っています。僕が使っているのは1週間が見開きの「weeks」。主としてスケジュール管理を目的としています。しばらく前からノートを持ち歩かないようになりましたので、仕事中にメモを取るのも手帳です。今年は軽さを追求してフツーの「weeks」にしたのですが、メモ用のページが足りなくなってしまいました。来年用には、２０２１年まで使っていた「weeks MEGA」というメモページ増量版を選びました。

値段はやや高いのですが、僕はほぼ日手帳を選び続けています。理由は抜群の耐久性です。製本もしっかりしていますし、何よりも紙がイイ。薄いのに書き直しを重ねても破れません。

僕はスマートフォンやPCでスケジュール管理をしていません。紙の手帳に一本化しています。各種アポイントメントがどんどん動いていく（例えば、ミーティングのために複数のスロットを候補として仮置きし、その後いずれかのスロットに確定する、というケース）ので、書き入れたり消したりが頻繁に発生します。以前使っていたスリムなスケジューラーは、これをやっているうちに紙が破れてしまい使い物になりませんでした。その点、ほぼ日手帳の紙はびくともしません。日々の仕事の道具として信頼しています。

スケジューリングでデジタル・ツールを一切使っていないので、万が一紙の手帳を紛失してしまうと、とんでもないことになります。その先、どこでいつ何をやるのかがまったくもってわからなくなります。対策としては「失くさないように気をつける」ぐらいしかありません。あまりに大切なものなので、いつも無意識のうちに意識しているようで、手帳を失くしたことはこれまでありません。

かつて一度だけですが、ついに失くしたか？　と冷や汗をかいたことがありました。自分の行動を振り返ってみると、軽井沢の家に置き忘れたのではないか――わざわざ手帳があるかどうかを確認するだけのために新幹線で軽井沢を往復しました。テーブルの上に手帳があるのを見つけたときはホッとしました。

だったらさっさとデジタルのスケジュール管理に移行すればイイのでは……という人がいるのですが、僕はこれからもおそらく紙の手帳を使い続けると思います。

というのは、デジタルは（僕にとっては）遅すぎるからです。アプリを開くのに手間がかかる。なによりもひとつの予定を書き込むのに時間がかかる。スケジュールノートを開いて予定を立て、書いたり消したりする行為を1日に何回も繰り返すことになります。スマートフォンでアプリを開いて指先でチクチクと書き込む手間に耐えられません。その点、アナログ手帳ならノーストレス。スピードにこそアナログの優位があります。

２０２２年10月

仕事を追う

ファーストリテイリングでの仕事を始めて十数年になります。自分で経営をしたことはないのですが、「門前の小僧習わぬ経を読む」。総体としての経営がどのようなものなのか、同社の創業経営者の柳井正さんから多くを学んできました。

具体的な仕事の方法論についてもいろいろな気づきや学びをいただきました。その一つが「仕事に追われるな、仕事を追え」です。つまりは時間軸での仕事への向き合い方です。仕事に追われるようになるとパフォーマンスは確実に低下します。こちらから攻撃的に仕事を追う――言われてみれば確かにとても大切なことです。

原稿を書く仕事にしても、締め切りが近づいて慌ててやるとロクなことになりません。早めに書いてしまい、しばらく寝かせてからじっくりと推敲作業をするようにしています。

仕事を追いかける状態をキープするためには、つまるところ仕事の総量の管理が大切です。僕は一人で仕事をしているので、目の前の仕事量が自分のキャパシティを超えないようにすることがとりわけ重要です。一定のラインを超えるような仕事は引き受けないようにしています。断るのも能力のうち、と心得ています。

こちらから仕事を追いかけるようにするためには、後始末ならぬ「前始末」をつけておくことが大切――これもまた柳井さんから学んだことです。

先日、ファーストリテイリングの仕事である役員の方と話をしているときに、面白い話を聞きました。その方は毎週日曜日に20分ほどかけて、次の月曜日からの1週間の仕事の脳内シミュレーションをするそうです。どの日にどのような仕事がどういう順番であり、そのために自分が何をしておくべきか、1週間の流れをイメージしておく。個別具体的なTＯ DＯリストではありません。あくまでも1週間の「流れ」で考えるというのがポイントです。「現実に月曜日からやることは僕にとって2回目の仕事です」とおっしゃっていました。これぞ前始末。

そこまでではありませんが、僕も似たようなことをやっています。その週の仕事が終わると、週末に次の1週間のスケジュールをゆっくり見て、流れのイメージを組み立てます。

この歳になると、とりわけ重要なのが仕事体力の配分です。1週間の中で負荷がかかる山場がどこにあるのかを見極めて、そこに合わせてしっかり休養を取り、体調管理をするようにしています。とことん疲れる仕事があったときは、帰宅してすぐ「集中治療室」（寝床で何もやらずにひたすら横になって休む）に入るようにしています。

これを1週間単位で繰り返す。1週間単位で仕事の量と負荷がなるべく一定の水準に収まるようにしています。ハードな日の次は少し緩くしておく。週の中で1日はテンションがかからない仕事（相手がいない仕事）だけの日を作っておくのが理想です。無理なら、半日だけでもリラックスして仕事ができる日を作る。

このイメージトレーニングは1週間単位でやるのがちょうどよい。向こう2週間や1か月となると仕事と仕事の間にある流れを具体的にイメージできなくなります。目の前の1週間に集中して、次の週のことは考えないようにしています。

対面批判

２０２２年９月

『絶対悲観主義』という本を出して１か月余り。例によって例のごとくキビシイご批判を各所で頂戴しております。「絶対悲観主義についてはほぼ何も書かれていない。大半はポエムと過去の回想に費やされている。週刊誌やｗｅｂメディアで読み捨てるだけの記事ならこれで良いけど、書籍としてまとめて読む価値がない」「全体としてまとまりがなく、何が言いたいのか分からない。最後まで読んでもバラバラの話題が統合されて絶対悲観主義として何らかの全体像を作るわけでもない。絶対悲観という派手な看板に期待するようなものは何もない」「筆者の鋭い見解や主張を期待するのではなく、慰みものとして悲観的なダメ男の取り止めのないダラダラとした随筆集として味わうならあり」「全体としては、文章の中身も編集もグダグダ。なかなかの駄作」――。

こうしたネットの記事やコメントは、ほとんどが匿名です。「本を読んだけど、面白かったよ」という好意的なお言葉を頂戴することもたまにあるのですが、実名のコメントやメール、もしくは対面で話しているときのことが多い。昨日もジムで鎌田さんという友人に出くわしたところ、すれ違いざまに「笑った」という一言をいただき、嬉しく思いました。

肯定的な感想は対面、否定的な批判はネットの匿名――どうしてもこうなるのですが、僕にとっていちばんありがたいのは対面での批判です。自分の思考を考え直したり、逆に自分の思考について確信を深めたりするうえで重要なきっかけを提供してくれるからです。

『ストーリーとしての競争戦略』という本を書いているとき、あっちこっちでその中身について話をしていたのですが、仕事でよくご一緒していた大前研一さんから強烈な批判を頂戴したことがあります。言うまでもなく大前さんは戦略センスの集大成のような人です。その大前さんが「戦略はストーリーなどというものではない」とおっしゃいました。『「好き嫌い」と経営』という本にある対談から引用します。

大前　私は生まれてから、上司の言うことを聞いたことがないし、親の言うことを聞いたことがないし、それから先生の言うことを聞いたことがない。それは死ぬまでそうだと思いますよ。

楠木　確かに「先生」がお嫌いですよね（笑）。

大前　もう大嫌いだね。楠木さんは珍しい先生だから別だけど（笑）。先生というのは過去形の人が多いと思う。うまくいっている会社とうまくいっていない会社を20年分調べて、「うまくいっている会社はこうです」とフレームワークをつくって、それを20年間教えている。学生は40年も古い話を聞かされるのだから、ひどい話です。私もＢＢＴ（ビジネス・ブレークスルー）で先生をやっているけれど、ケーススタディを毎週、自分でつくっていますよ。楠木さんは常に何かを観察して、気づいたことをシェアするけれど、そういう人が先生には少ない。観察をしながら、自分の考えていることを言うという点においては、楠木さんはアカデミックじゃないですよね。

楠木　悪い意味でも、まるで「アカデミック」ではないですけどね。僕はこの十数年、大前さんの会社の手伝いをしていますが、肯定的なことを直接言われたのは今日が初めてです。それまでは「おまえは先生なんかやっているから駄目だ」みたいな感じで（笑）。

大前　いや、そんなことないよ。『ストーリーとしての〜』なんて言っているけど、ストーリーは成功者があとでつくるものだから参考にならねえぞ」と言っただけ。

楠木　『ストーリーとしての競争戦略』の執筆中に大前さんに僕の考えを聞いていただいたとき、そう否定されました。後から面白い話に仕立てているだけで、当事者はそんなことは考えていない、とね。

大前　経営学というのはストーリーが出てきたらまず駄目だと思うね。ストーリーというのは思い返して出てくる部分が非常に多い。私もいろんなずるい経営者に会っているけれど、みんなうまい具合に過去が物語になっています。だけど一緒に苦労した人間から見ると違いますよ。必死になって生きようとした末にやっただけというのがほとんどです。先ほどシンガポールとマレーシアの話をしましたが、「おっ！　この国はこういう姿が見えるよな」とポッと気がつくのが先です。シンガポールで言えば、当時人口300万人を切っていましたから、「隣のインドネシアの人口が2億人を超えているし、製造業は難しいよね」と話し、必死に考えたバーチャルキャピタルというコンセプトを出したわけですよ。それに「ノー」と言ったリー・クアンユーとはその後何回も会っていますが、今となったら全部自分が考えたようなことを言っていますからね。これが「ストーリーとしてのシンガポール」ですよ（笑）。

楠木　話がヤバい方向に来た。でも、僕は戦略はやっぱりストーリーだと思いますけどね。

大前　いや、ベストセラーになったから、今は自分のほうが正しいと思っているでしょ（笑）。

大前さんの批判は至極もっともです。戦略構想はサイエンスというよりはアートに近い。戦略づくりはスキルではなくてセンスです。優れた戦略を創る人は戦略芸術家と言ってさしつかえありません。そういう人にとって、戦略ストーリーは大前さんが言うように「ポッと気がつくのが先」なのだと思います。

僕は自分で経営しているわけではありません。あくまでも観察者であり評論者です。世にある優れた戦略やそうでもない戦略を観察し、ああだのこうだの考えを言っているに過ぎません。

経営者の戦略構想と僕の仕事は、絵画芸術と芸術評論の関係に近似しています。優れた絵画芸術家はいちいち思考のステップを踏まずに「ポッと」出てくるように作品を創造します。僕はでき上がった絵を鑑賞したうえで、自分なりの基準と視点でそれを考察し、評価をします。なぜその絵が優れているのかを論理的に（できれば誰もが分かる形で）言語化するというのが僕の仕事です。

その意義は2つあると考えています。第1に、その絵がなぜ素晴らしいのかを伝えることができれば、戦略芸術家の域に達していない人が、優れた戦略の条件（それは「こうやったら優れた戦略ができますよ」という法則や方法の伝授ではない）を知ることができます。これはその人のこれからの経営にとって有用なはずです。

第2に、「ポッと気がついた」戦略であっても、それが競争優位をもたらす論理を説明できれば、当の戦略芸術家にとっても得るものがあるはずです。戦略芸術家は芸術家ゆえに自分の創造した芸術のメカニズムを（少なくとも言語的には）理解していないことがあります。ごくまれではありますが、痺れるような戦略ストーリーを構想した経営者当人が、僕の本を読んだり話を聞いたりして、「自分が考えていたことがようやくわかった。これからの打ち手が見えてきた」とおっしゃってくれることがあります。これが僕の仕事にとって究極的な成功です。

大前さんの批判のおかげで、逆に僕はストーリーとしての競争戦略という自分の考えに確信を持てるようになりました。

２０２２年７月

全能感

「旧い世界をぶち壊し、新しい時代をつくる！」「世の中を変える！」「もうワクワクしかない！」（↑こういうことを言う人とは友達になりたくない）「新しい景色を見たい！」（↑こういうことを言う人とは旅行をしたくない）とかいって起業する。

で、ちょっと成功する。カネが手に入る。で、高価なクルマを乗り回す。高級な時計を見せびらかす。高いレストランでシャンペンをあおる。「シャンペンがない昼メシはちょっと……」とか言う。若くて派手な化粧の女を侍らす。その手のバカ女（↑こいつもこいつで自分の目先の利得しか考えていない）や取り巻きにチヤホヤされて悦に入る。で、クルマや時計や女の美醜で他人と張り合う——。

一言で言って、こういう人は寂しいんですね。忙しく仕事をしていても、今一つ手ごたえがない。だから無意味な競争をする。「自分より上の人」が気になって仕方がない。くやしい。それをバネに「もっと上」に行こうとする。焦って無理な背伸びをする。で、自滅する。

やっていることは旧時代の旧世界の旧世代とまるっきり同じ。昭和のバブルおじさんと変わらない。朝鮮特需の戦後復興の経営者を彷彿とさせる。明治大正期の成金とも（スケールが大幅に小さくなっているだけで）相似形。新しい時代でも何でもない。まったく世の中変わっていない。どこにもワクワクがない。いつかどこかで見た景色。いまも昔も変わらない人間の性《さが》であります。

ようするに、いつの時代も上品な人（自分を知る人）と下品な人（自分を見失う人）がいるだけのこと。これ（だけ）が人間の分かれ目であります。ここ（だけ）を見ていればまず間違いございません。

先日、ごく近所に住んでいる友人の三原直さんと週末に近くのお好み焼き屋で食事をご一緒する機会がありました。直さんはホテルやレストランを運営する会社で仕事をしていらっしゃいます。

お店を出て、さ、帰ろうと家の方向に歩きだしました。家にアイスクリームを切らしていたことに気づいた僕は、途中にあるファミリーマートの前で、「ちょっと買い物して帰るから、僕はここで……」と言ったところ、間髪を入れずに直さんが言いました。「アイスですか？」――これにはわりとシビれました。直さんはこれまでの長いつきあいの中で、僕の嗜好を知悉し、行動を読み切っている。お客さまに対するおもてなしの世界で実績を積んできたプロの凄みを感じました。

話を戻します。イケイケの人の自滅パターンとして、調子がいいときに無理や背伸びをして事業を拡張してしまう、というのがあります。「ここだ！」と思ってリスクを取る。勝負をかける。これは事業経営に絶対必要なものなのですが、傍目から見て明らかに合理性を欠いた独りよがりの拡張になぜか邁進してしまう。それがいったん裏目に出るとなし崩し的にダメになっていくという成り行き。

この失敗パターンはこれまでにイケイケ界の先人が繰り返してきた定番にして鉄板のパターンです。そのイケイケの人も自分の業界でこの成り行きで自滅していった人を何人も見てきているはずです。にもかかわらず、なぜ自分も同じ過ちに頭から突っ込んでいってしまうのか。

この疑問を直さんに質問したところ、彼の答えは「自分だけは違う、自分は特別だ、と思っているんじゃないですか」――なるほど。言われてみればその通り。自分だけは特別で、自分だけはうまくいくと信じている。つまりは全能感です。

もちろん「全能」の人など実在するわけもありません。全能「感」でしかない。成功を経て自分の限界が明らかになってきた人ほど、焦りの反作用なのか、この全能感という厄介な思い込みに陥る傾向があります。

２０２０年８月

ゲラ天

天ぷらの話ではございません。ゲラ天国。略してゲラ天。

本をつくるときに、一通り原稿ができると出版社にお渡しします。で、出版社が本のレイアウトと同じ体裁にした原稿、「ゲラ」をつくります。で、このゲラの上に最終的な文章の修正や推敲をする。あらゆる仕事の中で、僕はこの作業がいちばんスキ。幸せはゲラ天にあり。

子どものころから自分の考えを言語化して文章にするのが大スキ。考えて、書いて、読んでもらう。これほど楽しいこともない。その延長でいまの仕事をしていると言えなくもない。この「楠木建の頭の中」にしても、日々書いて、しかも読者の方々に読んでいただけるという幸せを日々感じております。子どものころに書いていた本（勝手に手書きで本をつくっていた）は誰も読んでくれませんでした。それから比べると大きな進歩です。

文章を書く作業を嫌がる人もいるのですが、僕にとってはまったく苦になりません。考えることさえあれば、いつまでも、どこまでも書いていられます。ゴーストライターを立てる人がいますが、書くのが何よりも好きな僕には気持ちがまったく理解できません。

で、それ以上にスキなのが文章の推敲作業。一通り原稿を書いたうえで、ああでもない、こうでもないと、自分の文章を練り上げる。池波正太郎風に言うと、

（これがもう、たまらない……）

ということになります。

で、もっとスキなのが、最終段階のゲラ作業。紙のゲラの上に赤ペンで手を入れていく。これがもう楽しみで楽しみで、ゲラの仕事があるときは、朝起きたら30秒でもう取りかかっています。ゲラ天のために本を書いているといっても過言ではありません。

ゲラさえあれば新幹線で福岡に行くのも苦にならない。誰にも邪魔されず、ずーっとゲラに集中できます。ジッサイ、ゲラに没頭したくてあえて飛行機ではなく新幹線で福岡に出張に行ったこともあります。これぞゲラ天。ゲラこそ最高の友（ゲラ作業が終わってしまったので、帰りはさすがに飛行機で帰ってきた）。

没頭できるスキな仕事というのは人によってまったく違う。同業者にも「ゲラだけはイヤ」というゲラ地（ゲラ地獄）の人もいます。この辺が人間の好き嫌いの面白いところです。

しばらく前から『室内生活』という新しい本のゲラに取りかかっております。おそらく今月末には出版される予定です。副題は「スローで過剰な読書論」。内容は「全書籍解説・書評・読書論集」。これまでに手がけた書籍解説、書評のほぼすべてをぶち込むという無茶な本です。解説でいえば、翻訳した経営やビジネスに関する本（アダム・グラントの『GIVE&TAKE』とか）から塩野七生『男の肖像』まで、書評で言えば『ビジョナリー・カンパニー』から『古事記』まで。加えて、読書や日常生活の哲学（?）についての僕の考えを書いた文章もできるだけぶち込みました。

これほど商業性に欠ける本を出してくれるのが晶文社。前々から僕がいちばんスキな人文系出版社です。僕にとって最上最高の名著『古川ロッパ昭和日記』をはじめ、僕の大好物をたくさんつくってきた小さいけれどもセンスに優れた出版社です。ここから本を出せるというのは望外の喜び。

とにかく書き溜めていたものが膨大にあるので、この際できるだけ多くを詰め込もうとしたら、とんでもない量になってしまいました。さすがに温厚にして寛容な晶文社さまからもクレームが入りまして、書籍解説と書評以外の原稿を大幅にカットしました。

それでも500ページは余裕で超える厚さ。税込2640円。これはさすがに売れないと思います。ジッサイ、ごく少部数しか刷りません。でも、イイんです。スキだから。商売度外視の晶文社に敬意を表します。

で、この本のゲラ修正こそ僕にとって史上最高のゲラ天でした。いつまでやっても終わらない（長いので）。永遠に続くかと思う天国。思わず福岡行きの新幹線に乗りました。

製作の最終段階に入っている本がもう一つあります。僕にとって（学術書以外では）はじめての共著となる本です。お相手は山口周さん。タイトルは『「仕事ができる」とはどういうことか？』。

しばしば出版社から「こういう本を書かないか」という持ち込み企画が来ます。そのほとんどすべてが率直に言ってロクデモナイ企画です。「〇〇の教科書」とか「〇〇の力」とか「分かる！　〇〇」とか、ようするに安直なハウツー&ノウハウ本です。これはビジネス書出版界の宿痾と言ってもいい。「今のところ新しい仕事をお引き受けする時間と根性がないので……」とお断りしております。

『「仕事ができる」とはどういうことか？』は僕にとってはじめての持ち込み企画です。出版社から「仕事論を書かないか」という依頼がありました。しばらく前に『好きなようにしてください』という僕なりの仕事論の本を出していたので、例によって「今のところ新しい仕事をお引き受けする時間と根性がないので……」とお断りしました。すると再度お誘いがあり、「山口周さんとの対話をベースにやりませんか」。

前言を即時撤回し、お引き受けすることにいたしました。山口さんのご著書は読んでいましたが、会ったことはありませんでした。で、実際に本づくりをご一緒してみると、想像通り考えていることが似ている。とても楽しく仕事をすることができました。

こちらの本も原稿書きと推敲作業はすでに終わり、原稿を出版社に渡してあります。明日にもゲラが上がってくるはず。天気晴朗なれども波高し。喜びに打ち震えています。

２０１９年10月

仕事1年目のアドバイス

娘が学校を卒業して仕事を始めるときのことです。どうせ人間は3つぐらいしか同時に意識できることはない。毎年三つずつアドバイスをしようと思い、1年目に次の3つを伝えました。

1つめは「常に機嫌よくして、挨拶を欠かさない」。これは何をおいても大切なことだと思っています。知らない人でも「おはようございます」「ありがとうございました」。何か言われたら「はい」。これが仕事を始める段階で必要な能力の8割を占めると思っています。仕事は信頼関係です。人との良好なつながりをつくるための挨拶、これはもう決定的に大切です。しかも心がけていれば必ず実行できる。挨拶にスランプはありません。

2つめが「視る」。「これは！」と思う仕事ができる人を決めてずっと「視る」。漫然と見るのではなく自覚的に視て視破る。「なんでこの人はこういうことをこの局面でして、なんでこういうことはしないのかな」を答えがわからなくても常に考えてみる。あらゆる仕事は文脈に組み込まれています。視ることは仕事の文脈依存性を理解するための良いトレーニングになります。

3つめが、「顧客の視点で考える」。僕が仕事の基本中の基本だと思っていることです。外部の顧客だけではなく会社の中にもお客さんはいます。要するに自分の仕事の価値を享受する相手です。「今の自分が何をしてもらいたいと思っているのか」とか、「あの人は何を欲しているのか」ということを考えて、それにきっちり応える仕事をするに若くはなし。

この三つはすべて「スキル」よりも「センス」に深く関わっています。「エクセルのマクロの使い方」とか「英語はこのぐらいできるようになれ」なんてことを言ってもあまり意味がない。スキルであれば自然とフィードバックがかかる。たとえば英語。TOEICが300点だと、さすがにもうちょっと英語を勉強しようかなという気になります。ところが、センスはフィードバックがかからない。ない人はないまま行ってしまう。

センスのない人はそもそも自分にセンスがないということがわかっていない。洋服のセンスがない人はいつまで経ってもない。フィードバックが自然にはかからない。そういうことこそ、自分で意識しておく必要があるというのが僕の考えです。

自分が親しい社会人1年目の人がいたとして、3つアドバイスをするとしたら、どういうことを挙げますか。そこに自分が仕事で大切にしていることが出る。センスの自己理解にもつながります。

僕もこれまでいろいろな方々からアドバイスを受けてきました。大いに役に立つものもあれば、「そう言われても……」というのもあります。僕の経験に基づいて、メタアドバイス（アドバイスについてのアドバイス）をいくつか。まず「価値中立的」な言葉のほうがイイ。例えば「フェアーにやれ」。まったくその通りなのですが、「フェアー」というのは普遍的な価値です。つまり、誰にとっても「良いこと」。僕としてもできるだけフェアーにやりたいと思ってはいますが、なかなか難しい局面もある。いきなり肯定的な価値が入った言葉でアドバイスされると、そこで話が終わってしまいます。

なるべく動詞のほうがイイ。具体的な行動を触発するアドバイスのほうが有用です。「フェアーにやれ」も「やれ」なので、動詞といえば動詞ではありますが、具体的に何をやるかが分からない。

もうひとつ、それが何ではないかがはっきりしているほうがイイ。娘への僕のアドバイスでいうと、3つに共通して「当座のスキルはあまり意識しなくてもいい。できなければ自然とフィードバックがかかる。意識していないとなかなか行動できないことだけ意識しておけばイイ」というメッセージになっています。

僕がこれまで受けた中でいちばんグッときたものが若いころ大前研一さんから言われたこれ。「生活を変える方法は、住むところを変える、つき合う人を変える、時間の使い方を大きく変える、この3つしかない。いちばん役に立たないのは『絶対に変わるぞ！　という強い意志』だ」　――うまい！　これはホントに役に立ちました。

2019年9月

第3部

社会編

楠木建の頭の中
仕事と生活についての雑記

「無料」についての断章

1. 経営学の古典的な理論の一つに、臨床心理学者、フレデリック・ハーズバーグの「二要因理論」がある。論理展開が面白い。職務満足と不満足は相互に独立の次元であって、一つの物差しの両極ではない。満足の反対は不満足ではなく「没満足」(満足がないという状態)、不満足の反対は「没不満足」(不満足がないという状態)というのがハーズバーグの主張だ。

不満足の要因は、給与や勤務地といった仕事を取り巻く環境や条件にある。低い給料は不満足を引き起こす。しかし、給料を上げても没不満足になるだけで、満足には至らない。一方で、人間が仕事に満足を感じるとき、その人の関心は仕事の中身(達成感や承認)に向いている。「達成感のある仕事だが、安月給」というケースは、仕事に満足していながら、同時に不満足ということになる。

この話に限らず、マイナスをゼロまでもっていくことと、ゼロからプラスを生み出すことは似て非なるものだ。

2. GAFA(グーグル、アップル、フェイスブック、アマゾン)と一口に言うけれども、その商売の中身は相当に異なる。GAFAを「プラットフォーマー」として同列に論じるのは、全日空とヤマト運輸とトヨタとジェイソン・ステイサムを一括りにして「トランスポーター」と言うに等しい。

「リアル対バーチャル」という軸で見れば、GF組とAA組に分かれる。GFはデジタル情報財の商売に徹している。一方のAAにはリアルなオペレーションがある。アップルは実体のあるハードウェアを製造し在庫し販売する。アマゾンはさまざまな商品を大量に在庫して流通・販売する。

GFの年次報告書には頻出するけれども、AAのそれにはほとんど出てこない言葉がある——「マネタイズ」だ。AAは製品やサービスの提供で対価を取る。昔ながらの「普通の商売」だ。ところが、複製と移転のコストが低いデジタル情報財はそれ自体に課金するのが難しい。もしYouTubeやFacebookが有料だったら、ユーザーの数は現在の100分の1どころか1000分の1になるかもしれない。だからユーザー向けの無料サービスとは別のところでのマネタイズが必要になる。GFの商売の基本構造は、収益源の「マネーサイド」と情報サービスを無料で提供する「サブシディサイド」の二面プラットフォームという形をとる。

私はいまのところアップル製品を一つも使っていない。iPhoneをタダでくれるのであれば使うのにやぶさかではないが、そういう話が来たことはない。おカネを払わなければiPhoneは手に入らない。わりと頻繁にアマゾンで本を買う。便利だからだ。もちろん注文と同時に代金を支払う。

グーグルのサーチやマップのサービスも日常的に使っている。実に便利、これこそ文明の利器だと思う。フェイスブックは登録しただけで放置してあるが、人によっては便利であろうことは理解できる。しかし、フェイスブックはもちろん、グーグルにもこれまでビタ一文払ったことはない。

3. 商売に無料はない。GFの売上の大半は広告事業だ。利益に占める割合はさらに大きくなる。商売の実体は広告業に他ならない。「自社の商品やサービスを多くの人に知ってもらい、願わくは買ってもらいたい」という法人顧客のニーズを満たす。サブシディサイドはインターネットの登場後に勃興したデジタル情報財だが、マネーサイドは20世紀どころか19世紀から連綿と続く古典的な商売だといってよい。

無料サービスの裏側にあるマネーサイドは、広告である必要はない。論理的には他のマネタイズの方法もあり得る。しかし、インターネットが普及して四半世紀、グーグル創業からでもすでに20年以上が経過している。GF組をはじめとする二面プラットフォーマーがありとあらゆるマネタイズの方法を模索してきたにもかかわらず、依然として収益の大半を広告に依存している。フェイスブック社の売上に占める広告事業の割合は、一旦90％台前半まで下がったが再び増大し、直近では98％を超えている。広告業に代わる強力なマネーサイドは今後とも見つからない可能性が高い。

4. 今日では日々数限りない広告がデジタルメディアを通じて消費者に届けられている。しかし、広告市場全体はそれほど成長していない。

広告市場はコロナの影響で一時的に大幅に縮小したが、コロナ前の2019年の日本の総広告市場規模は6兆9381億円だった（電通の調査による）。この数字は2008年の6兆6926億円とあまり変わらない。確かにデジタル広告市場は右肩上がりで成長してきた。2019年、デジタル広告費は前年比19・7％拡大し、2020年のパンデミックの落ち込みの中でも前年比5・9％の成長を記録している。しかし、デジタル広告は必ずしも新たな市場を創造したわけではない。従来のマスコミ四媒体（テレビ、新聞、雑誌、ラジオ）の広告市場を食って伸びてきたというのが実情だ。

広告という商売の性質を考えれば不思議ではない。広告業はB to Bの商売、対価を払うのは企業である。企業の広告予算が増えなければ（つまり、企業がもっと広告を出す気にならなければ）、広告市場は成長しない。

広告は需要を刺激する。しかし、需要を創造する本体はあくまでも製品やサービスだ。長年縮小傾向が続いていた日本の出版市場は、この数年、デジタル出版はもちろん、紙の本も落ち込みに歯止めがかかった。その理由は、『鬼滅の刃』をはじめとするメガヒット作が続いたからだ。デジタル広告が伸長したからではない。

5. インターネットが登場する前のテレビやラジオも二面プラットフォームの広告業であったことに変わりはない。しかし、デジタル広告は一広告当たりのコストと価格を大幅に下げた。その結果、消費者が目にする広告の数は飛躍的に増えた。平均的な生活をしている人が一日に接触する広告の数を単純にカウントしたら、前インターネット時代の数十倍になっているだろう。

情報の豊かさは注意の貧困を生み出す――ノーベル経済学賞を受賞したハーバート・サイモンの言葉だ。人間の脳の処理能力には一定の限界がある。そもそも一日は24時間しかない。この制約条件は千年先でも変わらない。目にする情報量が増えるほど、ひとつの情報に振り向けられる注意の量は減る。

広告の最終目的は受け手にモノやサービスを買わせることにある。そのためには少なくとも注意を惹かなければならない。デジタル広告の生命線は低コストとそれが可能にする量の増大にある。デジタル広告空間に物理的制約はない。いくらでも広告の数を増やせる。デジタル広告のプラットフォーマーは配信する広告量を増やすことによって市場を拡大してきた。必然的に注意は犠牲になる。ここに宿命的なトレードオフがある。

広告が増えるほど、一広告当たりの消費者の注意と行動（クリックし、あわよくば実際に購入する）は減少する。一本の広告の価格は安くなる。しかし、それを補って余りある量があれば、全体としての広告料収入は増える。デジタル広告業は究極の「チリツモ商売」だ。

インターネット上の広告にはターゲティング（消費者の嗜好や属性に応じて広告を当てていく手法）という強みがあるとされていた。アップルによると、現在のスマホアプリには利用者の個人情報を第三者と共有する「トラッカー」が平均して6つ組み込まれている。ところがここにきて、プライバシー保護の観点から、消費者の行動追跡を抑止する「アンチトラッキング」の動きが出てきている。アップルはその急先鋒だ。デジタル広告は転期を迎えている。

6. YouTubeを観ていると、広告が出てくる。5秒我慢すると「広告をスキップ」というボタンが現れる。即座に押して観たい動画に移る。我慢と引き換えに映像を無料で観る。言い換えれば、ユーザーは視聴の対価として「不便」を支払っている。

我慢がイヤだという人には、ちゃんと月額課金メニューが用意されている。不便はカネで回避できる。

YouTube（すなわちグーグル社）におカネを払えば、広告が出ないようにしてくれる。これを「ネガティブ課金」と呼ぶ。

常識で考えてみれば、ヘンな話だ。当然のことながら、広告主である企業はYouTube上の広告を消費者に観てもらいたい。ところが、ほとんどの視聴者は広告を観ないで済ませたいと思っている。広告なしの有料メニューを視聴者に販売しているということは、この不都合な事実を当のグーグルが認めているということだ。いかにも矛盾している。

価値を提供して対価を得る。これが普通の商売だ。ところが、ネガティブ課金ではまずマイナスの価値を作り込む。そのうえでマイナスを解消するサービスを提供して対価を得る。「マッチポンプ」に近い。広告料を払っている企業にとってはいい気持ちはしないはずだ。しかも、広告なしを選ぶ人々は可処分所得が高い層のはずだ。良い客に広告が届かなくなる。

それでも、量が矛盾を癒やしてくれる。何せYouTubeは世界で2番目にアクセスが多いウェブサイトだ（1位はグーグル検索）。ユーザー数は10億人以上。広告がユーザーの注意を惹く確率がごく低くても、ここまでリーチが広ければペイする。テレビ広告を打つのと違って単価も安い。そもそもネガティブ課金を受け入れてまで広告を回避する人はごく限られる。

7. アラン・クルーガーは、著書の“ROCKONOMICS”（『経済はロックに学べ』）で音楽業界の経済メカニズムを考察している。音楽ストリーミングサービスが広告ありの無料サービスと広告なしの有料サービスを並行して提供している場合、広告——クルーガーの言う「邪魔というコスト」——が増えるほど、無料から有料に切り替えるユーザーが増えるという実験結果がある。

実際に、デジタル広告市場が右肩上がりの成長を続ける裏側で、米国の音楽有料配信市場は成長している。20

13年から17年の5年間で有料視聴者は630万人から3530万人へと6倍になった。結果として、音楽の供給側にいるアーティストとレーベルが受け取った収入は6億ドルから40億ドルへと増大した。

映画コンテンツの分野でのネットフリックスの急成長は周知の通りだ。有料のサブスクリプション契約者は2億人を突破した。ウェブメディアの台頭で苦戦していた新聞や雑誌の活字メディアも、ここにきてようやく有料購読者を増やしている。

インターネットとデジタルの時代になって、多くの消費者向け情報財は無料になった。その分広告への依存性が高まった。しかし、それでもある種の情報財はユーザーから直接対価を取れることが明らかになってきた。その情報財が「文化」の範疇にあるか否か。ここに有料と無料の分かれ目がありそうだ。文化的情報財は有料視聴や有料購読を回復しつつある。

8.「文化的」とはどういうことか

精神を高揚し、心を動かす。その人の生活に何らかの影響を与える。刹那的な刺激への反射に終わらず、記憶として定着する——あっさり言えば「心に残る」。ここに文化的情報財とそうでないものの境界線がある。

書籍や新聞、雑誌の言論は知識と知見を提供する。その一部は読者の価値基準に影響を与え、教養を形成する。私にとって高峰秀子『わたしの渡世日記』との出会いは衝撃的だった。以来、日常の仕事や生活の中で「高峰秀子ならどう考えるだろう・どうするだろう」と自然に自問するようになった。文字通りのディープインパクトだ。高峰秀子の著作群は自分の価値基準の奥底にあり続けている。

小説やマンガ、映画や演劇、スポーツや音楽といったコンテンツは心を豊かにし、ときには人々に生きる原動力を与える。私の生活には音楽が欠かせない。小学生のときに両親の運転するクルマの中で流れていたエルヴィス・プレスリーの音楽は滅法楽しかった。エルヴィスのラスベガスのショウの記録映画『エルヴィス・オン・ステージ』を観たときの痺れははっきりと残っている。それから50年経った今でも繰り返しＤＶＤで観る。

電車に乗れば、多くの人がスマホの画面を見つめている。大半はゲームをしたり、動画を観たり、ＳＮＳをチェックしたり、チャットをしたりしているのだと思う。ようするに、暇つぶしだ。スマホは人類史上最強の暇つぶしの道具といってよい。

暇つぶしをするとき、人々は自然と刺激的な情報に流れる。ネットメディアにあふれるスキャンダルやスクープの記事は格好の暇つぶしの友だ。ときには驚き、ときには興奮する。しかし、それは反射に過ぎない。この手の情報財はあくまでも一過性の刺激を与えるだけで、心に残ることはない。電車を降りたらきれいさっぱり忘れてしまう。

大半の人はYouTubeを暇つぶしに利用している。広告なしの有料サービスに課金するユーザーがほとんどいない理由もここにある。音楽や映画やスポーツ実況中継と違って、視聴環境の快適さにそれほどのこだわりはない。

「しょせん娯楽屋、されど娯楽屋」という任天堂はユーザーが長く楽しめるような「面白さ」を追求してきた。無料で遊べる携帯ゲームが出てきたときも、「ゲームは暇つぶしではない」と一線を画した。ゲームという情報財にも文化的なものとそうでないものがある。

スマホの無料アプリでゲームをする人々が急増した２０１３年、岩田聡社長（当時）はインタビューでこう発言している。「任天堂は３ＤＳ用に『とびだせどうぶつの森』というゲームソフトを発売しました。３ＤＳソフトの中で一番早くミリオンセラーになるほどで、特に大人の女性に受けています。『スマホでゲームをするからゲーム機は買わない』。もっともこうした消費行動が強いとみられていた大人の女性が、現実に３ＤＳを選んでいるのです」（『日経ビジネス』２０１２年12月10日号）

文化には暇つぶし以上の意味がある。文化的価値を享受しようとするとき、人々はより能動的に情報財に向き合う。読書習慣を持つ人は、紙であろうと電子版であろうと、読みたい本は買って読む。映画が好きな人は、有料サービスに加入して居間の大画面テレビで映画を観賞する。ときには入場料を払って映画館で映画を観る。スポーツ好きの人は、スポーツ専用チャンネルに課金して試合の実況中継に見入る。音楽を楽しむ人は、広告に邪魔されない環境で有料の音楽ストリーミングを利用する。素敵なジャケットに包まれたアナログのレコード盤を購入することもある。

スポーツや音楽の分野では、しばしば贔屓のチームの試合をスタジアムで観戦したり、好きなアーティストのコンサートやロック・フェスに出かける人もいる。他のオーディエンスとの一体感も含めて、スポーツや音楽を五感で楽しむ。

9. 文化的情報財は安い。クルーガーは、音楽が多くの人にとって重要な意味を持つ財であるにもかかわらず、その市場規模は驚くほど小さいという指摘をしている。２０１７年の音楽に対する米国の支出総額は１８３億ドルに過ぎなかった。ＧＤＰの０・１％以下、タバコ市場の５分の１でしかない。私は喫煙者なので、タバコは文化的嗜好品だと思っているが、それにしても、音楽市場の規模はタバコの広告市場よりも小さい。音楽は人々の生活への影響が大きい割には支出が少ない。クルーガーに言わせれば「断トツのお買い得」ということになる。

本はもっとお買い得かもしれない。イアン・カーショー『ヒトラー』とサイモン・セバーグ・モンテフィオーリ『スターリン』、この二冊のノンフィクションの傑作を続けて読んだことがある。合わせて３０００ページ以上、価格も合計で3万円。高いと思うかもしれないが、とんでもない。ちょっといい店にお鮨を食べに行けば、二人で３万円はかかる。そのときは美味しいだろうが、しょせん2時間の愉悦だ。

休日に集中して読んだとしても、2作で1ヶ月はとっくりと楽しめる。しかも、自分が生きる社会と自分自身の生き方について、いやというほど考えさせられる。そこから明日を生きるための価値観を引き出せる。読んでいる間だけではなく、思考と行動の基盤として、その価値が一生続く。これだけの叡知をたっぷりと味わえるのだから、腰が抜けるほど安いといっても過言ではない。世にあるありとあらゆる財の中でこれほどディスカウントされているものは他にない。しかし、タダではない。

10. ２０１９年までTwitterをゆるゆると10年間続けていた。以前からエクセルのファイルを使って読書記録や音楽・映画の視聴記録をつけていた。これをTwitterに移してやってみようというのがそもそもの動機だった。

当時、TwitterのようなＳＮＳは「コミュニケーション」とか「コミュニティ」という文脈で語られることが多かった。読書記録を発信すれば、見てくれる人からも反応があり、こちらも得るものがあるのではないかという期待があった。そのうちに日常の断片的な思考のメモとしても使うようになった。【本】とか【音楽】とか【メモ】というタグをつけてツイートしていた。

ところが、フォロワーが数千人を超えるころから、自分の考えやちょっとした主張に対して不特定多数の人から批判というか攻撃を受けるようになった。こちらもウブだったので、まじめに反論する。すると、火に油を注ぐような騒ぎとなる。ますます攻撃者が増える。そうした成り行きを（意図的に?）曲解した記事が「まとめサイト」などで拡散する。いよいよ炎上は広がり、匿名の人にいきなり「このハゲー!」とか言われたりする。返す言葉がない。Twitterでの「コミュニケーション」を自然と遠ざけるようになった。

そうこうしているうちに、ある会社から声がかかった。「オンラインサロン」という形式で有料（月額課金）のプラットフォームを運営しているので、そこで特定少数の読者に向けて発信すればいいのではないか——。ちょっと考えて、やってみることにした。価格はこちらで決められるという。ごくカジュアルな書き物なので、月額税込み５００円とした。２０１９年9月に「楠木建の頭の中」がスタートした。

こちらが好き勝手に書く文章におカネを払おうという人は少ない。それでも、毎日何本かは読んだ方々からのコメントがつく。読者に教えられることも多い。クローズドな場なので、Twitterのように荒れることもない。相変わらず髪はないが、「ハゲ!」と言ってくる人はいない。始めて一年が経過したころから、書き物を媒介としたコミュニティとはこういうことか、という実感が持てるようになった。

11.

「楠木建の頭の中」を始めるにあたり、告知をツイートした。「これまでのTwitterでの読書記録や日常の思考のメモは『楠木建の頭の中』に移行しました」。早速コメントがついた。「何様?」「見損なった」「カネ儲けに走ったな」——。

もちろんおカネが入るのは悪くない。しかし、たいした額にはならない。500円からプラットフォームの利用料と源泉税が差し引かれるので、読者一人当たりの入金額は300円ちょっとに過ぎない。「カネ儲けに走」るのであれば、もっとうまいやり方がある。

書き手にとっての有料の価値は、収入だけではない。読者に課金をすることがスクリーニングになる。これがありがたい。課金という行為は、読者に一定のコミットメントがあることを意味している。有料であれば、コミットしてくれる読者に向けて書くことができる。コミットしてくれる読者であれば、こちらの書くものをそれなりにきちんと読んでくれる。こうして価値交換とコミュニケーションが成立する。

家族や友人、同じ職場の人々といった日常的に顔を合わせる関係にあれば、おカネ以外にもコミットメントを示す方法は無数にある。しかし、お互いに顔が見えない不特定の人々が価値交換をする場では、おカネを支払うことがもっとも効率的で効果的なコミットメントの表明手段となる。ここに市場経済の妙味がある。

有料での情報財の提供は、読み手以上に書き手のコミットメントを問う。「楠木建の頭の中」の開始以来、月曜日から金曜日まで毎日休まず読書感想文やら折々の考えごとを会員読者に向けて発信している。一記事がだいたい1000字から3000字なので、少なく見積もっても50万字は書いただろう。有料でなければ、ここまで続かなかったと思う。量や頻度だけではない。雑文ではあるけれども、多少なりとも読者の記憶の片隅に残るものにしたい。それなりに気合が入る。

12. 仕事は趣味ではない。趣味でないものを仕事、仕事でないものを趣味という。趣味は自分（だけ）を向いた活動だ。自分が楽しければそれでよい。これに対して、仕事は他者を向いている。自分以外の誰かの利益になってはじめて仕事となる。

趣味のロックバンド「ブルードッグス」を30年以上続けている。渋谷の「Take Off 7」で定期的にライブをやっている（ライブハウスでのオールスタンディングのライブは究極の三密なので、一年以上バンド活動は中断している）。趣味であるからして、目的は「演っている自分たちが一方的に気持ちよくなる」ことにある。厄介なのは、観てくれる人が多いほどこっちも気持ちよくなるということだ。バンド内では、ライブに来てくださるお客さまを「犠牲者の方々」と呼んでいる。

ライブをやるたびに犠牲者の方々を熱心に募る。しかし、わざわざライブに来てくださる人は少ない。ブルードッグスの活動は常に「無人ライブ」のリスクに直面している。もちろんスポンサーもいない。その理由ははっきりしている。価値がないからである。なぜ価値がないのか。これまた理由は明々白々、趣味だからだ。そもそも他者に価値を提供することが目的になっていない。

13. 競争戦略という分野で仕事をしている。競争がある中で、なぜある企業は儲かり、ある企業は儲からないのか。その背後にある論理を考える。考えたことを言語化し、それを書いたり話したりしてお客さまに提供し、なにがしかの役に立ててもらう——これが私の商売だ。

もちろん、ボランティアで書いたり、講演することもある。しかし、それはこちらに文字通りボランタリー（自発的）な意志があるときに限られる。商売である以上、普通はお代を頂戴する。企業相手の仕事であれば、こちらに特別な意志がない限り、仕事の内容に応じてどなたさまにも決まった額の報酬を請求している。原則的にディスカウントには応じない。

この10年ほどは、副業として随筆や書評も書いている。趣味の延長上にある仕事とはいえ、こうした原稿は私にとってもはや趣味ではない。商売であるからして、依頼を受けたときは、必ず原稿料を明示してもらっている。もちろん私ごときの随筆や書評では大したおカネにはならない。それはそれでいい。大切なのは、金額を決め、双方が合意したうえで仕事をするということだ。

商売においては、買い手にも売り手にも一定のコミットメントが求められる。「価格」が市場取引においてコミットメントを示す一義的な指標となることはすでに述べた。高倉健は言う。「仕事を受ける基準は2つ。ギャラが高いことと拘束時間が短いこと」（野地秩嘉『高倉健インタヴューズ』）。

商品を無料で提供するのは、商売の道徳に反している。市場で価格がつかない「仕事」は仕事ではない。買い手は自分にとっての価値を判断する。それに応じておカネを支払う。売り手はおカネをいただく以上、それに見合うだけの価値があるものを提供しなければならない。それができなければ、次の注文は来ない。こうした緊張関係が生み出すコミットメントが仕事の質を向上させる。商売は私のような怠惰な人間にも規律を与えてくれる。

自分以外の誰かに向けてやるのが仕事である以上、まずは相手を儲けさせ、その結果として自分も儲ける――商売の一丁目一番地だ。約束したことは実行する。時間には遅れない。原稿であれば、締め切りは必ず守る。相手の立場に立って、相手のためを考える。商売は人間を成熟させる。

14. 自分の書いたものが読まれるのであれば、紙の本でも電子版でもこだわりはない。新聞でも雑誌でもいい。自分の考えごとが読者に届くのは何より嬉しいことだ。しかも商売として対価をいただける。考えごとを言語化し、読者に提供する――こんなにフワフワした営みを仕事として続けられている。奇跡に近い。

ただし私個人としては、YouTubeのような二面プラットフォームのサブシディサイドで仕事をしたいと思わない。YouTubeで動画を配信するとしたら、趣味の世界にとどめたい。そんなことは私の場合ありようもないが、仮にひとつの動画が毎回10万人の視聴者を獲得すれば、YouTubeからの収入で生活できるかもしれない。しかし、その原資はグーグルの得た広告収入である。視聴者が直接支払う対価ではない。

広告が悪いと言うのではない。特定の広告主が私の配信するコンテンツのスポンサーになってくれるというのであれば、その企業に対して何らかの価値を提供しているということになる。仕事として成立している。コマーシャル出演は高倉健にとっても重要な収入源のひとつだった。

しかし、である。ほとんどの場合、YouTubeの動画配信の報酬は、グーグルが機械的に割り当てた広告によって発生する。広告主は私（の動画）に発注しているのではない。グーグルに広告費を支払っているに過ぎない。彼らは支払った広告費が私の動画に使われるかどうかは事前には知らない。そもそもそんなことには関心を持たない。広告が視聴者に届けばそれでいい。そこには視聴者のコミットメントはもちろん、広告主のコミットメントもない。

こうしたゲームのルールの下で動画の再生回数を伸ばすためには、不特定多数の興味関心を幅広く獲得しなければならない。手っ取り早い方法は、人々の暇つぶしの本能をそそる内容に仕立てることだろう。かくして、芸能人や政治家のすべった転んだのスキャンダル、有名人の収入や人気のランキング、手っ取り早いカネ儲けや投資話、健康や美容の裏技、喧嘩や「どっきり」の大騒ぎ――こうしたコンテンツがYouTubeの主流となる。しかも、暇つぶしの視聴者は一つの動画をじっくりと観てはくれない。長くても10分程度に収める必要がある。

それはそれでいい。暇つぶしや浮世の憂さ晴らしは今も昔も重要な情報財の役割だ。需要があれば供給がある。しかし、そこには文化はない。繰り返すが、文化的な情報財は人々の心に残り、何らかのポジティブな影響が長く続くものでなければならない。インスタントに興味を惹いて、すぐに価値が減衰し、あとに何も残らないような情報は文化とはかかわりがない。文化的情報財は微分値の極大化を志向しない。文化の価値は時間軸上での積分値の大きさに表れる。文化はあとから効いてくる。

15. 文明と文化は似て非なるものだ。文明は不満足を解消し、没不満足を達成する。これに対して、文化は没満足をなくし、満足を創造する。

今日では地球上のあらゆる国や地域の人々がスマートフォンのアプリで日常的にコミュニケーションをとっている。手紙や葉書と比較すれば、メールやチャットははるかに速くて安くて便利な通信手段である。文化の違いにかかわらず、文明はあらゆる人間にとって便利なものだ。ただし、面倒や手間というマイナスを小さくしているに過ぎない。葉書がチャットになったからといって、相手の心に残る言葉が自動的に出てくるわけではない。

インターネットは文明の最たるものだ。デジタル情報財の無料化は文明の象徴といってよい。文明は不幸を少なくする。しかし、人々を幸せにするものでは必ずしもない。それは文化の領分だ。

２０２１年

本性への回帰

現象に一時的な非連続性があっても、人間がその本性において変わらないものである以上、世の中は相当に連続している――コロナ騒動が起きてから数年になりますが、その間僕が一貫してあちこちで書いたり話したりしてきたことです。

２０２０年5月、世界中で大規模な都市封鎖が起きていました。観光地のベニスでは、今まで見たことがないほど空気が澄み切っていました。インドでは、普段はカフェオレのような色の水だったガンジス川が川底まで見通せる清流になりました。

こういう予期せぬ出来事があると必ず出てくるのが、「世の中が一変する」「人々の価値観が変わる」「ポストコロナ時代は生き方が変わる」という話です。近過去に限定しても、ポスト〇〇で世の中が一変するという話は何回かありました（〇〇の例として、阪神・淡路大震災や地下鉄サリン事件）。東日本大震災の時にも、ポスト震災で世の中が変わると言われました。ところが、現実は大体のところ元に戻っています。

なぜか。人間もまた動物です。動物である以上、その本能というか、ちょっとやそっとでは変わらない本性というものがあります。僕は、結局のところこの世の中の基底を形づくっているのは人間の本性だと思っています。これを「本性主義」と言っています。

コロナのような大騒動の時ほど、人間の本性を軸に物事を考えるのが有効です。ペストの時代のヨーロッパを生きたフランスの思想家モンテーニュの言葉に「われわれはやはり自分のお尻の上に座るしかない」というのがあります。モンテーニュが言う「お尻」、これが人間の本性です。本性からは逃れられない、本性には逆らえない、ということです。

2020年ごろはオンライン飲み会が盛んになりました。なぜかというと、「飲み会」という行為が人間の社会的欲求という本性に根差しているからです。本性なので何としてでもやりたい。ところが、コロナでリアルに集まることはできない。そこでオンライン飲み会ということになる。しかし、2022年になるとオンライン飲み会をしている人はほとんどいなくなりました。なぜか。人間の本性に反しているからです。一時的避難としてはいいけれど、五感で時空間を共有して、飲んで食べて話す楽しみにこそ人間の社会的欲求があります。

コロナでリモートワークやリモート会議が一気に進みました。オンライン飲み会と異なり、こちらはコロナが完全に収束してもある程度は続くでしょう。これもまた本性の発露です。なるべく通勤のような面倒を減らしたいというのは、今も昔もこれからも変わらない人間の本性です。「会社には行くものだ」というのは慣習に過ぎません。慣習は必ずしも本性ではない。人間の持つ本性を包んでいるのが慣習であって、そのラッピングがひとたび破れると、「面倒なことはイヤ」という本性が作動して、リモートワークや仕事のデジタル化が進んでいくという成り行きです。これは生産性の向上という意味でも歓迎すべきことです。人間はそもそも生産性を向上させようとするものです。無駄や面倒を減らしたいというのは人間の本性だからです。

ツイッターのCEOにイーロン・マスク氏が就任し、いきなり従業員の半数の解雇に着手したというニュースが注目を集めました。ビッグテック企業は次々に大量解雇に動き出しています。メタ（フェイスブック）は全社員の1／8を削減、オンライン決済のフィンテック企業ストライプは14％の人員を解雇すると発表しました。

なぜか。ビッグテック企業がコロナ騒動になってから大量に人を採り続けたからです。なぜか。旺盛な需要が続くと考えていたからです。こうした企業の経営者は、パンデミックでオンラインの活動が急拡大したことで、ポストコロナでも消費者の行動やそれに対応した事業の在り方が根本的に変わると考えていた。「コロナが収束しても、世の中はもうコロナ前には戻れない・戻らない」という考えです。アメリカでは、コロナ騒動中にECが急拡大しました。しかし、コロナが下火になるや、消費者は従来の買い物行動に回帰しています。何のことはない、ECの取引量はコロナ前の水準に戻っています。

コロナ騒動になってすぐ、スペイン風邪のパンデミック（1918−1920）の数年後に書かれたアルフレッド・クロスビー『史上最悪のインフルエンザ　忘れられたパンデミック』を読みました。クロスビーがこの記録を書いた動機は、副題にあるとおり、「あれほど大騒ぎだったパンデミックなのに、数年経つと人々がきれいさっぱり忘れているのはなぜだろう」と不思議に思ったことにあります。

断言しますが、2030年の日本では、この数年のコロナ騒動のことをまったく意識しないで人々は生活していると予想します。もちろん、記憶は残っているでしょうが、言われるまではほとんどの人がコロナのことをきれいさっぱり忘れているに違いない。なぜかというと、人間はネガティブなことについてはいつまでも引きずらないようにできているからです。これもまた人間の本性です。

世の中が声高に「激動期だ！」というとき、僕はいつも本性主義に立ち戻って先のことを考えるようにしています。これでだいたい間違いありません。

２０２３年2月

小さな痛みの心地よさ

コロナのずっと前、２０１５年ごろの話です。当時僕が住んでいた神奈川県の鷺沼という町は東急田園都市線の沿線でありまして、この田園都市線というのが朝の都市部へ向かう通勤時間帯の大満員でつとに有名でした。

ある日のこと、今日もさぞかし混んでいるだろうな、と思いながらも、こんなことでくじけてはいけないと自らをハゲましつつ7時40分に乗車。ところが、です。混んでいることは混んでいるのですが、それまでの大満員というほどでもいない。

はてさて……と辺りを見回してみますと、優先席以外の椅子が無くなっていることに気づきました。座席が折りたたみ椅子になっていました。詳しいシステムはわからないのですが、どうやら混んでいる区間は一定の時間帯に限って椅子を出さないようにしているらしい。椅子がなくなるだけで同じ大きさの車両のキャパシティが随分と拡張するものです。

これはイイ解決策だと感心しているうちに、もう一つのことに気づきました。急行がなくなって「準急」というのになっています。僕の住んでいる鷺沼から東京都心方面に行く場合、途中からそのまま地下鉄になります。かつての急行の時代は、渋谷までは地下鉄の駅をすいすいと通過しておりましたが、準急は地下鉄になった先は全ての駅に停まる。

当然のことながら、急行に比べて準急は時間がかかります。しかし、混雑度合いはずっとマシ。多くの駅を飛ばす急行を走らせようとすると、どうしても本数が少なくなります。乗車時間を短くしたいと思うのは人情です。乗客は数少ない急行に殺到する。鈍行はガラガラ、急行は超満員。しかも各駅に停車する電車との時間調整に無理があった。電車であるにも関わらず自動車のような渋滞が常態化していました。準急になって本数も多くなり、急行のような前の電車が詰まっての渋滞もマシになりました。

ここで話の抽象度が突然上がるわけですが、全体の福利厚生の観点からすれば明らかに事態は改善しています。「座席をなくす」「急行をなくす」、この2つのアクションによって朝の車内の混雑が少なからず緩和し、疲労やストレスもわりと小さくなりました。席がないので座れないとか、急行に比べて目的地の到着時間が多少遅れるという不便はあるわけですが、一人一人が多少の不便を受け入れることによって、全体の利便性が向上するという成り行き、これが随所で作動していくというのが健全な社会の条件のひとつだと僕は考えております。座席と急行の撤廃による混雑の緩和はその好例であります。

コロナ前の話ですが、満員電車の混雑を緩和する解決策としては、より強力なオプションが議論されていました。働き方を変えて通勤の必要がない在宅勤務に切り替えていくとか（これはコロナで一部現実になった）、都市部に集中しているオフィスを郊外方面に分散していくとか、もっと言えば東京一極集中の仕事の機能を地方に分散していくとか、さらにラディカルな手段としていっそのこと首都をどこか人口の少ない所に移転してしまえという話もありました。

議論の基盤として忘れてはならないこと、それは人間社会の本質的な連続性です。人間は変化を嫌う生き物であり、その集積としての社会はさらに変化に抗うという本性を持っている。社会全体レベルの変化は漸進的にしか進まない。「根本的な解決」というのはあり得ません。

極端な話ではありますが、世の中まるごと全体を一挙に変えようとした派手な企てに、スターリンのボルシェビキやヒトラーの第三帝国、毛沢東の大躍進・文化大革命、ポルポト革命がありました。いずれも「根本的な解決」

を図った挙げ句の果ての大惨事になりました。人の世のことに限って言えば「根本的な解決」などというものはありません。非連続な変化に向けて社会全体を強力に統合しようとすると、それはもう全体主義の独裁体制しか手はないわけです。人の世の本性に逆らって非連続的な変化を無理やり実現しようとすると、ロクなことにならないというのが歴史の教えるところであります。

問題解決には必ずコストがかかります。そこで「痛みを伴う改革」といった大げさな言葉が出てくるのですが、一口に「痛み」と言っても程度問題です。考えてみれば、健康な人が席に座れなかったり、乗車時間が10分長くなったところでたいした問題ではありません。

もちろん「痛み」と引き換えに手に入れられる便益もたかが知れている。王侯貴族のように特別仕立ての快適な車両を独占して毎日通勤できるわけはない。それでも前よりは多少なりともラクになる。イヤホンから流れてくるJames BrownのI Got The Feelin'に合わせて足で小刻みにリズムをとりながら通勤できるぐらいにはなります。

「痛み」というと何かとんでもない不利益を被るような気になります。しかし、実際のところは、この程度の大して痛くない「痛み」で、まあまあ意味のある改善が実現できるというケースが世の中のあちこちに少なからずある。ゼロリスクがないのと同様に、ノーコストで得られる利得などそもそもありません。目先の小さな利害に固執することなく、ちょっとした不便やコストを受け入れることで、社会全体の福利厚生が確実に向上する。その改善を人々が実感として共有できる。そうした社会でありたいものです。

２０２２年11月

正論を声高に言う人

最近、スーツの襟にいろいろな色の入った輪のバッジをしているオジサン（やオバサン）を目にするようになりました。いわゆるひとつの「ＳＤＧｓバッジ」であります。

ＳＤＧｓ（持続可能な開発目標）の重要性が叫ばれるようになってきています。ご存知のように、貧困や飢餓の撲滅、保健衛生の実現など持続可能な世界を実現するための17のゴールが設定されています（だからバッジも17色の輪になっている）。これは誰も反対しない正論にして「良いこと」です。「14　海の豊かさを守ろう」「15　陸の豊かさも守ろう」と言われて反対の人がいるでしょうか。いるとしたらもはや反社会勢力です。

企業もＳＤＧｓを担う主体の一つです。ですから、企業がＳＧＤｓにどう取り組んでいるのかを「統合報告書」で積極的に開示しましょうという潮流になっています。これもまた「良いこと」であるのは間違いない。

ただし、です。「正論を声高に主張する人」、これが僕は嫌いであります。企業にしても個人にしても、それぞれが自分の持ち場と能力と意志で、自分が直接できることをやる。これに尽きるというのが僕の考えです。社会は個人の集積で成り立っています。自分と離れた別のところに社会が存在しているのではありません。一人一人が社会に参加しているわけです。正論を叫ぶ前に、日常の生活と仕事の中で自分は何ができるのか、何をするのか、こっちのほうがよっぽど大切です。

企業経営でもＳＧＤｓが大切なのは当然ですが、重要なのは効果・実績・インパクトの大きさです。第1のゴール「貧困の撲滅」がその典型です。企業が自らできることは何よりも自分の会社の「雇用をつくる」「給料をもっと払う」のはず。それは企業経営が自らの創意と努力で直接に実現できること。難民や紛争地域への寄付も大切ですが、こっちのほうがよっぽど大きく確実なインパクトがあります。

「正論を声高に主張する」一方で、社会的にろくでもないことをしれっとしている連中がいます。例えば、日本の将来を憂いた発言を連発する一方で、租税回避で法人所得税を支払わない経営者。どう考えても筋が通らない。腕っこきの弁護士や会計士を何億円もかけて雇って、租税回避のスキームを練り上げる。この手の愚行の撲滅をＳＤＧｓの18番目のゴールとして追加すべきだと思います。

ずいぶん前の話ですが、校長先生がその実フィリピンに渡航して少女買春に明け暮れていた（しかも克明なメモを取っていた）というニュースがありました。この人は学校では実に真面目で信頼を寄せられていた先生だったそうで、「なぜあの人が……!」という衝撃が走ったそうです。

自他ともに認める人間観察の達人だったサマセット・モームは名著『サミング・アップ』のなかで、こう言っています。「これまで見た人の中で、首尾一貫している人というのはただの一人もいなかった」――はじめて読んだとき、この一節に大いにしびれたものです。まったくその通り。首尾一貫した、裏表がまったくない人間など存在しません。生徒に信頼される先生がフィリピンで買春をしている。どちらもその人の本当の姿でありまして、矛盾がひとりの人間の中に同居し、そこに何の矛盾もない。ここに人間の本当があると思います。「どんなに単純な人間でも複雑である」――アメリカのニュージャーナリズムの旗手だったゲイ・タリーズの言葉です。

新型コロナの感染拡大で最初の緊急事態宣言が出されたときのことです。外出の自粛が呼びかけられる中、ある立憲民主党の衆議院議員が新宿の「セクシーキャバクラ」を利用し、性的サービスを受けたという雑誌報道がありました。よその党はもちろん、立憲民主党内部でも非難轟々で、この議員は党から除籍処分を受けました。

もちろん褒められたことではありません。ただし、非難すべきはキャバクラに行ったことよりも、この議員の言動です。彼は衆院総務委員会で、安倍晋三首相（当時）の会食が多いことを問題視する発言を繰り返していました。聖人君主じゃあるまいし、ましてや政治家、エグイところがあるに決まっている。キャバクラ好きでも別にいい。それがセクシー系でも、まあいい。

ここだけの話、僕にも大っぴらに言えないことが多々あります。大っぴらに言えないので言いませんが、人さまに隠しておきたい面があるのは厳然たる事実であります。それでも、というか、だからこそ自分を棚に上げた言動だけは厳に慎むべきです。それは、僕（およびこれをお読みのあなた）のように人に公言できない面を隠し持っているフツーの人間の最低限の社会的責務であります。キャバクラで議員辞職をする必要はなくても、この棚上げ行為は即時議員辞職に値する。

機会に乗じて旬の正論を声高に叫ぶ――これほど下品なこともそうそうありません。しかも、ミットモナイことだという自覚が当人にない。こういう連中ほど実は裏が暗く濃いものです。僕は絶対に信用しないようにしています。

２０２１年８月

国家権力

池袋にはめったに来ることがありません。どうにも不案内でありまして、ナビの道案内に従って走っておりました。この辺で右折だなという気がしたので右折の車線に入ったのですが、ふとナビの方に目をやりますと「ここで右折はまだ早い。直進してもう少し先を右折するべきである」との指示が出ています。ここはひとつナビに素直に従っておこうと、右折車線から直進車線と車線変更をしました。

ところが、その瞬間に近くの交番から出てきたお巡りさんがニコニコしながら赤い棒を振ってオイデオイデをしているではありませんか。時すでに遅し。右折車線と直進車線の間に引かれているラインの色は黄色でした。

「いやー、ほんと申し訳ないんですけど、違反は違反ですので処理させて頂きますが、ま、お金も絡むことですし、ご気分はよくないとは思いますが……」と、若いおまわりさんは異常に腰が低く、終始ニコニコとしています。青い切符を切られ、署名をして拇印を押し（「拇印のインクは特殊なものなのでこすればすぐに落ちますよ」とお巡りさんはあくまでも親切）、罰金の振込用紙を手にして池袋を後にしました。

こうしてたまに警察と直接触れる機会がありますと、「国家権力」の本質を思い知らされます。それは「交渉の余地なし」ということ。通常の仕事、とくに商業的な取引ではほとんどのことには交渉の余地があります。値段が高いからもうちょっと安くならないかとか、その日は都合が悪いから別の日にしてくれないかとか、その期日だと間に合わないからもう少し時間をくれないかとか、当事者同士でさまざまな交渉をして、折り合ったところで事が進みます。

ところが相手が国家権力となりますと、アーもスーもありません。一方的通告。指令。有り体に言って命令。たまにこういうことがあると、実感としてほんのりと国家権力の重みを感じます。

色々な人間がいてそれぞれが一定の自由を享受しながら様々な利害の中で日々を暮らしている以上、一部の領域についてはどうしても国家権力によるコントロールが必要になります。交渉の余地のない強制力や拘束力、これが国家権力の本質です。そうでなければ国家権力が存在する理由がそもそもない。だとしたら権力を行使する場面で人々の矢面に立つ警察官の物腰ぐらいは柔らかいほうがイイ。おそらく今の日本は、交通違反の時に出てくるお巡りさんの丁寧さでは世界一なのではないでしょうか。昭和時代のお巡りさんはもっと乱暴で不機嫌だったように思います。違反点数と罰金は失いましたが、日本社会の成熟を感じ、わりととイイ気分になりました。

ドライバー歴約40年ともなりますと、たまには摘発の憂き目に会います。初老の今は、せいぜい3年に1回の犯行頻度になりましたが、30代の頃の僕はわりと運転が荒く、道路交通法を無視する行動に出がちでした。お恥ずかしい話ですが、何度か免停になったこともあります。

大なり小なり犯罪というのはそういう面があると思うのですが、一度免停になってしまうとすぐまた免停を繰り返すという「免停蟻地獄」が待ち受けています。一旦わりと派手なスピード違反などで免停の処罰を受けてしまうと、その時点で持ち点がガクッと減る。そこで交通違反をしてしまうと、すぐに点数が尽きて再度免停になるという成り行きです。

免停を免除してもらうためには、丸1日の講習を受けなければなりません。免許の更新の時の普通の違反者講習で観るやつと比べると、免停者向けの教育映画は不良運転者に向けたものです。わりと激しい死亡事故を題材にしたドキュメンタリータッチで、人生がめちゃめちゃになると言うヒジョーに重苦しい内容になっております。僕も観たことがあるのですが、さすがに「ああ、これからは気をつけて運転をしよう」という気持ちに否応なしにさせられました。

僕と同世代の古い知人にKさんというバイク乗りがいます。この人はもうやたらとスピードを出してバイクを飛ばす。スピード違反でしょっちゅう捕まる。免停蟻地獄から逃れようとするどころか、若いころは自ら進んで蟻地獄の奥へ奥へと突入していくという清々しい行動を重ねていました。

彼から聞いた話が面白かった。ある日のこと、免停に免停を重ねたK氏はもはやルーティンと化した反省プログラムに出向きます。例によって反省映画が始まりますと、どうも様子がいつもと違う。普通は事故の場面から映画が始まるのに、大人が一列になってエッサホイサとランニングしている場面がいきなり出てくる。あれ、どうしたのかな？　と思ったところでナレーション――「交通刑務所の朝は早い……」

Kさんいわく「あれには参った。けっこう抑止力があった」。さすがに当局も考えています。行使せずに済むならばそれに越したことはありません。行使よりも抑止。これもまた国家権力の原理原則です。

2021年10月

無関心者の意見

僕はオリンピックに何の興味も関心もありません。コロナ騒ぎが起きず、仮に2020年に予定通り東京でオリンピックが開催されていたとしても、テレビで観ることはなかったと思います。ましてや、競技場に行って観戦しようなどとは夢にも思いません。小遣いをやるから観てこい、と言われても断ります。

競技試合の翌日に新聞で「○○選手が金メダルの快挙!」といった記事を読めば、「ほう……」と思うだけ。知らないうちに始まって、気づいてみたら終わっているというのが僕にとってのオリンピックです。東京大会もそうでした。

そんな僕でも、東京大会で日本選手が史上最多のメダルを獲得したことは報道で知っています。とくに金メダルが多かったそうで、お慶び申し上げます。新競技のスケートボードでは10代の若い選手が次々にメダルを獲得したとのこと。すごいなあ、と思いますが、僕はルールも分かりません。柔道やレスリングでは多くの階級で日本人選手がメダリストになったとのこと。兄妹や姉妹で金メダルを取った選手もいる。さぞかしご両親はお喜びのことだと思います。それでも僕は柔道にもレスリングにも関心はありません。重い病気から復活した池江選手はたいしたものだ……とは思いますが、水泳に興味があるわけではありません。

スケートボードや柔道やレスリングや水泳の試合を意識して観たことは一度もありません。「オリンピックでの池江選手の活躍に期待しています！」と言っていた人にしても、実際のところオリンピック以外で水泳の試合を追いかけている人は少数派でしょう。

陸上にしてもフェンシングにしてもスポーツクライミングにしても近代五種にしても話は同じで、そのスポーツに興味があるのではなく、「オリンピック」という国別対抗戦（のみ）に関心がある人が多いのではないでしょうか。「そのスポーツに興味があるから観る」が1割、「オリンピックだから観る」が7割、「関心がないので観ない」という僕と同類が2割、というのが僕の感覚的な分布です。

以上のような前提で申し上げるのですが、コロナ騒動で東京オリンピック開催の是非がしきりに論じられておりましたとき、僕は断固としてやるべきだと主張していました。海外からたくさん選手や関係者が来るにしても、対象者は特定されていますし、感染対策は取りやすい。感染症ですから多少の感染者は出るでしょうが（実際に出た）、大した人数にはならない。無観客にしたのは妥当な選択だったと思います。観たい人はテレビで観ればイイ。

しかし、選手はテレビやリモートで競技に出場するわけにはいきません。オリンピックに出場したい（そのためにトレーニングと準備をしてきた）という選手がたくさんいる。オリンピックを中止にすることによって生じる損失は、オリンピックを開催する損失よりもずっと大きい。オリンピックに出たくない選手は自分で出場を取りやめることができる。その辺は個人の自由意思で選択できます。コロナが収まっていない以上、全員を満足させる選択はないのですが、損得を考えれば、開催したほうがイイに決まっている。首都高速でプラス１０００円払うのもやぶさかではない。

ただし、です。以上は「東京で開催が決まっている以上やるべきだ」という話でありまして、東京開催が決まった２０１３年当時、無関心者としては東京でのオリンピック開催には反対でした。公的にもそのような意見を表明していました。東京のあとは２０２４年のパリ、２０２８年のロサンゼルスまで夏季オリンピックの開催地は決まっているそうですが、こういう成熟しきった大都市よりもインフラ投資の需要と余地が大きい新興国の都市でやったほうがイイというのが僕の考えです。

だいたいこのところのオリンピックはカネがかかりすぎる。だから新興国では開催が難しくなる。今のような巨大エンターテイメントではなく、もっと地味で簡素な競技大会に回帰すべきだと思います。開会式・閉会式はなし。競技種目も陸上や水泳、柔道やテコンドーやレスリング、射撃やアーチェリー、体操やトランポリンといった相対的にマイナーなスポーツに限定する。

サッカーやテニス、野球、バスケット、ボクシングなどはプロスポーツとして確立し、人気もあります。わざわざオリンピックでやらなくても、供給側（選手）にも需要側（観客）にもふんだんに機会があります。テニスは毎週のように大会が開かれ、テレビで放送されています。サッカーにはワールドカップがあります。日本が野球で金メダルを取ったというニュースは嬉しいものでしたが、国別対抗戦をやるのであれば、野球は野球でＷＢＣのようなものを開催すればイイ。

パリ２０２４のチームは、大会のCO_2排出量を過去の大会の半分に削減し、その影響力を環境問題への意識向上に役立てていくと表明しています。とても良い目標設定だと思います。その実現のためにも思い切った簡素化を期待しています。もちろん僕は観ませんが。（追記：ジッサイに観なかった。ニュースでハイライトは観ましたが。）

２０２１年11月

カルロ

これを書いている時点では、ロシア（というかプーチン）によるウクライナ侵攻が続いています。ロシアの国営メディアが、ポーランドでの西側の会議に参加したバイデン大統領がピザを食べているのを取り上げて「堕落の象徴」だと論じたというニュースがありました。

「堕落」というのは人間の本性がついつい求めてしまうことに流れるという意味でつかわれる言葉です。つまり、ピザは美味しい。しかも手軽に食べられる。しかし体に悪い。僕も冷凍ピザが冷蔵庫に入っていると、ついつい食べてしまいます。それにしても、タバスコを振りかけたピザは美味しいものですね。

このところのロシア国営メディア発の報道は、まるでソ連時代にタイムスリップしたようです。チェルネンコ政権（ゴルバチョフの前）当時のソ連では、アメリカ人がピザを食べコークを飲むのは資本主義の堕落の象徴だとされていました。ソ連のスポークスマンがピザが堕落だというのに対して、イタリアの外交官が「じゃあ、イタリア人は全員堕落しているとでもいうのか。ま、言われてみればそういう気もするが……」というナイスな返しをしていたのを思い出しました。

昔の話ですが、ミラノにあるボッコーニ大学のビジネススクールで教えていたことがありました。ボッコーニ大学はビジネス研究の分野でヨーロッパを代表する大学のひとつです。当時の日本ではバブル崩壊が最大の関心事でした。スクールのパーティーで知り合ったあるイタリア人学生は「バブル崩壊？　なんとかなるでしょ。ローマ帝国だって崩壊したんだから」とニコニコしていました。

ボッコーニ大学のビジネススクールの学生はヨーロッパを中心とする世界各国から集まっていて、僕の講義に出てきていた人たちを例にとっても、その出身は10以上の国に散らばっていました。僕のクラスでは地元ミラノ出身の学生は一人だけ。このカルロという学生は非常にサービス精神旺盛な人で、講義が終わると彼のクルマでいろいろなところに遊びに行きました。

カルロによれば、旅行者が見過ごしがちなミラノの本質は、①路上の「二重」縦列駐車の妙味、②本当においしいジェラート、③若い女の子の美しさ、の3つだそうで、「この3つをいちどきに体験できる場所へいこう」といってミラノの中心を少し外れたダウンタウンにあるジェラテリア（アイスクリーム屋）に連れていってくれました。

カルロは店の前のごくわずかな隙間を見つけると、彼のSAABのハンドルをぐるんぐるん回しながらものすごいスピードで縦列駐車をきめます。どんなにぐちゃぐちゃに路上駐車（しかも二重）してあるところでも、すべてのクルマが必ず脱出できるように位置取りするところがポイントで、この路上駐車のノウハウはローマにもナポリにもない特有の「無形文化財」であると言います。イタリアというとバンパーで文字通り「バンプ」しながらスペースをつくって縦列駐車から脱出するのが有名ですが、そういうのは「ローマ風」で、ミラノでは「エレガントでない」と馬鹿にされるらしい。「縦列駐車を爽快にきめた後できれいな女の子を眺めながら食べるジェラートに勝るものなし」ということでした。

カルロは実務経験も豊富な人で、以前はアパレル用の機械メーカーの輸出プロジェクトのマネジャーとしてさまざまな国で仕事をしていました。キャリアをステップアップするために仕事を辞めてスクールに入ったといいます。いつも渋いイタリアン・ファッションできめていました。奥さまもミラノ出身で、彼女はアーキテクト。

一見するとカルロはバリバリの上昇志向のビジネスマンに見えますが、話してみると生き方とかものの考え方にがつがつしたところがありません。彼との会話には「生活の質」とか「生活を楽しむ」といった言葉が頻繁に出てきました。「人生を楽しむということは人間に与えられたもっとも創造的な仕事だ」というのが彼の哲学でした。

彼のゆったりとした生き方はどこからくるのか。彼があるルネッサンス様式の教会を案内してくれたときにその理由がわかったような気がしました。カルロは歴史や宗教美術の専門家でもなんでもないのですが、その教会の建築様式や絵画を例にとって実にこと細かく、しかもわかりやすくミラノの歴史や芸術の本質について解説をしてくれます。なぜそんなに詳しいのかと質問すると、真面目な顔でこう答えました。「それはわれわれの日常生活のすべてが歴史とつながっているからだ。歴史のレベルで大きくものを考えるということがわれわれのベースにある」

日本企業を相手に仕事をしたこともある彼は言いました。「日本は『激動期』とか『曲がり角』とかいった言葉がいつも飛び交っているけど、僕にいわせれば、この手の言葉はもっと慎重に使うべきだ。じたばたしても仕方がないんだから、もう少しゆったりと構えて、本当に大切なことは何かをじっくり見極めた方がいいんじゃないか」

その後、彼と会ったことはありません。当時のカルロは30歳を過ぎていて、20代の教師の僕よりも年長でした。還暦を過ぎたカルロは、今でもミラノで豊かな日々を暮らしていると想像します。

２０２２年８月

松本問題

昨今、政治家が不倫などの「不貞行為」で責任を追及されるという事案が頻発しています。追い込まれた挙げ句に辞職する人も出てきています。

これをどう見るか。僕の考えは仕事という公の領域と個人的な生活という私的領域ははっきりと区別するべきだというものです。職務上のパワハラやセクハラが指弾されるのは当然です。しかし、私的領域の行為であれば、不倫しようとパパ活しようと、仕事とは関係がない。仕事で成果を出していれば、私的領域は完全に個人の自由選択であって、どうでもイイ。裏を返せば、私的領域でどんなに清廉潔白であろうと、仕事で能力がなければダメだということです。

「公人たる政治家とももあろうものが……」というのですが、公私混同の蒙昧だと思います。どんな職業についていようと、プライバシーは自由と自己責任の原則に立脚するべき。むしろ、公人だからこそ公私の峻別が重要です。

週刊文春で松本人志氏についての騒動に意見を寄稿したところ、村西監督（ナイスですね）をはじめとするたくさんの人々から「文春の犬め！」という趣旨の猛批判を浴びて閉口しております。ネットの批判の多くはそもそも僕が書いたものを読んでいないようにも思うのですが、僕は松本氏個人を批判する気はまったくありません。誰にも公にしたくない私的領域はいくらでもあります。私的領域は完全にその人の自由で、刑事事件でもない限り第三者が踏み込むべきではないというのが僕のスタンスです。

刑法に触れる犯罪であれば逮捕されるのは当然です。有罪であれば罰を科されるのは当たり前。刑法に触れなくても、松本氏の一件では相手側の女性と紛争になっています。不適切な女性関係が報道された自民党の宮澤博行前衆議院議員はおそらく家庭で揉めているでしょう。それは自分の責任として私的領域の問題として対処しなければなりません。

業務上のパワハラ・セクハラ行為や数年前の吉本興業での反社会勢力からの金銭受領を伴う営業問題ではなく、ごく私的な領域で起きている紛争（しかも実際にどうだったのかは当事者しか分からない）に第三者があだこうだ言うのは余計なお世話です。松本氏にも言い分がある。週刊文春を提訴するのは当然です。当事者同士で民事裁判の場で決着をつければよろしい。

いわゆる「文春砲」に僕は否定的です。当の文春メディアに「私は『文春砲』が嫌いだ」という文章を書いたことがあるぐらいです。

週刊文春お得意の「文春砲」、これが嫌いである。正確に言えば、嫌いというより興味関心がない。週刊文春を買って読むということは滅多にない。

なぜ関心がないかというと、ひとつには取り沙汰されている人物の多くを僕が知らないからである。「〇〇が未成年に淫行！」「××が不倫の泥沼！」というような見出しが電車の吊広告に出ている。〇〇や××は芸能人や政治家であることが多いのだが、ほとんどが僕にとって見たことも聞いたこともない人々だ。

テレビというものを観ないので、〇〇が有名タレントであっても、イメージがわかない。××が政治家の場合、こういう記事に出てくる政治家は大したタマでないことが多く、どんな人だかわからない。

仮に「戸倉隆が未成年に淫行！」「松山和男が不倫の泥沼！」という言葉が吊広告に躍っていたとする。こうした記事をカネを払って読みたいという人はいるだろうか。

ご存知ない方もいるだろうから念のために申し添えておくと、戸倉隆氏は僕のバンド仲間のギタリストで、松山和男氏は僕の所属するバンド、Bluedogsのドラマーである。もちろん仮の話であって、戸倉氏は未成年に淫行したことはない（と思う）し、松山氏は何があっても不倫などしないタイプだ。何が言いたいのかというと、これとまったく同じ理由で、僕は文春のスクープ記事に興味を持てない。

もうひとつの理由はさらに強固である。文春砲は不倫だ淫行だ泥沼だと書きたてるのだけれど、僕に言わせれば「そんなこと、どうだっていいじゃねえか……」なのである。

たとえば、しばらく前の話になるが、ベッキー氏をめぐる騒動。僕が例外的にこの件に関心を持ったのは、彼女の家（ご実家）が僕の自宅から徒歩15秒圏内にあるからである。テレビでベッキー氏を観たことはないが、近所の小さな女の子が後にテレビの人気者になったということは知っていた。

文春の記事そのものは読んでいないが、インターネットで流れてくるニュースを見ると、「そんなこと、どうだっていいじゃねえか……」というような話ばかり。人気者の有名税といえばそれまでだが、別に犯罪をしたわけでなし、こんな私的なことをやいのやいの言われるベッキー氏が実に気の毒であった。

ただ、あえてベッキー氏サイドに苦言を呈せば、「センテンス・スプリング」、これは言葉遊びとしてちょいとセンスが悪いと思う。春がスプリングなのはいいとしても、文のほうはセンテンスよりもリテラチャーにしてほしかった。文藝春秋創業者の菊池寛の精神を汲めば、「リテラチャー・スプリング」のほうがしっくりくる。いずれにせよ、その程度の「どうでもいい話」である。（『文春オンライン』2017年7月18日）

松本氏の件も僕にとっては「どうでもいい話」です。だからと言って文春を「けしからん」と言うつもりもない。週刊文春は商業誌です。文春のスキャンダルはジャーナリズムではありません。エンターテインメントの商売です。文春のスキャンダル記事をジャーナリズムとしての正当性の観点から批判するのは、AKBの音楽を聴いて「こんなものは芸術ではない」と怒るようなものです。そもそもエンターテインメントなのですから、気に入らなければ読まなければイイ。

僕が週刊文春で批判したのは、吉本興業のリアクションです。松本氏の私的領域で起きた問題について、業務上の契約をしている（だけの）会社が「事実無根」とかコメントするのはヘンな話です。会社が事実関係を調査する必要もなし。

松本氏の個人的な問題については一切関知するべきでないし、吉本興業ではなく松本氏が個人として訴訟をしているもの当然の話だ、というのが僕の意見です。仮に僕が（業務上のハラスメントは別にして）私的な人間関係で揉めたとして、一橋大学には関与してもらいたくありません。

松本氏の場合、騒動についての一連の報道で人気が低下するかもしれません。テレビに復帰したとしても仕事の需要が減少するかもしれません。宮澤前衆議院議員が辞任しなかったとしても、評判が落ちて次の選挙では落選したかもしれません。仕事が「お客」を相手にするものである以上、それはそれで仕方がない。しかし、それでも私的領域の行為を直接の理由として、謹慎しろとか引退しろとか辞職しろというのは筋違いだというのが僕の意見です。一言で言って「自分を棚に上げない」――公的に発言するときの最低限のルールだと心得ています。

公私混同の批判に明け暮れている人々に言いたい。自分が逆の立場だったらどうするのか。不倫や不貞行為を批判する側の人々の私的領域はどうなっているのか。ごく一部の本当に立派な人を別にすれば、ほとんどの人が公には知られたくない部分を抱えているはず。僕ももちろんそうです。人間というのはそういうものです。だからこそプライバシーという概念が生まれたわけです。

その人が私的にどういうことをしていようと、仕事はそれと切り離して考えるべきです。ピエール瀧氏の場合は麻薬取締法違反というれっきとした犯罪でした。現在はテレビやＣＭには出なくとも、映画やウェブドラマ、音楽ではきっちり活動しているとのこと。才能があり、彼の仕事を人々が求めているのですから、当然至極の成り行きです。

２０２４年3月

経歴詐称

またしても小池百合子東京都知事の経歴詐称問題――カイロ大学を卒業したかどうか――が問題になっています。これまでも繰り返し出ては消えてきた話で、もはや食傷気味です。

傑作ノンフィクション、石井妙子『女帝　小池百合子』を読めばよーくわかるのですが、小池知事がカイロ大学を卒業していないことはまず間違いない。経歴詐称は公職選挙法に反するので重要問題ではあるのですが、小池氏は生来の政治的ペテン師。政治家になってからずーっと人を騙しては煙に巻いて逃げていくというタッチ&ゴーに明け暮れている。経歴詐称はそのごく一部です。

日本初の女性総理大臣になるという禍々しい野望は潰えました。国政に戻る可能性はまずない。ということは小池氏の抜きがたい本性からして、おそらく次の都知事選に出馬するでしょう。スポットライトを浴びていないと死んでしまう人なので、ここで引退はあり得ないと思います（追記：で、3期目の都知事選に出馬して圧勝した）。

しばらく前に経歴詐称で指弾されたショーンK氏。僕はこの方に仕事で会ったことがあります。K氏はビジネスをテーマにしたラジオ番組をレギュラーでやっていまして、10年ほど前にそこにゲストとして招かれたのでした。テーマは（当時日本でもプロモーションを全面展開して話題になっていた）レッドブルの戦略でした。実際にK氏と話してみると、それっぽいビジネス用語を使って僕の話を敷衍するだけ。商売や経営についての定見がないのはすぐにわかりました。

しかし、です。見た目はハンサムでスマート。しゃべりも上手い。どんなことを聞かれてもそれなりのコメントを返す。何よりも声がヒジョーにイイ。メディアで重宝されるコメンテイター型タレントの条件をすべて満たしています。きっちりと需要に応える仕事です。

経営コンサルティングを仕事としていると言っていましたが、意図的な開店休業状態だろうと思っていました。だいたいK氏にまともなコンサルティング業務を依頼するクライアントがいたとは思えません。誰にも迷惑はかけていなかったと推測します。

ま、メディアで不特定多数の人を相手にする仕事ですから、経歴詐称を批判されるのは仕方ないにせよ、コメンテイター型タレントとしてはそれなりにイイ仕事をしていた。ちょっと気の毒です。

ハーバードのMBAを取得してコンサルティング業で成功するよりも、あれだけメディアに出て、あらゆるテーマについて当たり障りのないコメントを繰り出し、大衆の支持を得るほうがはるかに難しい。これは間違いありません。それこそがK氏の実力でした。

ショーンK氏の経歴詐称はごくライト級の取るに足らない話でして、ヘビー級のペテン師とは比較になりません。

僕が仕事で会ったことがあるX氏は、間違いなくヘビー級でした。実に豪華でキラキラした学歴（アメリカの有名大学の医学部卒）と経歴（若くして起業したベンチャーを大手IT企業に売却し、日本に戻ってきた）。一時期は各方面で論客として活躍していました。

X氏がスゴイのは、K氏と違って、とある分野の専門家として、内閣や行政庁の公職、企業のアドバイザーや役員に次々と就いたことです。驚くべきことに叙勲まで受けている。

パネルディスカッションやラウンドテーブルでの議論で、X氏と何回かご一緒しました。特定分野の専門家なのに、話がヒジョーに拡散的だというのが僕の印象でした。専門分野以外の時事問題や日本文化論へと次から次に論点が移っていく。とにかくよくしゃべるのですが、話の内容はごく普通。それこそテレビのコメンテイター型タレントのそれとあまり変わらない。

僕はX氏がその道の専門家であると思い込んでいたので、きっとサービス精神でいろんな話をしているのだろうと受け止めていました。自分の専門の詳細に立ち入ると、聴衆には理解できなくなる。あえて専門分野には深入りしないようにしているのだろう――。

で、しばらく経ってから、経歴や学歴の多くが虚偽であることが発覚したのですが、X氏が優れたペテン師ぶりを発揮したのはバレたあとです。直ちにすべての職を辞し、そのますーっとフェードアウト。以来、杳として行方は知れません。見事な身の引き方です。

遅かれ早かれペテン師は必ずバレます。少数の人を長く騙すことはできる。多数の人を一時的に騙すことはできる。しかし、大勢を長いこと騙し続けることはできません。インターネットにより情報流通が容易になった現在では特にそうです。

騙す能力よりも、バレた後の身の消し方——ここに優れたペテン師の条件があります。その点、繰り返し指弾されながらものらりくらりとかわしつつ悪あがきを続ける小池百合子氏は、ペテン師としても二流です。

２０２４年５月

美しい負け方とは

ビジネスにおける美しい負け方、ですか？　そもそも、ビジネスを選挙やスポーツの勝ち負けのメタファー（隠喩）で理解しようとすることが、根本的に間違っています。ビジネスの競争は、もっと平和なものです。

選挙にしてもスポーツにしても、勝ち負けを決めるためのルールが事前に決められていて、その枠の中で競争して順位をつけます。どちらかが勝てば、どちらかは負ける。必ず優劣がはっきりします。

ところが商売の世界には一つの業界に複数の勝者が存在します。他社との違いをつくるのが競争戦略の基本原理です。それぞれに違うポジションで商売をしているので、星野リゾートもアパホテルも、どちらも勝者になり得る。「敵の殲滅」が目的ではありません。

ビジネスの世界にあるのは、勝ち負けというより、成功と失敗です。「勝ち組企業」なんて表現をされることもありますが、正しくは「成功した企業」。必ずしも別の企業を負かしたわけではありません。そもそも、「勝ち組」「負け組」ほどいやな言葉もない。実態のない「組」でくくる。勝負は組になってやるものではありません。

トランプ氏も往生際が悪い。商売の世界では、成果が出ないのに社長の座に居座るような経営者は相手にされません。選挙結果のように白黒はっきりしていないものの、経営は常に厳しい評価にさらされ、結果が問われます。

商売が評価される場は主に三つあります。「お客さんに選ばれるか」という競争市場、株価などの資本市場、「働く人から選ばれるか」の労働市場です。

これまで日本の大企業は黙っていても社員が集まり、労働市場からの評価がないかのような錯覚に陥っていました。ところが、人手不足や終身雇用の見直しで、いまは無視できない存在です。労働市場からのプレッシャーがいよいよ経営の規律として機能し始めた。これはとてもよいことです。いい加減な経営をすれば、市場での評価が下がり、社長は交代を余儀なくされるということが当たり前の時代になりました。

トランプ氏はこの際、元のビジネスの世界に戻ったほうがいいと思います。負けたとはいえ、7000万票以上もとった。彼は不動産業界の切った張ったの世界で育った人です。本質的に政治は向いていない。政治家としての勝負で敗れたのを機会に、もう一度ビジネスパーソンとして、その持て余すほどあるエネルギーを放出したほうがいい。市況の変化への素早い対応を常に強いられる不動産業の人は、失敗しても「はい、次」という切り替えが早いという特徴があります。今こそ本来の力を発揮して欲しいものです。

2020年12月

柔軟、されど哲学なし

安倍政権については相対的に前向きな評価だ。長く続いていること自体が最大の功績だ。それまでの短期政権は政権の体をなしていなかった。民主党の鳩山由紀夫、菅直人両政権と比べたら何をやってもよく見える、という運の良さもある。

首相の仕事は特殊だ。特定の知識やスキルを超えたセンスがものをいう。総合芸術の極致のような仕事であり、実際に経験を重ねていくことでしかセンスは身につかない。やればやるほどどうまくなる。

安倍首相は歴代首相と比べて手数が多い。仕事量が多く、処理も速い。その時々の課題について的確に意思決定している。菅官房長官らスタッフを含め、政治センスがある。バランス感覚があり、国民に「変な方向に引っ張っていくことはなさそうだ」という安心感を与えている。

人の長所と欠点はコインの両面みたいなものだ。安倍首相に感じる物足りなさは、「良く言えば柔軟、悪く言えば確固たる哲学や歴史観がない」ことだ。

人々が物事を短期で見る方向に流れていく中で、長期に見るように持っていく力――ここに究極的な指導力がある。その源泉は哲学や歴史観だ。

企業経営も同じだ。上場会社などは四半期ごとに決算報告があり、短期に流れていく条件がそろっている。その中で、長期志向に寄り戻す力量が問われる。この意味で、パナソニック創業者の松下幸之助氏や京セラ創業者の稲盛和夫氏ら優れた経営者はそれぞれに確固たる哲学を持ち、強い指導力を発揮していた。

米国のニクソン元大統領は「悪役」にして「嫌われ者」だった。それでも彼が遺した名著『指導者とは』を読めば、ニクソンが一貫した政治哲学を持っていたことは明らかだ。

安倍首相は器用で、トランプ米大統領らクセのある政治指導者でも仲良くできる柔軟さがある。これは外交面でメリットになっている。しかし、日本をこれからどういう国にしたいのか、強烈なメッセージがない。長期にわたる骨太で平明なストーリーが見えてこない。

歴史的な事実として面白いのは、高度成長期の昭和40年代ぐらいまで「日本社会の全ての問題の根源は人口増だ」と言われていた。数十年たった今、全ての問題の根源は人口減となっている。つまり、長期で考えなければならないということだ。

今後、人口は減っていくが、どこかで下げ止まり、定常状態を迎える。それが仮に7000万人だとすれば、人口7000万人の日本の前向きなビジョンを描いてほしい。その過程で苦しいことがあっても、国民に将来の希望を示すことが先決。その上で社会保障の資源配分など具体的な政策を出していくべきだ。

政治には常にオルタナティブが必要だ。競争戦略の視点で言えば、野党は与党との違いをもっと明確に出すべきだ。「これをやります、あれもやります」と訴えても説得力はない。「我々はこういうことはしません」というメッセージを出す方が有効だ。今の野党は弱い。自民党内での「ポスト安倍」の権力闘争の方が代替の機能を果たすと思う。

センス溢れる後継を「育てる」のは容易ではない。企業でも、優秀な後継者を育てることは難しい。ただし「育つ」。次の首相には哲学と歴史観を持って長期のビジョンを描き、国民が進んで短期の我慢をするようなストーリーを示せる人が出てきてほしい。

２０１９年８月

局所的凶行

安倍元首相に対する銃撃による殺害は言語道断の凶行です。翌7月9日の日本経済新聞は「日本は安心安全な社会ではなかったのか」「言論には言論で対応するのが、ここ半世紀以上にわたり、われわれがつくってきた社会だったはずだ。まさに民主主義への挑戦である」と論評しています。

僕は意見を異にします。１９２１年の原敬首相暗殺、30年の浜口雄幸首相襲撃、32年の五・一五事件、36年の二・二六事件、こういう事件は確かに政治テロです。言論を暴力で封殺する蛮行でした。ところが、今回の事件の犯人にはそれほどの政治思想もなければ、背後に組織があったわけでもない。断片的に報道されていることによると、筋違いの思い込みによる逆恨みが動機です。すなわち局所的凶行、一人のバカ者による殺人事件です。これを「民主主義への挑戦」というのは、民主主義に対して失礼な話です。

ＳＰによる警護の甘さなど、事後的に指摘できる問題はいくつもあります。しかし、不幸なことに逆恨み的犯行や通り魔によって殺される人は他にもいます。精度が低そうな拳銃が不運にして致命傷を与えるところに的中してしまった。極端に不幸にして不運なことでした。

安倍元首相の殺害は選挙演説という政治活動のさなかでした。この事件は結果的に政治家の活動を制限する方向に作用します。しかし、これは民主主義云々ではなく、職業的リスクです。メディアでも物理的にも（演説会など）多くの人に露出する政治家には、暴力的に攻撃される職業的リスクが伴います。

しかし、リスクのある職業は他にもあります。例えば、芸能人。美空ひばりは19歳の女性ファンから塩酸をかけられました。握手会で切りつけられたアイドルもいました。もっと大きな職業的リスクを負っているのは警察官です。毎年10名程度の警察官が殉職しています。殺されるリスクは政治家のほうがずっと低い。

繰り返しますが、この殺人事件は一人のバカ者の犯罪であって、民主主義云々はもちろん、社会の制度・構造の問題でも社会病理でもないというのが僕の考えです。そういう言葉はアメリカの銃による無差別殺人について使うべきです。社会というマクロの問題であるならば、日本の殺人事件の異様な少なさをどう説明するのか。「日本は安心安全な社会ではなかったのか」と言いますが、どんな社会でも殺人を完全になくすことはできません。それが人間の世の中です。完璧ではないにせよ、相対的に言って日本は安全な社会です。歴史上これほど治安が優れた国はありません。

殺人事件で殺されるリスクが世界で最も高いのは中南米のいくつかの国で、エルサルバドルやベネズエラは、人口10万人当たり60人前後という高水準です。下っていくと、ロシアが9・13、アメリカが5・32、フランスが1・27、イギリスが1・20、ドイツが0・98、イタリアが0・66（マフィアの物騒なイメージがあるが意外と少ない）となっています。西洋と比べるとアジアは相対的に安全で、台湾が0・82、韓国が0・59、中国が0・58です。

日本は0・24。圧倒的に小さな値で、これ以下の国はシンガポールやバチカン、モナコといった都市国家、リヒテンシュタイン、アンドラのような超小国しかありません。日本の規模を考えれば、この治安の良さはもはや現代の奇跡といってもイイ。しかも10年前、20年前と比べて、日本の殺人リスクの数値はさらに低くなっています。

安倍元首相を殺した犯人の蛮行は、社会秩序と治安への挑戦（あらゆる犯罪はこれに当たる）ではあるにせよ、民主主義への挑戦ではありません。日本という国の（相対的な）安全性が崩れるわけでもありません。ようするに、局所的で一過性の殺人事件を社会レベルの問題にすり替えるべきではないというのが僕の言いたいことです。

こういうときに政治家が口をそろえて「民主主義を守る」と叫ぶのにも辟易しますが、選挙中ですし、政治家はそもそもそういう動物なので仕方がない。蛇にクネクネするなと言っても無理な話です（もちろんこういうヘンなことを言わないまともな政治家もいる）。

しかし、です。少なくとも新聞の論説はもう少し考えてもらいたい。言葉を正確に使ってもらいたい。新聞メディアが言葉をないがしろにすると、イザというときに大きな災厄となります。言論機関である新聞が事の本質を考えずに条件反射で「民主主義への挑戦」などという頓珍漢な論説を書く——これこそ民主主義に対する脅威です。

２０２２年７月

国葬

安倍元首相の国葬に賛成か反対かといえば、僕は反対の立場です。長きにわたって総理大臣を務めた人物ですから、もちろん追悼の意を行動で表したい人々は国内外に大勢いる。大規模な葬送をすることは当然にせよ、何も国葬という形を取らなくてもいいだろう、というのが僕の考えです。

税金を投入するのはけしからん、警備による交通規制で国民の社会生活に支障をきたす（僕も国葬の当日はいつもの営業車での出動を諦めて地下鉄で移動した）のがよろしくない、という理由を挙げる人がいます。そういうことはどうでもイイ。

僕が国葬を支持しないのは、国家は政治的評価（安倍元首相は政治家だった）については極力中立的であるべきだと考えるからです。事前に制定されている法律や基準に基づいて行動するのが原則です。国葬について定めた法律はありません。場当たり的な評価と判断になります。

ほとんどの国で国葬についての法規定はなく、実施する場合は慣習として執り行われているそうです。先のエリザベス女王のお葬式は国葬でした。日本でいえば天皇陛下の場合は国葬（というか昔ながらの儀式）でありまして、これはまずまず国家的なコンセンサスが取れている。慣習として定着しています。

イギリスでは、エリザベス女王の夫、フィリップ殿下は国葬ではなく儀礼葬（国王の合意が要件）でした。歴史を遡れば、科学者のニュートンやナポレオンのフランス艦隊を破って国を守ったネルソン提督が国葬になっているそうです。これは、ま、そうかな、という気がする。戦後の政治家で国葬になったのはチャーチルしかいません。これも国民的コンセンサスがかなり高い水準で取れていたことでしょう。サッチャーですら国葬になっていません。

フランスのドゴールはどうだったか。これほど政治的に大きな仕事をした政治家はそうそういないわけですが、彼は遺言で国葬を辞退しています。それ以来、フランスの大統領経験者は国葬を辞退するのが慣習になっています。

日本で戦後の民主体制下で国葬になった政治家は安倍元首相の前には吉田茂しかいません。僕は同時代を生きたわけではありませんが、この人物について言えば、国葬は自然だったと思います（それでも猛烈な反対があった）。

今回の国葬に際して、僕がとても興味深いと思ったことがあります。それは安倍氏の死去の直後の世論調査では多かった国葬支持者の割合が徐々に低減し、国葬の実施直前には反対が賛成を上回ったという経時変化です。

安倍氏の殺害のような衝撃的な事件の直後は人間の価値判断は感情的になります。むごい殺され方をしたわけですから、自民党員はもちろん、多くの国民が国葬というもっとも高い水準の対応を感情的に支持します。それでも時間とともに冷静になっていく。統一教会云々や岸田内閣の支持率が下がったということもありましょうが、感情から理性へという経時変化が支持率逆転の本質的な理由だと思います。

本件から得た教訓は、国家レベルの判断は感情に流されてはいけないということです。そのためには時間が最大のクスリです。もう少し時間をおいてから決めれば、国葬ではなく自民党葬のようなものになったかもしれません。ただし、です。意思決定の主体である政治家や政府には、時間の経過を待つ余裕がない場合があります。ようするに、一時的な雰囲気や感情に流されない人物がそれにふさわしいということです。この当たり前の真理を改めて確認しました。

２０２２年10月

文脈依存性

面白いと言えば面白いが、ばかばかしいと言えばばかばかしいニュースがありました。２０２２年４月19日の日本経済新聞から引用しておきます。

吉野家ＨＤ 女性を蔑視する不適切発言の常務取締役解任を発表

牛丼チェーン大手の吉野家ホールディングスは、女性を蔑視する極めて不適切な発言をした役員について、18日に臨時の取締役会を開き解任したと発表した。解任されたのは、吉野家ホールディングスの執行役員で、子会社「吉野家」の常務取締役。元常務は、今月16日に早稲田大学が主催する社会人向けの講座に講師として参加した際、若い世代の顧客を獲得するマーケティング戦略について「地方から出てきたばかりの若い女性が薬物中毒になるような企画を考えて欲しい」などという趣旨の発言をした。ＳＮＳの投稿をきっかけに発覚し、ネットでも批判が相次いだほか、この発言により19日に予定していた新商品の発表会が急きょ中止となるなど業務にも影響が出ていた。18日に臨時の取締役会を開き「人権・ジェンダー問題の観点から、到底許容することが出来ない職務上著しく不適任な言動があった」として解任した。

「生娘シャブ漬け作戦」――ま、失言であります。発言した当人は悪気があったわけではなく、聴衆を面白がらせようとしたのでしょう。

僕はこの種の失言を表立って批判する気になりません。２つ理由があります。第1に、僕は人の評価は行為主義を原則にしております。この人が本当に生娘をシャブ漬けにしていたとしたら悪いこと（というか単なる犯罪。懲役12年か?）ですが、本件は単に言葉の選択を間違ったという話。ま、目くじらを立てるほどの話ではないと思います。第2に、僕もどちらかと言うと面白がらせようとするタイプなので、一歩間違うとこの手の失言をしかねません。自分のことを棚に上げて批判する気にならないというのが本当のところです。

僕が興味深いと思ったのは、こうした失言に対する社会の反応がわりと文脈に依存しているということです。

吉野家と講談社、この2社を比べてどちらがより公共性が高い企業かという問いに対して、多くの人は講談社を選ぶと思います。ところが、です。講談社の出版している週刊現代は、表紙はもちろん広告のような人目につくところで、はっきりとした活字でわざわざ目につくように、毎週毎週、決して休むことなく、以下のような言葉を発信し続けています。「私は全裸の帰国子女」「３６０度おっぱいまみれ」「40代人妻はなぜエッチなのか」――。「シャブ」といった刑事犯罪に触れる言葉は入っていませんが、人によっては不快に思うでしょう。東スポに至ってはもっと強烈な言葉を使います。それでも週刊現代や東スポについては「ま、そういうものだから」という暗黙のコンセンサスが世の中にある。だから特段の指弾なく放置されている。今週もまた「エッチなおばさんのスキをつけ！」といったタイトルの記事を全力で配信しています。文脈から切り離して評価すれば、講談社経営陣は毎週毎週総辞職、ひっきりなしにコンプライアンス研修をしなければならないところです。

こうした文脈依存性は人間社会の一つの本質です。ＡＩではなかなか判定できないところに人間社会の底の浅さの奥深さがあります。

稀少性

2022年4月

長野市の善光寺で「前立本尊」の御開帳があったとのニュースを聞きました。秘仏である本尊の身代わり「前立本尊」が公開されるのは7年ぶりのことだそうです。本来は6年に1度なのですが、新型コロナウイルス禍で1年延期されていました。待ちわびた参拝客が早朝から押し寄せ、午前9時半には行列が山門の外まであふれたとのこと。

お出ましになるのは秘仏本尊の身代わりだけ。本尊はあくまでも秘仏というのがスゴイ。ちょっと見てみたいという気にさせられます。善光寺の中の人は見たことがあるのでしょうか。

そう簡単には見ることができないから価値を感じて見たくなる。稀少性は人間が知覚する価値の源泉の一つです。ポイントはその物が本当に稀少であるのか（例えばレアメタルや歴史的絵画作品）、それとも人為的にコントロールされた稀少性（本尊御開帳や現役人気芸術家の版画）なのかの違いです。世の中で稀少性が価値を生んでいるもののほとんどは後者。意図的に稀少性をつくるというのは、価値創出の基本的手段です。

あらゆるものがすぐに閲覧できたり手に入ったりする方向に技術は進化して行きます。ところがこの傾向には価値を毀損する作用があります。ポルノグラフィーを道徳的に規制すべきだとはまったく思いませんが、面白いとは思いません。あまりに退屈です。ハダカというのはそう簡単に見ることができないから価値があるわけで、バンバン露出されても面白くもなんともない。ご本尊が長野駅前で野ざらしになっているようなものです。

愛人を何人も囲ってハーレムを形成しているような人がいます。僕はやったことがないのでわかりませんが、すぐに飽きてしまうような気がします。天皇も含めて昔の王様には後宮がありました。中国の周公が制定した「周礼」では、１人の后のほかに、３夫人、９嬪、27世婦、81女御と、１２１人の妻妾が規定されています。世継ぎの安定的な確保のために後宮制度が必要だったわけですが、皇帝はきっとイヤだったのではないかと推測します。

食べ物でも同じです。これもやったことがないのでわかりませんが、たまのご馳走だから嬉しいわけで、毎日ご馳走を食べていると大して美味しいと思わなくなるに違いない。僕は普段は粗食を心がけています。昨日はつぶしたトマトで挽肉を和えたソースでスパゲティを食べました。副菜はキャベツサラダ。ヒジョーにシンプルな食事です。来週末の焼肉を楽しみにしています。

自ら意識的に欲望をコントロールすることによって、喜びを増大させることができる。面白いのは、自分の欲（喜び増大）のために、欲に反することをするという逆説です。大げさに言えば、この逆説にＥＳＧのカギがあるような気がしています。

２０２２年４月

メタバースとＮＦＴ

暗号資産の将来性については僕は懐疑的な立場をとっています。その理由にはいろいろあるのですが、暗号資産はその哲学としてtrustless（信用不要）を初期から標榜しています。これが胡散臭い。ブロックチェーンは堅牢であり改竄できない。だから従来の銀行や法規制のような信用を担保する「中間業者」抜きに経済取引ができる。その典型にして先駆がビットコインでした。

ところが、それから15年も経ってもいまだにtrustlessな金融システムは機能していません。むしろtrustlessのかけ声につけ込んで、信用を毀損しまくるクリプト金融詐欺が後を絶ちません。

技術がどのように変わろうと、商売なり経済取引の基盤が信用にあることは変わりません。信用は形成するのに多大なコストがかかります。その一方で信用は取引コストを飛躍的に低減します。「商売は信用第一」という原理原則はまったくその通りでありまして、僕のような家内制手作業の小商売をやっている者からしても、信用に勝るものはありません。

暗号資産の価格が下落した際、非集権的金融（DeFi）を標榜する怪しげな金融サービス業者が次々と馬脚を現しています。Celsius Network の取引停止は氷山の一角です。DeFi ほど胡散臭い話はありません。こういうロクでもないものを「金融イノベーション」だの「フィンテック」だのと称揚する輩の気が知れない。

新しい技術が生まれても、経済社会を動かしている基盤論理は変わりません。新しいものが出てきたときほど、論理と常識と原理原則に立ち戻って受け止めることが大切だというのが僕の考えです。

ＮＦＴ（Non-Fungible Token：非代替性トークン）というブロックチェーンから派生した技術が注目を集めています。「ＤｅＦｉの次はＮＦＴだ」という人がいます。ＮＦＴは基盤技術の一つとしては将来応用が進むかもしれません。しかし、現時点で話題になっているような、アートや音楽といったコンテンツへの投資としては、ＮＦＴはバブル（しかも小粒）に過ぎない、というのが僕の見解です。最大のＮＦＴ市場であるアメリカを見ても、取引総額（そのうちの大半がＮＦＴアート）は縮小しています。

もちろん趣味としてＮＦＴアートを買うのは何ら問題はありません。ただし、ＮＦＴをつくって売る「事業」や、その売買で差益を得ようとする「投資」はギャンブルに近い。宝くじを買うに等しい。というか、論理的には宝くじのほうがまだマシです。

ＮＦＴであろうとなかろうと、ごく一部のアートは高値で取引されます。その背後にある経済論理は、ＮＦＴであろうとゴッホの名画であろうと、稀少性です。ごくごく一部のＮＦＴのコレクションが高値で取引され、場合によっては投資リターンを生み出しているようですが、その理由も詰まるところは稀少性にあります。

これからＮＦＴ市場は盛り上がる。暗号資産も普及して、買い手も広がる。市場は成長する。だからこれからは

NFTだと言うのですが、論理的には逆です。問題はNFTが誰にでも作れ、誰もが一定の取引コストを支払えば市場で売り出せるということです。オープンマーケットであるほど、生産と供給が容易であるほど、稀少性は損なわれます。このNFTにユニークな特性がそのままNFTの投資市場の脆弱性をもたらしています。

もちろん何かの拍子に特定のNFTアートが人気を集め、一時的にせよ取引価格が上昇することはあるでしょう。しかし、それは従来のアートも同じです。太古の昔からアートの供給は常に需要を大幅に上回っています。ほとんどのアート作品には値段がつきません。しかも、デジタルアートは旬のものです。長期的に高値が維持されるようなものはいよいよ少なくなります。宝くじと同等かそれ以下の確率です。

稀少性が価値を生み、高値でのオークション取引が普通に行われている財はアートの他にいくらでもあります。プロ野球選手のカードやレアなスニーカーや時計やクルマはその例です。これにしても、スニーカー一般に価値があるのではありません。ごく一部の稀少なスニーカーが高値で取引されているにすぎません。

村上隆氏の作品がNFT化されて高い値段がついたというニュースがありました。これはNFTに価値があるからではありません。村上隆氏の作品だからです。価値の正体はやはり稀少性です。村上氏はアート市場を知悉しています。大量のNFTを発行することはまずないでしょう。稀少性が損なわれるからです。

非連続的な技術が登場しても、それを使う人間と人間社会は連続しています。基盤にある論理もまた連続しているということです。新しい技術について考えるとき、これが最重要の視点であると考えます。

メタバースについても僕の考えは同じです。メタバースという技術それ自体は新しい市場を生み出すものではありません。クルマにパワステがついたようなものです。パワステは便利なもので、多くのクルマに実装されました。パワステのモジュールを製造している日本精工はこの商売で売上と利益を上げてきました。しかし、だからと言ってクルマはクルマです。自動車産業の中で起きた局所的な変化に過ぎません。

鳴り物入りのメタバースがそれほど大きな商売にはならないと僕が考える理由は、それが多くのユーザーにとってそもそも「不要」だという元も子もない事実にあります。人間は過去から未来への一本の時間の流れの中に存在します。供給側がいくら「画期的な新技術！」と思っていても、需要側が既存のサービスで十分に事足りていれば、それ以上の新しいサービスを積極的に使う必然性や動機はありません。

あらゆるビジネスは問題解決です。商品にしてもサービスにしても、顧客の抱える何らかの問題を解決することによって対価を得る。古今東西、これが商売の実相です。インターネット上に出現してきたサービスやツールは、初期の検索や電子メールに代表されるあからさまな問題解決をもたらす不可欠なもの（must-have）が一通り出そろい、次第に「あってもよい」「人によっては便利だろう（自分には必要ないが）」というもの（nice-to-have）へと移行しています。スマホ時代になってからはこの傾向はいよいよ顕著です。今日でも「画期的な新サービス」を謳うアプリが次から次へと出てきますが、実際に利用する人はそれほど多くはありません。

なぜか。理由は単純で、そのサービスが解決しようとする問題が既存の手段によってすでに解決されてしまっているからです。存在しない問題を解決することはできません。問題がないところに問題解決を売り込む、それはもはや「押し売り」です。ウェブサービスの場合、サービス自体は無料で提供し、広告で収益を得るというビジネスモデルが一般的になっているので、この「押し売り問題」は表面化しにくいのですが、それでもユーザーがお金を払わないことには変わりありません。

要するに、技術的に「できる」ということと、実際に人々が「する」ということの間には大きな隔たりがあるということです。「できる」ことはどんどん出てくるのですが、それが実質的な問題解決をもたらさなければ、ユーザーが「する」には至りません。ましてやカネは払いません。

フェイスブックはメタに社名変更しました。メタバースは確かにこの会社にとっては重要な技術です。しかし、それはあくまでもメタ社に固有の文脈の中での話でしかありません。一般化は早計です。SNSプラットフォームの商売をしているメタや、ゲーム事業をしているソニーにとって、メタバースという技術には、クルマにとってのパワステぐらいの意味はあるかもしれません（オートマティック・トランスミッションほどのインパクトはないかもしれない）。少なくとも、ＳＮＳにもゲームにもあまり関心がない僕には無用の長物です。世の中の半分ぐらいは、僕と同じような人だと思います。需要がない技術には意味がありません。

いずれにせよ、クルマはクルマ、ＳＮＳはＳＮＳ、ゲームはゲームです。メタバースのインパクトは限定的だというのが僕の現時点での推測です。

２０２２年３月

プロパンＤＸ

軽井沢の家の地域では都市ガスが整備されていません。プロパンガスです。家の裏に2本のガスボンベが常備されていまして、１本が切れるとプロパン屋さんに電話をして新しいのを持ってきてもらうようにしていました。

ところが最近になって、プロパンボンベ周りがデジタルネットワークに組み込まれた（いわゆるひとつのＩｏＴ）らしく、ガスが切れそうになると自動的に連絡がプロパン屋さんに行き、よい塩梅のところで新しいのと交換してくれるようになりました。プロパン界でもＤＸが進みつつあります。

これはヒジョーにありがたい。以前でしたら、いつも気にかけていないと、冬の寒いとき（すなわちガス消費が多いとき）に寝ている間にガスが切れてしまい、暖房を確保するために深夜に外に出てボンベの切り替えをする羽目になっていました。

プロパン屋さんの側でもオペレーションが軽くなり、より計画的で効率的なボンベ交換をすることでコストも下がっているはずです。ある程度の投資は必要でしょうが、成果は要するにコスト低下という単純極まりない話なので、投資がペイするかの判断は難しくありません。というか、これまでのオペレーションが大いに非効率だったので、で、間違いなくペイするはずです。

ＤＸというと「デジタルデバイド」とか「取り残される人々」「リアルの価値喪失」という話をする人が必ず出てきます。しかし僕が思いますに、現実のＤＸのほとんどは、この「プロパンＤＸ」のようなものです。これまで非効率が放置されていた領域ほど、ＤＸの価値は大きい。単純に得。誰も損しない。何も失うものがない。生産性が向上するだけ。単にやればイイだけ。しかも、効果はすぐ出る。今どきこれほどうまい話はありません。

コロナ騒動の怪我の功名のうち特に大きいのは、頭がクラクラするほど非効率な行政サービスや医療サービスの分野でＤＸを進める機会が拓けたことにあると思います。機械学習とかビッグデータとか、そういう先端的な話は後回しにして、まずは選挙を含む窓口業務のすべてを、利用者がそこに行かなくてもインターネット経由でできるようにする。これに焦点を絞って、数年のうちに必ず達成する。どうしても窓口に行きたい人、行かなければ利用できない人は今まで通りでいい。それでも、窓口手続きはフツーの人にとっては楽しいことではありません。よほどのマニアは別にして、時間とともにリアル窓口利用者が減るのは間違いない。

これが達成できれば、あとはＡＩなどの「その先の話」も自然と進んでいくと思います。何事もフォーカスと順番が大切です。

２０２１年６月

「またジジイか」

「女性が多い理事会は時間がかかる」「女性というのは競争意識が強い。誰か１人が手をあげて言うと自分も言わなきゃいけないと思うのだろう。それでみんな発言する」――東京オリンピック・パラリンピック競技大会組織委員長の森喜朗会長の発言に国内外から批判が集中しました。

森氏の発言は当然批判されてしかるべきではあります。ただ、この人の失言癖は今に始まった話ではありません。つくづく政治家、公的機関のトップとしての言語的資質を欠いていると思います。

それはそれとして、今回の森発言に対して、「老害」「年寄りの間抜け」「ジジイは家でじっとしていろ」「ジイサンは退場」といった批判が少なくありません。これはどういうことか。性別という所与の属性でひとくくりにして決めつける。これが性差別だとしたら、年齢という本人の意思ではコントロールできない属性で「老害」というのは年齢差別です。もちろん森会長の見識には問題大有りなのですが、それは「森害」であって「老害」ではありません。

高齢者ゆえの時代とずれた森氏の価値観をとらえて「老害」と言っているのだ、ということかもしれません。では小池百合子東京都知事はどうか。その精神や見識、判断、行動、発言、実績、どれをとってもロクデモナイ政治家だと僕は思っています。だからといって彼女のことを「女害」と批判したら、たちどころに性差別として非難されるでしょう。森氏を老害と非難するのは、それと同じはずです（強いて言えば、年齢が程度問題であるのに対して、性別はカテゴリーなので、属性認識がより明確で容易だという違いはあるが）。

批判するときはその対象をはっきりさせて、そのことについて（のみ）批判するべきです。森氏にしても「A氏は競争意識が強いからか無駄な発言が多く、理事会の効率や生産的な議論を妨げている」と批判したのであれば、仮にA氏が女性だったとしても、単なる個人の評価・意見表明であり、こんな騒ぎにならなかったはず。「多様性が大切」「女性が活躍できる社会を」と言いながら、その一方で平然と「老害」「おっさんはダメ」——いかにも考えが浅い。言葉が軽い。首尾一貫性を欠いた主張は戯言でしかありません。森氏のほうがまだマシかもしれません。

森喜朗氏はかつて総理大臣でした。当時の彼の国会演説や記者会見を見て、そのあまりの言語能力のなさ、というか言語化すべき哲学や構想がないことに悲しくなりました。なんでこんな人が日本の政治指導者の地位にあるのか。僕もまだ若かったこともあって、怒りに近いものを感じました。

ただし、です。考えてみると、森氏にも「何か」があったはず。何もない人だったら、総理大臣になりたくて仕方がない人ばかりの政界で、総理総裁になれるわけがない。ニュースメディアを通じて伝わる森首相をみていても、その「何か」がさっぱりわかりませんでした。

今回の件にしても、東京オリンピック・パラリンピック競技大会組織委員会委員長というのはそれなりの重職です。誰かが森氏に委員長になってくれ、と頼んでいるはず。判断力や交渉力はなさそうなのに、なぜなのか。ま、あっさりいえば利害関係者をなんとなくまとめていく「調整能力」（交渉力とは似て非なるもの）なのだとは思いますが、その源泉はいずこに。

15年ほど前のこと。その時の森氏はすでに「元首相」だったのですが、僕が通っているジムでちょくちょくその姿を目にしました。そのうちに気づきました。なんというか、態度がものすごくイイ。同じジムで同時期にお見かけした元首相のH氏とは雲泥の差であります。

ロッカールームの狭いところですれ違うときは、自分が身を引いて相手が通り過ぎるのを待つ。誰かが使ったタオルが床に落ちていれば、拾って片づける。洗面台を使った後は、飛び散った水をきれいに拭く。お風呂で使った腰かけや桶を元の場所にきちんと戻す。サウナやジャグジーに入ってくるときは必ず「失礼します」。ジムの受付にいるスタッフにカギを返すときは「ありがとうございます」と一礼。誰に対しても態度が変わらない。目上の人に対して僕が言うのもナンですが、行儀がいつでもどこでも抜群にイイ。そういうことか……と得心しました。

結局、森氏は辞任を表明しました。氏の発言はＩＯＣが言うように「完全に不適切」であり、辞任は妥当です。後任として川淵三郎氏の名前が挙がりました。で、例によって例のごとく、ネット言論では「またジジイか」「ホモソーシャルの体育会系」「右翼国粋主義」「なんで女性にしないのか」といった戯言が沸き上がっています。

繰り返しますが、この手の主張は「若い奴はだめ」「女はだめ」といった発言とまったく同じ理由で「完全に不適切」なのではありますが、ネットでの発言というのはしょせんこういうもの。ようするに鬱憤晴らし。自分が刹那的に気持ちよくなりたいだけの発言です。

鬱憤晴らしは人間にとって不可欠。エンターテイメントの本質もまた鬱憤晴らしにあります。ただし、どうせ鬱憤晴らしをするならば、ネットでの筋違いな批判をするよりも、東映の娯楽映画でも観るか歌でも歌っているほうがよろしい。

人の悪口でうっぷん晴らしするのであれば、友人との飲み会など人目につかない裏でやっていただきたい。ネットでやるなら知り合いの範囲でＬＩＮＥでやればいい。ただ、多くの人に見てもらえなければ鬱憤晴らしの性能が下がる。いきおいネットで不特定多数に対して発言することになる。人の世の中はそんなものです。

別に人間が劣化したわけではありません。たまたま現在はネットやスマホがあるので、こうしたバカな発言が可視化され、目についてしまうだけのこと。１９６４年の東京オリンピック当時の世の中にもしスマホがあれば、いまよりももっと愚かな主張が噴出していたのではないかと思います。

世の中はゆっくりゆっくりと進歩していく。これが僕の基本認識です。１９６４年当時であれば、森発言は何の問題にもならなかったでしょう。それがいまでは性差別発言一発で辞任となる。これは社会の進歩であります。２０６４年になれば、なくならないにせよ、ネット上での鬱憤晴らしの愚言は今よりもずっと少なくなっていると期待します。その時には僕はとっくに死んでいますが。

２０２１年２月

「透明性」の不透明

すったもんだの末、川淵氏は辞退、現在の理事の中からアスリートを中心に男性と女性のほぼ同じ人数で構成する「候補者検討委員会」を設置して後任を決めることになりました。

川淵氏起用がひっくり返った理由に「密室人事」ゆえの「透明性の欠如」があります。公職である以上透明性は確かに重要です。しかし、「透明性」とはなにか。聞こえの良い言葉を言いっぱなしにするだけでは透明性に欠けます。委員会を設置することが「透明性」なのかもしれませんが、それは形式に過ぎません。

男性と女性、アスリートと非アスリートの人数を半々にすることが「透明性」なのか。首相も「後任会長には女性や若年層の人物が望ましい」という意見を組織委に伝えたといいます。例によって「人に批判されないこと」が目的になっている。典型的な手段の目的化です。

「体育会系ジジイ」といった鬱憤晴らしのネット言論が幼稚なのは、川淵氏がまだ何もやっていないのに批判するところです。川淵氏にしても仕事として委員長を引き受けようとしたわけで、仕事である以上、評価や批判は仕事の実績なり成果を対象にすべきです。「ホモソーシャルの体育会系」と決めつける批判は論外にしても、まだ何も仕事をする前から否定するのは筋違いです。「お手並み拝見」というのが大人の姿勢でありましょう。

もちろん適格性についての批判はあり得ます。まったくＩＴについて知見や見識や能力がない人がＩＴ担当大臣になったとして、これを批判するのはわかる。僕はサッカーにもオリンピックにも関心がないのでよく知りませんが、川淵氏は一貫してスポーツの世界で仕事をしてきた人（らしい）。これまでオリンピック組織委員会の会長ポストは、安川九州電力元会長（東京オリンピック）や斎藤元新日鉄会長（長野オリンピック）でした。彼らは経済界の重鎮でしかない。これに比べれば、実績の点で川淵氏はマシではないか。

とはいっても、僕はオリンピックに興味がなく、実際のところは分かりません。個人的には東京オリンピックは開催する、その代わりコロナ対策のオペレーションの複雑性や負担を下げるためにすべての競技を無観客でやり、観たい人はテレビで観るというのがイイのでは、と思っているのですが、これにしても僕にとってオリンピックが「どうでもいいこと」だからでありまして、オリンピックの関係者やオリンピックについて知識や思い入れのある人は意見が異なるでしょう。興味も知見もないことについて、結果の評価はできるわけがありません。そもそも自分と関係ないこと、よく知りもしないことについて、論評しても意味がない。

良いの悪いの言う前に、「無関心」というカテゴリーがあります。僕にとって世の中の出来事の90％以上はこのカテゴリーに入ります。「無関心がいちばんよくない」などという人がいるのですが、総選挙じゃあるまいし、オリンピックは趣味の範疇だと思います。すべてのことに関心を持っている人などいるわけもありません。

２０２１年2月

ビットコイン

数年前にその価格が短期間に上昇したためビットコインが注目されたことがありました。当時メディアからしばしば「仮想通貨についてどう思うか」という質問を受け、コメントを求められることがありました。僕は決まって「少なくとも通貨ではない」と答えておりました。

「仮想」であってもなくても、通貨（currency）は3つの条件を満たしている必要があります。

1. 価値交換：支払決済手段として幅広く使える
2. 価値尺度：価値を測る尺度、計算単位として使える
3. 価値保蔵：資産の保存手段となり得る

ビットコインはその当時は「仮想通貨」と呼ばれていましたが、この3条件のうち「価値保蔵」の機能しか持っていません。ビットコインでの決済はほとんど受けいれられていませんし、使うとしても取引コストが大きい。価値尺度としても価格の変動が大きすぎるので不適です。いちいち円やドルに換算しなければなりません。あるころからさすがに「仮想通貨」というミスリーディングな呼び名は止めようということになり、いまでは「暗号資産」

ということになっています。妥当な変更です。

アセットクラスには円やドルのような通貨や有価証券、不動産などなどがあります。暗号資産にいちばん近いのは金（ゴールド）でしょう。その機能が価値保蔵に集中しているからです。普通の人でゴールドをアセットクラスとして持とうという人はあまりいないと思います。もちろん僕も持っていません。そもそもどうやって取引するかがわかりません。ゴールドに手を出す人は資産管理にマニアックな関心を持つ人に限定されます。

価値保蔵のためにビットコインを持とうという人は依然として少数派です。今のところビットコインの（ある種の人にとっての）魅力はボラティリティがやたらに高く、したがって短期的な投機対象になるということ（だけ）です。ビットコインを売ったり買ったりしている人はＦＸのような投機性が高い取引をスキな人が多いのではないでしょうか。そういう人にとってのビットコインの価値は価値保蔵でなく、ジッサイのところはハラハラドキドキのエンターテインメントにあります。

この種のエンターテインメントを必要とする人がいつの時代も世の中の一定割合で存在します。長期合理的な資産形成のためには低コストで低リスクな分散投資がいちばん。ビットコインのようなボラティリティが大きなものはもっとも向いていない。しかし、投機がスキな人は本当はカネを増やしたいのではありません。むしろ合理的な資産形成には関心がない。ハラハラドキドキのプロセスが欲しい。このところビットコインの価格の上昇や下降は、その種の人々のエンターテインメント需要に支えられています。

ビットコインに強い関心を持つもう一つのタイプは、租税回避やマネーロンダリングに関心がある人（例えばマフィアや独裁者）でしょう。いよいよ超少数派ではありますが、こういう人にとってビットコインはひとつの有力な価値保蔵のオプションです。

ウォーレン・バフェット氏は資本主義の寅さんのような人です。愛されるキャラクターですが、世の中から一歩引いて、独自の道を行く。だからこそ本質が見えていて、いつもうまいことをいう。当然のことながら、バフェット氏はビットコインについては批判的です。「基本的には妄想だ」「ギャンブルの道具」「多くの詐欺師がぶら下がっている」「ビットコインにはまったく固有の価値がない。人生を変えると期待して世界最大の仮想通貨（ビットコインのこと）を買った楽観論の持ち主には同情する」「山師・詐欺師には魅力的だろう」「単にそこにあるだけだ。それは貝殻か何かのようで、私にとっては投資ではない」――彼の意見は「ビットコインはジャケットのボタンのようなもの」に集約されます。「私がボタンを取るとしよう。この取ったボタンはちょっとしたトークンだ。あなたに1000ドルで提供して、その日の終わりまでに2000ドルまで価格が上昇させられるか試す。ただボタンの用途は1つに限られている」――うまい。

ビットコインは今後もしばらく上昇と下落を繰り返す。これは間違いありません。また、そうでないとエンターテイメントの人には面白くないわけで、その方面の効用極大化の観点からすればガンガン上がったり下がったりしてもらいたいところです。

もちろん僕は絶対に手を出しません。

2021年2月

検察刷新会議への提案

2020年、黒川弘務元高検検事長の定年延長をめぐるドタバタを受けて、森まさこ法務大臣（当時）は「法務・検察行政刷新会議」を新設、初会合を開きました。「検察官の倫理などをテーマに議論を重ね、国民からの信頼回復につなげたい」というのですが、バカも休み休み言ってもらいたい。

メディアでさんざん報道された内容からして、本件はようするにこういうことだったというのが僕の認識です。

――1．林真琴氏という検察のエースが法務事務次官を経て検事総長になるという既定路線があった。

2. ところがもう一人、黒川氏という違った意味で優秀な検事がいた。官邸との調整能力など行政官として優れ、安倍内閣にも頼りにされ、予想通り事務次官になった。
3. 黒川氏の後、林氏が事務次官になるはずだった。しかし官邸と森大臣は黒川氏に事務次官を続けさせ、林氏を名古屋高検検事長に飛ばす。
4. その後、黒川氏は東京高検検事長になる（このポストは次に検事総長になるということを意味する）。
5. ところが、稲田検事総長の任期は続いている。稲田氏が自発的に辞任しない限り、黒川氏はすぐには検事総長になれない。稲田氏は自分からは辞めない（当然ですけど）。
6. そのうち黒川氏の定年が近づいてきた。で、彼を検事総長にしようとする官邸とその意を受けた森法務大臣は定年延長という手段を強行。
7. これが世論の強い批判を受ける（当たり前ですけど）。
8. そうこうしているうちに賭けマージャンの問題が発覚し黒川氏は東京高検検事長を辞職。後任は林氏で、一周回って次期検事総長が確定。

以上のドタバタ劇をどう見るか。登場人物ごとに見てみましょう。第1に黒川氏。前にも話したように、賭けマージャンはごく私的な行為で、どうでもイイ話だというのが僕の見解です。この人は官邸との関係構築や政治的調整を得意とする一匹狼的人物で、その方面では有能な人だったのではないかと推察します。官邸に頼りにされていただけで、元来は検事総長になるつもりはなかったのかもしれません。

第2に安倍首相と官邸。胆力があり筋を通す人物という評判の林氏がこのタイミングで検事総長になるのは官邸としては政治的リスクがある。林氏ではなく黒川氏を検事総長にしたいという色気を持つのは、ことの是非を別にして、政治的な動機としては自然です。

第3に森法務大臣。よくまあ「定年延長は黒川氏を検事総長にする意図を持ったものではない」などと国会で発言できるものです。面の皮の厚さは抜群。にもかかわらず、国会答弁は混乱と迷走に明け暮れる。無能の極み。この人は能力と見識において問題大アリです。

世論と同様、検事総長というポストの人事に首相官邸が強い影響力を持つのは僕も反対です。他の行政庁でも定年延長をしているじゃないかと言いますが、経済産業省の幹部と検事総長では意味がまったく違う。そもそも黒川氏の定年延長は検察庁法からしても横紙破りに過ぎます。

ただし、です。上記3者はもともと「そういう人たち」であります。森法務大臣にしてもしょせん安倍首相の取り巻き。同じく取り巻きで大臣になった前法務大臣は夫婦そろって拘置所にいるわけで、まあそんなものです。政治家よりも法務省の中枢で仕事をしている行政官がだらしない。具体的には事務次官、人事課長、この辺の黒川氏↓検事総長に向けた動きを担ったエリート検察官にして法務省幹部の定見と見識のなさ、ここに最大の問題があると考えます。

なぜ定年延長という法律的にも怪しい要求をやすやすと受け入れて、その実現に向けて動いたのか。これは麻雀のような私的行為ではなく職務行為です。検察の独立を甘く見ている。行政官としての気概がない。それまでは検事総長確実の林氏にペコペコしていたくせに（←推測）、ひとたび風向きが変わると黒川検事総長実現に奔走する。この連中の日和見主義というか出世主義というか、腰の据わっていない判断や行動こそ指弾されるべきです。林検事総長が確定したいま、どのツラ下げて仕事をしているのか。実に情けない話です。

それにしても脱法的迷走の中枢にいた森大臣が主導して検察刷新会議をつくり、「検察への信頼回復」を議論する。いちばん倫理に欠ける輩が倫理を論じる。マッチポンプもいいところ。いやはや醜悪な話です。

で、しばらく経って森法務大臣主催の「検察刷新会議」の初回会合があったとの報道がありました。記事を読んで呆れました。「批判を浴びた黒川氏の定年延長や廃案となった検察庁法改正案の問題点などは採り上げられない見通しだ」「会議は冒頭の法相あいさつを除き非公開。（中略）検察庁法改正案の問題などは議題にならない見通しを示した」――わが目を疑いました。

「批判を浴びた黒川氏の定年延長や廃案となった検察庁法改正案の問題点」を論点としないならば、何のためにこの会議があるのか。黒川氏のマージャンなどはどうでもイイ。なぜ「黒川氏定年延長↓検事総長」という横紙破りが迷走したのか、ここを追及しなければ会議の意味がまったくありません。

１００％まじりっけなしの純粋政治的茶番劇。森法相が世論の論点を本当の問題からズラし、「やってますよ！」というポーズを示すだけの集い。牢屋にいる前法相よりはマシであるにしても、この人のどうしようもなさは筋金入りです。そのうち内閣改造があるでしょう。二度と表舞台には出てこないでもらいたい。

だいたいあのタイミングでなぜ黒川氏の賭けマージャンが発覚し、こういう幕引きになったのか。多くのメディアが推測しているように、官邸の誰かが文春にリークしたのだと僕も思います。

林氏の検事総長就任を避けたい官邸筋が法的にきわどい手を使ってでも定年延長を強行しようとした。ところが世論の猛反発に遭い、上げた拳を振り下ろす先がない。で、手っ取り早い幕引きが必要になる。で、メディアにリーク。個人的な不祥事で辞任させる。あとは一切不問。これにて一件落着――松本清張があの世から脚本を書いているのではないかと思わせるほどのエゲツない筋書きです。

こういうことを平気でやる連中が「信頼回復」「検察刷新」と御託を並べている。呆れてものが言えません。怒らずに悲しみたいと思います。

ではどうすればイイか。官邸の意を受けて縦の線で動いた（であろう）法務大臣、事務次官、人事課長がそろって即時辞職する。これがもっとも効果的で効率的な「検察刷新」になるというのが僕の意見です。この提案をぜひともしたいのですが、残念ながら僕のところには検察刷新会議から声がかかりませんでした（そりゃそうだ）。新聞をみていたらメンバーに冨山和彦さんの名前が挙がっていたので、上記の主張をすぐにメールしておきました。

２０２０年７月

コロナ雑感

日本経済新聞の「コロナ時代の仕事論」という3回の連載で僕の考えを述べました（本書162ページ）。「世の中にはコントロールできることとできないことがある」「できないことについてはジタバタするな」「できることについては自分の考えで行動すればいい」という当たり前の話をしたのですが、例によって大変な勢いで批判が寄せられています。「コロナ禍でも職を失う心配のない貴族が上から何か言ってる」「流れに身を任せて、家で寝ていて生活できる人ばかりではない。失職したり、倒産寸前だったりしたら、動き回らないといけない場合もある。恵まれた人の戯言にも聞こえる」というのがその典型です。

失職した際に次の仕事を探す。倒産を回避するために動き回る、そんなことは自分でコントロールできることの最たるものです。当然ですけど。もちろんうまくいくかは分からない。ダメだったらまた別の手を取ればイイ。それでも自分の力で何とかしなければならない。誰もなんともしてくれない。当たり前ですけど。

コロナがあろうとなかろうと、自分の仕事や生活は自分で何とかするのが大人というものです。僕にしても貴族でも何でもありません（貴族になりたいけど）。流れの中で自分なりに何とかやっているだけです。誰かに何とかしてもらおうと思った時点で、人生はおしまい。それと引き換えに自立や自律という絶対的なものを失ってしまう。何のために生きているのかわからなくなってしまいます。

コロナに限らず、何事においてもＨＯＷ（どのように対処するか）よりもＷＨＡＴ（それが要するに何なのか）を先にはっきりさせておくというのが僕の方針です。この順番が大切です。ＷＨＡＴを確定しなければ、ＨＯＷを議論しても意味がないからです。

ちょうど1か月前の4月6日（２０２０年）に書いたことですが、本件の本質は「危機」というよりも「騒動」にあるというのが僕の基本認識です。「騒動」という言葉は、１９１８年の「米騒動」からの連想です。このときは、コメが枯渇して食糧危機が発生していたわけではありません。日本ではコメ取引の市場メカニズムが発達していました。投機的な経済主体の行動がコメの価格を一時的に高騰させたというのが事の実相です。ところが、コメの価格を見ている人々は「これでは生きていけない」という危機感をつのらせました。その結果、各地で騒動が巻き起こり、一時的に社会が混乱しました。食糧不足それ自体ではなく、人間社会のメカニズムに真因がある。つまり「米危機」ならぬ「米騒動」だったわけです。

私見では、コロナはわりとこれと似ている面があります。疫病それ自体のリスクや危険性は（何と比較するかによりますが）「もはや戦争だ」というほどのものではない。しかし人と人の世の不可避的習性からしてリスクが過大に受け止められ、人間の側で過剰反応が起きる。これが結果的に大きなインパクト（その典型が株価の大幅な低下や失業の増大といった経済的な影響）をもたらしている。「コロナ危機」というよりも、人間社会が増幅させた「コロナ騒動」といったほうが実態をよく表しているのではないでしょうか。

コロナ禍を「戦後最大の危機」という人がいます。だとしたらわれわれは相当に平和な戦後社会を生きているといえます。こういう事態になると必ず「１００年に一度の危機」という人がいます。21世紀に入ってからの20年で、「１００年に一度の危機」はすでに8回ほど起きているように思います。

今日のわれわれは人類史上空前の「無痛社会」に生きています。昔と比べて世の中の「理不尽」が明らかに少なくなっている。だから、「自粛要請」が続くだけで辛いだの不便だの不安だのという話になる。それはそれで社会の進歩ではあります。

新型コロナは危機というより人間社会が人間社会であるがゆえに増幅した騒動。この認識に基づいて、僕はコロナ対処の三原則を打ち立てました。

1．死ななければイイ

2．何がコントロールできて、何ができないのか、自分のアタマで線引きをする

3．コントロールできないことについてはジタバタしない

所詮人の世、生きている間に何回かは危機も騒動も起こる。死ななければまずはよし。1は当然として、まずは2をはっきりさせる。コントロールできないものをコントロールしようとする。ここから騒動は生まれ、増幅します。で、手洗いとともに3を徹底する。これが騒動対策としては重要なところです。

どんな不幸にも「不幸中の幸い」があります。殺傷力が当初言われていたほど深刻でもない、したがって本当の「危機」ではないというのがその第1なのですが、他にも各種の「不幸中の幸い」が取り揃っています。

第2に、戦争と違って、新型コロナウィルスは破壊の意思を持ちません。連中は粛々とウィルス活動をしているだけ。「殺ったるで……」という気持ちはない。太平洋戦争末期の空襲と比べればはるかにマシです。

第3に、コントロールできることは少ないけれども、「いまやるべきこと」は戦争や自然災害で必要となるアクションと比べて桁違いに簡単なことばかり。ようするに家で静かにしているだけ。これも前に書きましたが、寝っ転がって本を読んでいてもいいし、ぼんやりとテレビやネットを見ていても何の差し支えもない。緊急事態宣言下であるにもかかわらず、こうして呑気に「不要不急」の文章を書いていられます。地震や津波だとこうはいきません。これが実にありがたい。

コロナで外出自粛が続いておりますが、元来室内生活主義者の僕にしてみれば、例年と変わらない5月連休でした。読書やら映画やら音楽やらの室内生活でゆっくりしました。ゆっくりし過ぎたといっても過言ではございません。昨日までは娘も帰ってきていて、夜はチャーハンをつくってくれました。それと引き換えに、彼女の家までクルマで送らされました。

コロナの流行を受けて人間の活動がオンラインで行われるようになると、「ＩＴリテラシーのないシニア層とＩＴを使いこなせるデジタルネイティブ世代の分断が……」というようなことを言う連中が出てきます。僕に言わせればこれは大した話ではない。単なる慣れの問題だと思います。

僕が学生の頃は、相関係数ひとつ計算するのにわざわざ大学の電算機センターに行って、プログラムを書かなければなりませんでした。それに比べて現在のITは異様に簡単にして簡便になっておりまして、指を上下左右させてボタンを押すだけ。リテラシーというほど上等なものではありません。ＺｏｏｍやＴｅａｍｓにしても電話をかけるのと大差ない。誰でもできる。こんなことを「リテラシー」と言うのはリテラシーに失礼です。

僕もこのところ講義や会議をＺｏｏｍでやっています。コロナ騒動の数年前から、僕が教えている大学院の一部の講義はＺｏｏｍでやっておりました。大学に「デジタルスタジオ」というのがあって、普段はそこからオンライン講義をしていたのですが、このところは大学にも来るな、ということになり、家からＺｏｏｍでやっています。

コロナに感染する危険の有無に関わらず、Ｚｏｏｍは確かに便利な道具です。ただし「全部オンラインで済ませましょう」となると、それはそれで人間の能力をスポイルするような気がしています。

僕が普段感じていることの一つに、インターネットとＰＣが普及するようになって人々の文章を書く力が際立って劣化したことがあります。仕事柄、多くの「文章を書くことを仕事にしている人」を目にします。お話にならないほど文章が下手な人が実に多い。メディアの取材で「ライター」と称する人とよく仕事をするのですが、出てくる文章をみますと、これでよくプロとしてやっていけているなと驚くことしばしばです。

文章能力は僕の仕事上の重大事です。アスリートが足腰を鍛えるのと同じように、仕事の基盤として僕なりに鍛錬してきたつもりです。ただし、です。これはもう絶対の確信をもって断言できますが、50年前だったら、僕ごときの文章能力ではプロとしてなかなか通用しなかったと思います。本当のところは世間一般の文章力が著しく劣化しているだけ。そのおかげさまをもちまして、文章を書くことを仕事にできています。まったくありがたい世の中になったものです。

コロナを契機とした対人コミュニケーションのオンラインシフトはこれと相似形の成り行きになると予想します。「在宅でもできる」と、良い仕事ができるかどうかはまったくの別問題です。オフラインでイイ仕事ができない人がオンラインになって突然できるようになるわけがない。どっちにしろ、できる人とできない人がいるだけです。

騒動が収束してしまえば、「このまま全部オンラインで……」ということにはならないでしょう。ここ一番では物理的に会って話をしたほうがイイに決まっている。僕の業務領域である講義や講演にしても、オフラインのほうが依然として効果や価値があると思います。オンラインに移行してまったく問題なし、ということになれば、それはもともとその仕事にその程度の価値しかなかったということ。

いずれにせよ、仕事のリモート化は程度問題としては進んでいくのは間違いない。その結果、デジタル化による文章能力の劣化と同様に、人々の平均的な対人コミュニケーション能力は劣化していくと予想しています。つまりは、対面でのコミュニケーション能力がますますものを言うようになるということです。

現時点（注・2020年5月）で日本の人口当たりの死亡者数が相対的にかなり少なく済んでいることは確かですが、だからといってこれまでの政策や政治的意思決定が優れていたとは到底思えません。日本の政治リーダーの無能ぶり（ひたすら形容詞と副詞を連発し、意思決定の内実とその根拠を言語的に明らかにしない）がいよいよ明らかになりました。

このところの国会の討論を聞いていますと、野党はさらにひどい。政府の緊急事態宣言発出については「遅い」、緊急経済対策については「少ない」と文句を言うばかりで、代案のないものねだりに終始しています。幼児性ここに極まれり。文句だけを言うのであれば、子どもでもできます。ＪＯＹ（じゃあ、お前が、やってみろ）です。

安倍政権が長期的に続いているのには理由があります。こういう連中が野党でいるからこそ、相対的にまだマシだということで安倍政権は続いている。そのコストはバカになりませんが、それでもやっぱりビバ！　民主主義であることに変わりはありません。鳩山・菅政権は存在自体が「国難」でした。そのときのことを思えば安倍政権のバカバカしい行動（マスク配布とか）も悲しみつつも、受け流すことができます。

これほど成熟した社会にあって、国家国民の運命を左右するような重大な意思決定の局面というのはまずありません。誰がやっても基本的に同じ路線になる。だとしたら少しでもマシな方であればよし。

ようするに、政治には期待しない。ましてや、決して頼りにはしない。北朝鮮がミサイルをぶっ放して来たら、国防は国に頼るしかないし、火事になったら消防車を呼びますし、泥棒に入られたら警察の世話になるつもりですが、こうした国の基礎的公共サービス以外についてはできるだけ国や政治に依存しないで生きていくのが精神的にずっと健康です。

つまるところ、自分ができることを自分の考えでしていくしかありません。自分の領分で自分の仕事をする。少しでも価値を生み出し、応分の対価を得て、納税する。コロナ騒動で飲食店は気の毒でありますが、政治に文句を言ってものれんに腕押し。地域での消費をするに若くはなし。このところは夜の食事は出前や持ち帰りを多用し、消費に努めております。

２０２０年５月

ゴーン事件に思う

いよいよ底抜け珍道中に繰り出した感があるカルロス・ゴーン氏。例によってレバノンで「正義」だの「人権」だの、日本の司法制度や検察を批判する手前勝手なパブリックコメントを出していますが、客観的には逃亡中のタダの犯罪者。ザ・負け犬の遠吠え。みっともないこと甚だしい。いま（注・２０２０年１月）でこそそれなりに世の注目を集めていますが、しょせんはケチな経済犯罪者。５年もたてば忘却の彼方です。レバノンかどこか、日本との容疑者の引き渡しの条約が締結されていない国で空疎な余生を送ることでしょう。

ゴーン氏の自己中心性には桁外れのものがあります。あらゆることを自分の都合のいいように考える。自己正当化の極みです。おそらく本人は真剣に自分が正しいと考えている。日産の件はクーデター、今回のトンズラ騒ぎも不当で不正義な日本の政府と司法当局と日産の敵対者の軛から逃れるためのいたって正当な権利行使と信じているフシがあります。

自己正当化は古今東西、犯罪者に共通の性癖といえばそれまでですが、この人の場合は底が抜けている。この歳でこれならばもう死ぬまで治らない。一生こうやって生きていくしかない。それはそれで仕方がない。それにしても僕が不思議だと思うのは、ゴーン事件に対する日本の一部の人々の反応です。

先日の報道にこういうのがありました。

米航空機大手ボーイングは主力機「737MAX」が2度の墜落事故を起こし運航停止となった問題で、航空会社への補償などに伴う巨額費用の計上が避けられない情勢となっている。米紙ウォールストリート・ジャーナル電子版は6日、2020年1~6月期に約150億ドル（約1兆6千億円）に上るとするアナリストの分析を報じた。報道によれば、ボーイングは補償などに対応するため50億ドル程度の調達を検討中で、買収計画の凍結や研究開発費の抑制も考えているもようだ。

（共同通信、2020年1月7日）

これを読んで「アメリカ（のシステム）が悪い」という人はまずいない。ボーイングはアメリカ国籍の企業ですが、これはどう考えてもボーイングという一企業の問題でありまして、「アメリカの問題」ではないからです。こういうニュースを聞いて、「だからアメリカはダメなんだ」という人がいたら、ちょっとヘンです。ところが、日本での出来事になると、あらゆることを「だから日本はダメなんだ」と結論づける人が少なからずいます。

カルロス・ゴーンその人はいわゆるひとつの「人間の愚」。スケールの大小はあれど、強欲→自己中心→全能感→自己正当化→暴走という成り行きの典型。「ま、世の中、そういう人もいるよな……」としか言いようがない。

興味深いのは、このケチな犯罪者にして逃亡者をこの期に及んでまだ擁護するというか、肯定的に評価する人が日本に散見されるということです。その手の連中が決まって言うのは「日本が悪い」。いわく、司法制度が前時代的だとか、裁判所が甘いだとか、国外逃亡を抑止するセキュリティが甘いとか、こういう事件になったときの日本の国際世論の形成力が弱いとか、そういう論点を持ち出してゴーン氏に対して肯定的な意見を述べる。

ゴーン氏のトンズラについて「日本のセキュリティが甘い」と批判している人は、ちょっと前は「長期拘留は人権無視。日本の司法制度は前時代的」とか言っていた。ゴーン氏のような輩はちょっと目を離すとすぐ逃げる。だからこそリスク回避のために拘置しておく必要がある。だから拘留という制度があるのですが、そんなことはすっかり忘れて今度は裁判所を批判する。まるで矛盾しています。

ゴーン事件は一例に過ぎません。何につけても、すぐに「日本が悪い」「日本はダメだ」という超越的な理由づけで物事を理解する頓珍漢な一群がいます。問題は価値判断や批判をするときに、対象を何重にもすり替えているということにあります。

なぜ「日本が悪い」となるのか。つまるところ「むしゃくしゃしている」のではないかと僕は思います。日常的な鬱憤晴らしの一表出形態だということです。どうも面白くない。何らかの不満や鬱屈が溜まっている。もちろんその多くが自分の責任なのですが、それは元も子もない真実なので直視したくない。で、責任をおっかぶせる犯人を探す。このときにいちばん都合がいいのは「日本」というマクロシステムです。

なぜ「日本」が彼らにとって都合がいいのか。生まれた国は選べないからです。どこまでも自責を回避できる。他責の犯人探しでも、「上司が悪い」「会社が悪い」という理由づけならば「じゃあ、転職すれば」となり、自責の方向にまた引き戻されてしまう。連中にとってはこれが面白くない。「日本」という所与のマクロ環境を犯人にした方が気持ちいい。

日本という国家システムに問題があるのは当然の話です。悪いところは山ほどある。そもそも国家システムに

「完全なもの」などあろうはずはありません。「日本が悪い」という人に聞きたい。どの国家システムなら「良い」のか。日本の裁判所や検察にも問題があろうし、中にはワルい奴もいるでしょう。それでもアメリカやヨーロッパの司法にも十分にエグイところがある。当然ですけど。中国の刑事司法に比べれば、相当にマシな気がします。当たり前ですけど。

レバノンについてはよく知りませんが、司法の政治からの独立というごく原理的な基準ひとつとっても、日本の司法制度のほうがよほどマシなのではないでしょうか。ゴーン氏はレバノンの司法制度が公正だから逃げ込んだのではありません。個人にとってレバノンが都合がよいだけ。国家システムの問題ではなく、超ミクロな個人的利害です。

論理的な相似形にある物言いに「時代が悪い」というのがあります。つまりは時間的なマクロ他責。「高度成長期の元気な日本だったらよかったけれど、俺は就職氷河期世代だから……」とか、「これからの人口減少の日本には希望が持てない」とかブツブツ言う。

「時代が悪い」という人に聞きたい。じゃあ、いつの時代なら「良い」のか。高度成長期の日本は確かに元気な面もありましたが、前にお話ししたように、ここそこで人が殴られたり怒鳴られたりしていましたし、光化学スモッグで目がシバシバしましたし、人口は増える一方で住宅難、交通戦争、受験地獄の「悪い時代」でもありました。それでも関ケ原の戦いや応仁の乱や弥生・縄文の時代と比べれば、相当にマシなことは間違いない。

しょせん1回の人生、1人の自分しか生きられません。生活の充実は「いま・ここ」にしかない。いつの時代も「マクロ他責族」というのは一定数いるものです。これはもう「人間の弱さ」としかいいようがない。マクロ他責こそ悪循環の起点にして基点。そういう人を見かけても怒らずに、「ま、いろいろ辛いことがあるんだろうな……」と悲しんで放置してください。

話を戻します。ゴーン氏逃亡の一件で、「日本が悪い」という人々がとりわけスキなのが、「日本の刑事司法は前時代的で人権無視だ（↓したがってゴーンは被害者であり正当な批判者だ）」という主張です。ま、刑事司法は国家権力の中枢ですから、日本というシステムに他責を求める人々にとっては、美味しい話であるのは間違いない。

実際に国際的な世論でもそう思われている面がある。とくにヨーロッパでは「日本の刑事司法は野蛮」という見方が根強い。だからこそ、ここぞとばかりにゴーン氏はこの点を強調して、自分はむしろ被害者だと主張しているわけです。

本当に日本の刑事司法は前時代的で人権無視なのでしょうか。刑事司法の実際の詳細を知っている人は、専門家（法曹三者）を除けばごくわずかです。外国人ならなおさらです。日本に住んでいたとしても、刑事司法の実態はなかなか分かりません。だいたい日本人でも自国の刑事司法について運用の詳細を知っている人は少ない。

なぜか。理由は単純で、フツーの人々にとってリアルな接点がないからです。専門家以外で刑事司法の実態を知っているのは、なんといっても刑事事件の当事者、すなわち刑事被告人です。彼らは実体験として刑事司法に接している。経験的にそれがどういうものなのかを知っている。彼らは罰される（かもしれない）立場にありますから、その利害からして刑事司法ははっきりと「敵」であります。「日本の刑事司法はなかなかイイよ」などというはずもありません。その「問題点」にばかり目がいき、批判するのが当たり前。

ほとんどの人は刑事被告人になったことはない。刑事司法の実際を知らずにいる。外国のそれであればなおさらです。僕を含めてお読みいただいているほとんどの方は、フランスやアメリカの刑事司法の実態について知らないでしょう。イメージに引きずられるのはいたって自然なことです。

だとしたら、何が日本の刑事司法の「悪いイメージ」を（とりわけ海外で）つくっているのか。それは間違いなく日本の刑法に死刑があるからだと思います。ヨーロッパには強力な「欧州人権条約」があります。死刑存置という事実一発で相当に「野蛮感」がある。日本との犯人引き渡しの条約締結国が少ないのも、死刑存置国家であることが影響しているそうです。

しかもその方法が「絞首刑」というクラシカルなもの。これが前時代的で野蛮なイメージに拍車をかけている。ゴーン氏の件でも「人質司法だ！」とか言われると、「やっぱり絞首刑がある国だから、さもありなん……」という具合で、イメージが先行した世論形成となるという成り行きです。

日本の被告人の拘置が厳密で期間も長いのはその通りでしょうが、一方の「人権先進国」にして欧州人権条約を主導してきたフランスはどうでしょうか。日本と違うのは、被疑者をすぐに拘束するということ。先年のテロのような大事件があると、怪しいやつは引っ張ってきて拘束する。一方の日本は、相当に容疑が固まらないと拘束をかけない（かけられない仕組みになっている）。したがって、拘束した人については相当に厳しいコントロール下に置く。これは僕の断片的な知識による例示に過ぎません。言いたいことは全体像をみないと本当の比較はできないということです。

アメリカはどうでしょうか。半分ぐらいの州で死刑は廃止されています。しかし、一方で銃をぶっ放して被疑者を殺すことにはわりと寛容です（日本はこの点については異様に厳しい。ただし西部警察を除く）。これにしても、どっちもどっち、というかアメリカのほうがどちらかというと野蛮だと思います。それにしても、犯罪の多さや性質からして、アメリカではそうでなければならない理由がある。アメリカにとっていちばん必要なのは銃規制です。

日本の刑事司法の国際世論を改善するのにいちばん効くのは「死刑廃止」です。しかし、イメージが良くなるだけ。実質的にはどうか。僕は依然として死刑は必要悪だと考えておりまして、死刑廃止には反対の立場です。国民としてはイメージよりも実質を取りたい。

ゴーン事件をきっかけに僕が考えた具体的な刑事司法の改善提案を3つあげておきます。

1．経済犯罪の保釈金を格段に高く設定する

ＧＰＳのついたデバイスをつけておけばよかった、それが国際的にはスタンダードなやり方だ――という意見がありますが、法律の専門家に言わせればこれは甘い話で、ＧＰＳデバイスがあろうとなかろうと逃げる奴は逃げる。

ゴーン氏の場合はおそらく逃亡サービスを専門家に発注しているので、ＧＰＳ装置などはらくらくクリアしていたと思います。

だとしたら、保釈金を大幅に引き上げておくのがもっとも有効なリスク回避の手段だというのが僕の見解です。とくに本件のような経済犯罪では、トンズラが明らかに損になるようなレベルに保釈金を設定する。

ゴーン氏の保釈金はたかだか15億円（と報道されている）。この程度の金額で自由が得られるのであれば安いものです（ゴーン事件の場合は相当の長期刑の実刑が予想された）。これが１００億円だったら、さすがに支払い能力がないかもしれません（あるのかな？・）。仮に１００億円がギリギリの線だったとして、この金額をそのまま保釈金として請求したらどうだったでしょう。自由はプライスレスですから、結局は逃げたかもしれません。それでも１００億円が社会的原資になる。どうせ経済犯なのですから、牢屋に入れて懲役を科すよりも、積極的に高飛びしてカネを残してもらったほうが社会的には意義があるとすら思います。

２．死刑の方法を替える

これについては意見が異なる人も多いと思いますが、僕は個人的には死刑制度は当面存続させた方がよいと思っております。ＤＮＡによる犯人の同定が可能になってからは、冤罪のリスクも小さくなった。以前よりもむしろ死刑について肯定的になっております。

ただし、絞首刑にこだわる必要はない。何らかの事情（執行する側の心理的負荷の軽減？）があって絞首刑を存続させているのだと思いますが、他の死刑存続国と同じように、薬物による死刑へと方法を替えれば、多少なりともイメージを改善できるでしょう。いずれにせよ、これはマイナーな話です。

３．裁判の判決までの時間を短縮する

私見では、日本の刑事司法の最大の問題はその「野蛮さ」ではなく、ゴーン被告のような重大事件になるほど、判決が出るまで裁判が長すぎることにあると考えています。

ゴーン事件は特別背任としては相当に派手で広範囲、裏返せばユルユル（この辺、ゴーン氏がいかに全能感に包まれていたかを窺わせる）なので、ありとあらゆる証拠がそろっている。勢い、操作や取り調べが長期化するわけですが、いくら何でも長すぎる。とくにいつ終わるかもはっきりさせていないわけで、これがゴーン氏のような逃亡リスクを高めています。

とくに東京地検特捜部が手掛けるような重大事件については「特急コース」をつくって、長くとも1年ぐらいで1審判決が出るようにスピードアップする。これは司法当局の意思があればできることだと思います。

２０２０年1月

ショパン・コンペティションの無競争

２０２1年にワルシャワで開催されていたショパン・コンペティションで日本人演奏家の反田恭平さんが2位になりました。クラシック音楽に関心がある方はもちろん、そうでない方も報道でご存じかもしれません。

僕が反田さんのピアノを初めて聴いたのは、２０１8年の夏、軽井沢の大賀ホールでのことでした。僕はクラシック音楽に関心がなく、普段はクラシックのコンサートに行くこともありません。ただし、故・大賀典雄さんの奥さまの松原緑さん（ピアニスト）がお盆の時期に主宰していらっしゃる大賀ホールのコンサートに毎年お招きいただいていまして、その年のプログラムがたまたま反田さんの独奏会でした。

事前に反田さんの演奏を聴いたことはなく、名前も知りませんでした。ところがその日に聴いた反田さんの演奏は衝撃的でした。クラシックピアノを聴く耳を持たない僕でさえ、否応なしに感動させる名演奏。クラシック好きのうちのママはそれ以来、反田恭平の熱狂的ファンになり、何度となくコンサートに行っています。

で、それからしばらくたって、別のある方からのお誘いで反田さんと食事をする機会がありました。実際に会って話してみると、芸術家然としたところがまったくなく、フツーの聡明で健康な若者でした。ステージとのギャップにかえって凄みを感じました。

今回のショパン・コンペティションは予選からすべての演奏がオンラインストリーミングで配信されていました。ママは時差をものともせず、予選から決勝まで深夜のライブストリーミングを観ていました。僕は寝ていたので、後から反田さんをはじめとして何人かの演奏を聴きました。僕が聴くクラシック音楽はバッハとモーツアルト、あとはポピュラーな室内楽ぐらいで、ショパンを聴きなれていない僕は反田さんの独自性や解釈がいかに凄いかはよくわかりません。それでも音の強さと深さ、とりわけ決勝のコンチェルトのオーケストラを巻き込んだ尋常でない盛り上がりには大いに痺れました。

今回はショパン・コンペティションの決勝の結果が出るまでに随分と時間がかかりました。そこで場つなぎのコンテンツとして、決勝に選ばれた十数人のピアニストの座談会のような番組がオンラインストリーミングで配信されました。それを観ていて実にイイと思ったことがあります。

ショパン・コンペティションは出場資格に年齢制限があります。決勝に残った反田氏、小林愛実氏を含む十数人のピアニストは全員若者です。「コンペティション」という座組で競争している関係なのですが、全員実に穏やかに談笑していました。ただの雑談の中にも、お互いの芸術に対する敬意と好意が感じられました。

一般的に言って若い人ほど競争的になるものです。5年に1回のコンペティションで誰が勝つかという発表の直前、もう少しピリピリした雰囲気になるのかと想像していたのですが、そんなことはまったくありません。ひたすら穏やかで寛やか。素晴らしいものを観ました。ある意味で演奏よりも感動しました。

コンペティションで1位だ2位だといっても、スポーツのように絶対的な基準（例えばタイム）で競争しているわけではありません。1位になった人が他者よりも「優れていた」わけではない。たまたま「審査員にいちばん気に入られた」というだけです。そもそも優劣を論じる意味がない。

10数人の若者は順位をまったく気にしていないように見えました。世界的な注目を集めるステージで演奏し、自分の芸術が多くの人に届いたことを喜び楽しんでいるだけ。これが音楽のみならず芸術のイイところです。決勝に残るレベルともなると、スキルは全員完璧、１００点です。残るのはセンスの違いだけ。スキルに優劣はあっても、センスに優劣はありません。センスは競争しない――座談会での若者たちの寛いだ姿はこの何よりも雄弁にこの真実を物語っていました。

２０２１年10月

石がなくなったから石器時代が終わったのではない

「ダイバーシティが大切だ」、その通りです。これからはいろいろな国の人に日本に来てもらって活躍してもらわなければならない。大賛成です。ただし、僕は目先の人件費が安いからという安直な理由で外国人労働者を安易に受け入れるのには反対です。

とりわけ従来の「技能実習生」という制度、これは世紀の愚策にして愚行でして、全力で反対しています。政府自民党は外国人労働者の受け入れについてヒジョーにセコい政策を打ち出しています。しばらく前に自民党本部に行き、大反対の演説をしました。僕の考えを以下にお伝えします。

まず、何を達成しようとしているのか。すべてはそのための手段です。目的を確定しておかないと、手段についてのあらゆる議論は無意味です。僕が問題にしているのは、技能実習生に代表される、従来の外国人受け入れの制度です。借金をして、彼らにしてみれば巨額の渡航コストをブローカーに払い、転職の自由もなく、短期的にお金を稼いで、本国に戻ることだけを考えて、一定期間最低賃金で働く。受け入れる企業には、法やルールを守らないところも少なくない。そういった彼らが、日本に好意的な感情をもつとは思えません。彼らは帰国したのちに日本についてのネガティブな経験を周囲の人に伝えるでしょう。日本のよくないイメージがどんどん世界に広まっていく。

インチキ日本語学校のようなものを隠れ蓑に、形だけ学生という身分でひたすらバイトをしているだけの日本に来る層も問題です。彼らは地域コミュニティにも親しまず、消費も最低限しかしない。これは国益に反しています。外国人労働者を批判しているのではありません。制度的に可能であれば、日本との所得格差が20倍もある国々の人が、日本での労働を効率の良い稼ぎ方だと考え、日本に来るのは自然な事です。むしろ数ある候補国の中から日本を選んでくださってありがたいぐらいです。僕が批判しているのは、制度設計者である政府、引いては立法機関にいる国会議員です。

僕がもっとも現実的で実効性が高いと考える解は、「外国人労働者の受け入れは、大学卒業者に限定する」というものです（本当はもっと「正しい」基準があるが、運用が複雑で効率が悪くなるので「大卒」としておく）。日本で大学を卒業した、もしくは本国で大学を卒業したものに限って、社員として・戦力として雇うということです。そういう外国人労働者であればどんどん受け入れるべきです。ただし、コスト削減のためだけの安価な労働力は移民に求めるべきではない。

その最大の理由は、安価な外国人労働力の安易な受け入れが、現下の「人手不足」という日本にとっての大チャンスをぶち壊しにするリスクを抱えていることにあります。

人手不足は、労働市場を通じて、企業の経営に規律を課します。きちんとした労働環境や報酬を与えられない企業には、人が来なくなる。この規律が経営の質を高めていく。規律がゆるむことにより、すべてがぶち壊しになる。安い労働力を使いながら、「給料は払えないですが、人手不足なんです」と言っている企業は、そもそも経営が間違っている。

本来であれば存在価値のない企業が、安い労働力を手当てすることによって延命している。これがゾンビ企業の退出を抑制し、人的資源が必要なセクターへの人の移動を阻む。要するに、経済活動の新陳代謝を妨げます。

経済活動の本筋からすれば、人手不足倒産ほど健全な話はありません。賃上げは喫緊の課題です。人手不足が賃上げドライバーとなるのは言うまでもありません。労働市場の需給がタイトな昨今にあって、まともな賃金や労働条件を提供できない会社は働き手を集め、維持することができません。そうした会社が市場から消えていくのは当然の話です。

技術への投資や活用もまた阻害されます。本来、人手不足や賃金の上昇は、技術への投資を促進するはずです。コンビニでいえば、安い賃金で移民を雇い働かせるよりも、レジの自動化や、全く新しい決済の仕組みなどに投資をしていくべきところです。そういった技術への投資・応用を怠り、なんとか安い労働力で延命しよう――時代遅れの石器時代が続いてしまいます。

石器時代は、石がなくなったから終わったのではありません。青銅器など、それに代わるもっといい方法を発見し、そこに移行していったからこそ終わったのです。石がなくなるまで石器時代を続けるのは愚の骨頂です。

人間は必ず目先の楽な方に流れる。だからこそ規律が必要です。就職氷河期の時代は、人は余っていた。どこでもいいから、仕事が欲しいという人が多かった。これが、経営を甘やかした。本来、この人手不足は日本の経営の体質を改善する千載一遇のチャンスのはずです。

一定の知識を身につけた大卒の外国人が日本に来て活躍し、キャリアを構築する。これには大賛成です。よく言われる多様性の増大になるのはもちろん、そうした人々は短期の出稼ぎではなく日本でキャリアと生活の基盤をつくろうとする。消費もするし、地域コミュニティにも関わっていく。日本人の意識を外に向けて、オープンにしていくきっかけも提供してくれる。そのためにも、外国人労働者の受け入れは、制度から変えていかないといけない。繰り返しますが、僕が考える国益に資する施策は、大卒者に限定した上で、外国人を積極的に受け入れる、というものです。

仕事とスポーツは質的に違います。しかしそれでもなお、ワールドカップでの日本ラグビーの躍進は日本にとって重要な示唆を含んでいます。日本のラグビーチームの外国人選手は、大活躍しただけでなく、長く日本に住み、生活の基盤をつくり、コミュニティに参加し、人によっては国籍も日本人になっている。最も大切なこととして、日本という国、日本の社会、日本の人々を好きになってくれている。社会のインサイダーだからこそ日本人も応援する。こうして強力な好循環が生まれる。日本ラグビーに理想の成り行きを見ます。

２０２１年10月

初出一覧

第1部　生活編

- **そんなにイイか?**（『空の足跡』2024年6月号）
- **イワイワ団**（『空の足跡』2024年10月号）
- **還暦フェスティバル**（『空の足跡』2024年9月号）
- **記憶に残る人**（『空の足跡』2024年5月号）
- **独りご飯**（外食編）（『空の足跡』2024年3月号）
- **独りご飯**（自宅編）（『空の足跡』2024年4月号）
- **一寸先は闇**（『空の足跡』2024年2月号）
- **永楽館歌舞伎と豊岡カバン**（『空の足跡』2024年1月号）
- **アイス時代**（『空の足跡』2023年11月号）
- **見くびられるのがうまい人**（『空の足跡』2023年6月号）
- **ジャズベ／プレベ分類**（『空の足跡』2023年5月号）
- **禍福は糾える縄の如し**（『空の足跡』2023年1月号）
- **気づくのが遅かった！**（『空の足跡』2022年12月号）
- **能動的休憩**（『空の足跡』2022年10月号）
- **チューンナップ**（『空の足跡』2022年5月号）
- **脱アップル記**（『空の足跡』2021年3月号）
- **葉書最強説**（『空の足跡』2021年7月号）
- **逆ツーブロック**（『空の足跡』2021年12月号）
- **新・家の履歴書**（『週刊文春』2022年4月28日号）
- **同級生交歓**（『文藝春秋』2021年9月号）
- **不自由の恩恵**（JT広告「あ、ちょっと一服いいですか?」2013年）
- **四季の変化を知る歳を知る**（JT広告「あ、ちょっと一服いいですか?」2013年）
- **高峰秀子の教え**（『Executive Foresight Online』2022年10月）
- **消費に見る成熟**（『Executive Foresight Online』2022年7月）

第2部　仕事編

- **受注仕事**（『空の足跡』2024年10月号）
- **よこはま・たそがれ**（『空の足跡』2024年10月号）
- **性能は客が決める**（『空の足跡』2024年8月号）
- **入学試験**（『空の足跡』2024年7月号）
- **人気と信用**（『空の足跡』2023年12月号）
- **AIとは勝負にならない**（『空の足跡』2023年9月号）
- **現金書留**（『空の足跡』2023年4月号）
- **学恩**（『空の足跡』2022年6月号）
- **コロナ時代の仕事論**（日本経済新聞、2020年4月28日号、4月29日号、5月1日号）
- **思考訓練が経営力磨く**（『日本経済新聞』（日曜文化面哲学特集）、2013年12月1日号）
- **楠木建・琴坂将広「経営学は実学と科学を両立できるのか」「良い経営論と悪い経営論、その境界はどこにあるのか」**（DHBRオンライン、2017年3月2日、2017年3月3日）を一部編集して掲載。
- **個の時代のキャリア論**（早崎公威氏との対談）（『NewsPicks』2019年8月10日－12日）
- **考える力**（『doda X』2016年6月28日）
- **リスキリングの先にあるもの**（『週刊東洋経済』、2022年12月24・31日号）
- **大学での知的トレーニング**（『一橋論叢』113巻4号、1995年）

第3部　社会編

- **「無料」についての断章**（『ゲンロン12』2021年）

・本性への回帰（『空の足跡』２０２３年２月号）
・小さな痛みの心地よさ（『空の足跡』２０２２年11月号）
・正論を声高に言う人（『空の足跡』２０２１年８月号）
・国家権力（『空の足跡』２０２１年10月号）
・無関心者の意見（『空の足跡』２０２１年11月号）
・カルロ（『空の足跡』２０２２年８月号）
・美しい負け方とは（『朝日新聞』２０２０年12月２日号）
・柔軟、されど哲学なし（『読売新聞』２０１９年８月16日号）

右記以外の初出はすべて個人のブログ『楠木建の頭の中』

【著者紹介】

楠木 建（くすのき・けん）

経営学者　一橋ビジネススクールPDS寄付講座競争戦略特任教授

専攻は競争戦略。一橋大学大学院商学研究科修士課程修了。一橋大学商学部専任講師、同助教授、ボッコーニ大学経営大学院客員教授、一橋ビジネススクール教授を経て2023年から現職。

著書に『経営読書記録（表）』『経営読書記録（裏）』（2023年，日本経済新聞出版）、『絶対悲観主義』（2022年，講談社+α新書）、『逆・タイムマシン経営論』（2020年，日経BP，共著）、『「仕事ができる」とはどういうことか？』（2019年，宝島社，共著）、『室内生活　スローで過剰な読書論』（2019年，晶文社）、『すべては「好き嫌い」から始まる　仕事を自由にする思考法』（2019年，文藝春秋）、『経営センスの論理』（2013年，新潮新書）、『ストーリーとしての競争戦略　優れた戦略の条件』（2010年，東洋経済新報社）ほか多数。

楠木建の頭の中　仕事と生活についての雑記

2024年11月13日　1版1刷
2024年12月11日　　3刷

著　者　　楠木建

発行者　　中川ヒロミ
発　行　　株式会社日経BP
　　　　　日本経済新聞出版
発　売　　株式会社日経BPマーケティング
　　　　　〒105-8308　東京都港区虎ノ門4-3-12
装　幀　　野網デザイン事務所
ＤＴＰ　　朝日メディアインターナショナル
印刷・製本　シナノ印刷
Printed in Japan

ISBN978-4-296-12149-6

本書籍に関するお問い合わせ、ご連絡は下記にて承ります。
https://nkbp.jp/booksQA